哈 尔 滨 工 程 大 学
人文社科文库
HARBIN ENGINEERING UNIVERSITY LIBRARY OF
HUMANITIES AND SOCIAL SCIENCES

哈尔滨工程大学出版社
Harbin Engineering University Press

国家社会科学基金重大项目"当前主要社会思潮的最新发展动态及其批判研究"[项目编号:16ZDA101]

特邀总策划　衣俊卿

主　　编　郑　莉　张笑夷

东欧新马克思主义伦理思想研究丛书

一般伦理学

General Ethics

〔匈〕阿格妮丝·赫勒
Agnes Heller
著

孔明安　马新晶
译

哈尔滨工程大学出版社

Harbin Engineering University Press

黑版贸登字 08-2022-050 号

Published by agreement with Gyorgy Feher through the Chinese Connection Agency, a division of Beijing XinGuangCanLan ShuKan Distribution Company Ltd., a. k. a. Sino Star.

图书在版编目(CIP)数据

一般伦理学／（匈）阿格妮丝·赫勒
（Agnes Heller）著；孔明安，马新晶译. — 哈尔滨：
哈尔滨工程大学出版社，2022.12
（东欧新马克思主义伦理思想研究丛书）
ISBN 978-7-5661-2837-9

Ⅰ.①一… Ⅱ.①阿… ②孔… ③马… Ⅲ.①伦理学
-研究 Ⅳ.①B82

中国版本图书馆 CIP 数据核字（2020）第 221844 号

选题策划	邹德萍
责任编辑	王丽华
封面设计	李海波

出版发行	哈尔滨工程大学出版社
社　　址	哈尔滨市南岗区南通大街 145 号
邮政编码	150001
发行电话	0451-82519328
传　　真	0451-82519699
经　　销	新华书店
印　　刷	哈尔滨市石桥印务有限公司
开　　本	787 mm×960 mm　1/16
印　　张	15.75
字　　数	250 千字
版　　次	2022 年 12 月第 1 版
印　　次	2022 年 12 月第 1 次印刷
定　　价	88.00 元

http://www.hrbeupress.com
E-mail:heupress@ hrbeu.edu.cn

作为马克思学说重要维度的
伦理思想

衣俊卿

　　马克思主义与伦理学的关系问题，也即马克思主义伦理学的合法性问题或者马克思主义伦理学是否可能的问题，在 20 世纪的马克思主义演进中成为始终没有中断的重大理论课题和争议话题。这一问题如此重要，以至于有的学者把它视作建构马克思主义伦理学的"初始问题"①。第二国际理论家、苏联马克思主义理论家、西方马克思主义理论家、各种新马克思主义理论家，以及政治哲学领域和伦理学领域的许多理论家，都对马克思主义与伦理学的关系问题产生了浓厚的兴趣，他们不仅着眼于伦理学的发展，而且从更加全面、更加深刻地理解马克思学说和马克思主义理论的视角展开关于这一问题的探讨与争论。

　　不同时期的马克思主义理论家关于马克思主义与伦理学关系的争论，与各个时期的革命实践或社会实践对理论的需求毫无疑问地有着密切的关联。与此同时，这一争论也有着深刻的理论渊源和理论背景，并且与人们对马克思主义，特别是历史唯物主义的理解有着密切的关系。众所周知，亚里士多德曾经对理论知识、实践知识和创制知识进行了划分。对于这一基本的划分本身，人们并没有太多的质疑。但是，这一划分带来了后人对于伦理学的学科定位问题的不同理解。按照亚里士多德的知识分类或理性分类，第一哲学或形而上学属于理论知识系列，而伦

---

　　①　参见李义天：《道德之争与语境主义——马克思主义伦理学的初始问题与凯·尼尔森的回答》，载《马克思主义与现实》2014 年第 2 期；李义天：《再论马克思主义伦理学的初始问题》，载《道德与文明》2022 年第 5 期。

理学属于实践知识系列，二者不是同一个系列。从这样的区分入手，后来的不同研究者对伦理学的学科定位就有很大的分歧，其中一种观点就认为，伦理学属于经验学科，因而与第一哲学或形而上学没有关系，在这种意义上伦理学甚至不属于哲学；而另一种观点则认为，哲学本身就包含着理论知识和实践知识的维度，其中形而上学代表着理论哲学，而伦理学或道德哲学属于实践哲学。例如，文德尔班（Windelband）在其著名的《哲学史教程》中就认为，"哲学"一词的理论意义主要指向理性逻辑、真理和知识体系，主要表现为形而上学和认识论，但是他强调，这并不是"哲学"一词唯一的理论意义。实际上，从古希腊起，哲学还有另外一种含义，即实践意义，后者主要指向关于人的天职和使命问题，关于正当的生活行为的教导等问题，主要表现为伦理学或道德哲学、社会哲学、美学、宗教哲学等。[①] 不仅如此，除了上述两种不同的见解外，还有更为极端的解释，例如，伊曼努尔·列维纳斯（Emmanuel Levinas）不仅肯定伦理学属于哲学，而且强调"伦理学是第一哲学"。

从这样的理论传统和理论背景来审视，我们可以发现，马克思主义演进过程中关于马克思主义和伦理学关系的争论实际上都与对哲学的本性和伦理学的学科定位的理解密切相关。特别是 20 世纪上半叶关于马克思主义和伦理学关系的争论在深层次上都与人们对马克思主义哲学，特别是历史唯物主义的基本理解密切相关。关于这一问题的最早争论是 20 世纪初以爱德华·伯恩施坦（Eduard Bernstein）和卡尔·考茨基（Karl Kautsky）为代表的第二国际理论家关于"马克思主义是否缺少伦理学"问题的争论。在某种意义上，大多数第二国际理论家把马克思、恩格斯的唯物史观理解为以一整套科学原则表达的经济决定论。在这种理解的基础上，伯恩施坦主张"回到康德"，用伊曼努尔·康德（Immanuel Kant）的道德哲学补充马克思主义本身所缺少的伦理学内涵，因为在他看来，人类行为是由道德理想和道德力量促进的，社会主义不是一种科学，而是人类的理想价值追求，所以他主张"伦理社会主义"。考茨基则强调社会发展规律的必然性，坚持科学社会主义，主张社会主

---

① 参见文德尔班：《哲学史教程》上卷，罗达仁译，商务印书馆 1987 年版，第 31—32 页。

义的实现是社会客观规律作用的结果。考茨基虽然对伦理道德的作用也进行了阐述，但是他坚持唯物史观的科学性质与伦理观念对于经济发展规律及阶级关系的依赖和从属地位。20世纪二三十年代，以格奥尔格·卢卡奇（Georg Lukács）、卡尔·科尔施（Karl Korsch）和安东尼奥·葛兰西（Antonio Gramsci）等为代表的西方马克思主义兴起，他们批判苏联正统马克思主义的实证主义和科学化倾向。他们认为，马克思主义不是科学，而是哲学，马克思的社会历史理论，即唯物主义历史观并不是一种经济决定论，马克思强调的不是经济必然性，而是把社会历史理解为以人的实践为基础的主客体相互作用的生成过程。正是在这种意义上，他们强调道德文化价值具有展现人的能动性、主体性和批判性的重要作用。

第二次世界大战之后，马克思主义内部关于马克思主义与伦理学的争论仍延续着。20世纪四五十年代人道主义的马克思主义与科学主义的马克思主义之间的争论，在某种意义上是西方马克思主义和正统马克思主义之间争论的继续。这个时期关于马克思主义与伦理学关系的争论主要集中于关于马克思是否是一种人道主义的争论。科学主义的马克思主义依旧坚持马克思主义的科学性，以作为科学的"理论实践的理论"来摆脱一切意识形态特征。而人道主义的马克思主义则强调，马克思学说的核心是关于对人本身及人的实践活动的理解，是对人的自由和解放的不懈追求。因此，人道主义的马克思主义以马克思的异化理论和人道主义精神为基础，极大地彰显了马克思主义的伦理批判和文化批判思想。此外，关于马克思主义伦理学的争论还在不同的地区和国度中展开。例如，20世纪50年代民主德国的理论界，围绕着"道德进步与社会进步的关系""道德评价标准"等问题，展开了一场"关于马克思主义伦理学的大讨论"；20世纪70年代在英美马克思主义伦理学研究中，开展关于"马克思与正义"的争论，以及关于"马克思主义的道德论"和"马克思主义的非道德论"等问题的广泛争论。在中国学术界，马克思主义伦理学学科已经得到承认和确立，并且出版了一些奠基性的成果，如罗国杰的《马克思主义伦理学》（1982）、宋惠昌的《马克思恩格斯的伦理学》（1986）、章海山的《马克思主义伦理思想发展的历程》（1991）等。但是，即便在这种背景下，关于马克思主义与伦理学的关系问题、关于马克思主义伦理学的知识合法性问题依旧是学术界讨论的热点话题，学者们广泛探讨马克思主义伦理学的初始问题和前置问题；马克思主义的伦理学或者道德哲学"何以可能"的问题；马克思主义与伦理学之间各种可能的关系，如"相互排斥""相互补充"或"相互包含"的关系；本体论和伦理学的关系问题；等等。①

从上述简要概括中不难看出，尽管前后经历了一个多世纪大大小小的各种理论讨论和争论，马克思主义与伦理学的关系问题依旧是一个开放的、悬而未决的问题，也将继续成为今后马克思主义理论研究的重要课题之一。应当指出，虽然国内外学术界没有就马克思主义和伦理学的关系问题达成某种共识或一致的结论，但这并非消极的事情，这种状况恰好从一个方面折射了理论发展与思想创新的开放性、反思性和创造性的本质特征。不仅如此，这些并没有定论的理论争论极大地拓宽与加深了人们对于马克思主义和伦理学关系的理解，而且也从一个独特的视角丰富了人们对于伦理学理论和马克思主义理论的理解。因此，我们应当非常珍视，并善于挖掘与总结一个多世纪以来国内外学术界关于马克思主义和伦理学关系的理论争论所形成的丰富的理论资源。必须看到，这方面还有许多研究工作需要加强。其中特别需要指出的是，迄今为止，学术界关于东欧新马克思主义理论家的独特的伦理批判思想的研究还十分薄弱，缺少系统的和全面的研究。鉴于东欧新马克思主义是 20 世纪各种新马克思主义流派中非常少有的既体验着全面的现代性危机，又亲历了社会主义实践和改革探索的，富有创造性的理论家共同体，挖掘他们关于马克思主义和伦理学关系的思想理论资源，就具有十分特殊的价值。

可以肯定地说，具有鲜明的人道主义特征的伦理批判思想是东欧新

---

① 参见李义天：《马克思主义伦理学的前置问题》，载《中国社会科学评价》2021 年第 4 期；王南湜：《马克思主义道德哲学何以可能?》，载《天津社会科学》2015 年第 1 期；林进平：《历史镜像中的马克思主义伦理学建构》，载《伦理学研究》2021 年第 1 期；等等。

马克思主义理论的重要组成部分。东欧新马克思主义理论家对于马克思学说的伦理思想内涵的高度重视，从理论上源自他们对马克思的实践哲学和异化理论的高度重视，而从实践上则源自他们对现代性的全面危机，特别是现代性与大屠杀的内在关联，以及社会主义实践的艰难曲折等重大现实问题的思考。还要特别指出的是，卢卡奇对马克思学说的独特理解对东欧新马克思主义理论家产生了最直接的影响和引领作用。卢卡奇不仅是西方马克思主义的创始人，也是东欧新马克思主义的奠基者。在东欧新马克思主义的主要理论阵营中，布达佩斯学派主要由卢卡奇的学生组成，而南斯拉夫实践派、波兰新马克思主义和捷克斯洛伐克新马克思主义理论家们也都深受卢卡奇的主客体统一的辩证法与人道主义的文化批判精神的影响。而从伦理思想的维度来看，卢卡奇也对东欧新马克思主义理论家产生了直接的影响。卢卡奇一生经历了前马克思主义的浪漫主义阶段、接受马克思主义后的革命理论阶段，以及晚年的文化批判和民主政治探索阶段。无论在哪个阶段，卢卡奇都高度重视伦理，他自己承认，正是出于对伦理的考量，他选择了马克思主义和共产主义。卢卡奇认为，无产阶级的阶级意识就是无产阶级的伦理学，它有助于无产阶级打破经济决定论和物化的统治，实现主客体的统一和理论与实践的统一。卢卡奇不仅探讨了革命伦理和阶级伦理问题，还专门探讨了作为个体伦理的"第二伦理"与作为政治伦理或社会伦理的"第一伦理"之间的张力和复杂关系。这些理论思考都对东欧新马克思主义的伦理思想产生了重要的影响。

　　东欧新马克思主义的理论中包含着丰富的伦理思想，几乎每一个流派都有致力于阐发马克思学说的人道主义伦理批判思想的代表人物。在这方面，最为突出的是布达佩斯学派的主要代表人物阿格妮丝·赫勒（Ágnes Heller）。作为卢卡奇的亲传弟子，赫勒非常重视伦理问题，从其早期的日常生活人道化理论，直到后期的历史理论、政治哲学研究等，都包含着丰富的伦理思想。在这方面，赫勒最为集中的研究成果是被称为"道德理论三部曲"的《一般伦理学》《道德哲学》《个性伦理学》。与青年卢卡奇主要关注政治伦理（或者阶级伦理）的定位有所不同，赫勒伦理思想的聚焦点是个体的道德选择，是身处现代性深重危机之中的现代个体如何通过自觉的道德选择成为好人，她由此提出了著名的个体伦理学思想。同时，她还研究了哲学领域、政治活动领域的道德准则和公民伦理等问题。在实践派哲学家中，米哈伊洛·马尔科维奇（Mihailo Marković）、米兰·坎格尔加（Milan Kangrga）、斯维多扎尔·斯托扬诺维奇（Svetozar Stojanović）对于马克思主义的人道主义伦理批判思想做了比较多的阐发。他们专门挖掘马克思学说的伦理思想资源，依据马克思的实践哲学和异化理论来思考马克思主义伦理学的可能性问题；他们主张人道主义的伦理批判思想，特别是关于现代性文化危机的伦理批判思想；他们还对社会主义条件下的伦理问题进行了思考，他们认为，马克思的伦理思想强调现实变革，强调对资本主义社会及其道德的人道主义的批判和变革，并且把人设想成完全有道德义务去实现社会主义的人。波兰新马克思主义重要代表人物莱泽克·科拉科夫斯基（Leszak Kołakowski）和齐格蒙特·鲍曼（Zygmunt Bauman）从不同侧面阐述了深刻的伦理批判思想。科拉科夫斯基作为哲学家，是从现代性反思的角度来提出自己的伦理学思想的。在他看来，现代性危机表现为"禁忌的消失"，进而表现为人类道德纽带的消解。尽管在现代性危机的条件下通过恢复道德力量来推动现代文明的自我防卫、自我调整和自我治愈是很难的，但他仍没有放弃寄托于作为价值源泉的道德个体身上的希望。他认为，掌握着行动权的理性的道德个体应该对自己的行为担负起全部责任。鲍曼作为社会学家也是围绕着现代性危机来建构自己的伦理学的。鲍曼发表了《现代性与大屠杀》《后现代伦理学》《生活在碎片之中——论后现代道德》等多部具有重大影响的伦理学专著，深刻揭示了现代性逻辑作为普遍化的和抽象的理性机制对个体道德能力的限制及对社会文化的破坏。在此基础上，他试图发展一种道德现象学，致力于唤醒后现代个体的道德良知，挖掘每一个体的道德潜能，推动道德的重新个人化。捷克斯洛伐克新马克思主义理论家卡莱尔·科西克（Karel Kosík）在著名的《具体的辩证法——关于人与世界问题的研究》及《现代性的危机——来自1968时代的评论与观察》等著作中，依据马克思学说提出了"具体总体的辩证法"，对现代社会的异化和物化做了深刻的批判。他基于"革命性的实践"，将辩证法与道德联系起来，他认为，真正的辩证法是革命的、批判的、实践的、具体总体的辩证法，因此道德问题可以被转化为物化的操控与合乎人性的实践之间的关系问题。科西克由此恢复马克思主义辩证法的革命内核，将道德问题变成了一个基于人的实践活动的辩证法问题，因而在一定程度上恢复了道德的辩证维度或革命维度。

　　同 20 世纪其他马克思主义理论家与新马克思主义理论家关于马克思主义和伦理学关系问题的理解相比较，东欧新马克思主义伦理思想研究具有自己的独特性。从基本定位来看，东欧新马克思主义理论家的关注重点并非一般地探讨伦理学作为一门知识和一个学科与马克思主义理论的关系，也不是要建构一种关于人的正当行为规范体系的实证性的伦理学体系，而是要从马克思学说的本质规定性和内在理论逻辑来生发出马克思主义的独特的伦理思想维度，并且通过这种自觉的伦理维度反过来更加全面地理解马克思的学说，特别是马克思关于人的存在和社会发展的学说。因此，我们认为，东欧新马克思主义理论家致力于揭示和发展一种"作为马克思学说重要维度的伦理思想"。我们可以从马克思学说的理论逻辑、现实关切和价值追求等基本要点来理解这一理论定位。

　　首先，这种人道主义伦理思想以马克思的实践哲学思想为理论基础，它作为马克思主义理论的内在组成部分，可以有效地把亚里士多德所区分的理论哲学和实践哲学有机结合起来，而在马克思主义的语境中，则是有效地把以生产力和生产关系辩证运动所代表的客观必然性与人的实践所具有的主体性及创造性有机地结合起来，从而既避免陷入经济决定论的困境，也避免出现唯意志论的偏差。显而易见，这样理解的伦理思想维度不仅对于伦理学的发展具有重要的价值，而且对于我们更加全面地理解马克思的学说，也具有重要的意义。

　　其次，这种人道主义伦理思想以马克思的异化理论为重要理论依据，在新的历史条件下，具体说来，在现代性全面危机的背景下，行之有效地彰显了马克思学说的批判精神。东欧新马克思主义理论家对于当代社会的全方位的批判，无论是政治经济批判，还是文化批判，无论是非道德的批判，还是道德的批判，都极大地彰显了马克思学说的当代价值和生命力。在某种意义上，这样的伦理批判思想作为马克思主义的现实批判维度，可以成为有机地连接马克思学说和当代人类境况的重要纽带。

最后，这种人道主义伦理思想坚持马克思关于人的全面发展和自由人的联合体的思想，在新的历史条件下坚持和具体化了马克思学说的基本价值追求。正如很多东欧新马克思主义理论家所分析的那样，生活在普遍异化和物化之中的现代个体，缺少人类道德纽带的维系，处于道德冷漠和道德盲视的深刻文化危机之中。针对这种现实境遇，东欧新马克思主义理论家探讨如何唤醒每一个体的道德良知，使道德个体成为文化价值的载体；进而研究，在一个道德规范多样化和文化价值冲突的时代，如何使个体通过自觉的存在选择和道德选择，自觉地承载道德责任，自觉地选择成为好人。这样的理论分析和价值追求对于现代人反抗普遍的物化与异化，对于我们防止马克思关于人的全面发展和人的自由的设想在现代性危机的背景下沦为一种理论抽象与空想，显然具有重要的理论价值。

正是基于这样的考量，我们在这套"东欧新马克思主义伦理思想研究丛书"中，拟采取翻译与研究相结合、整体研究与个案研究相结合的思路，尽可能全面地展示东欧新马克思主义的伦理批判思想。我们将该丛书粗略地分为三个板块：首先是关于东欧新马克思主义伦理批判思想的整体展示和总体研究，主要有衣俊卿、张笑夷合著的《东欧新马克思主义伦理思想研究》和衣俊卿、马建青编译的《东欧新马克思主义伦理思想文选》；其次是对东欧新马克思主义伦理批判思想最具影响力的代表性著作的翻译，其中包括阿格妮丝·赫勒的"道德理论三部曲"《一般伦理学》《道德哲学》《个性伦理学》和齐格蒙特·鲍曼的《后现代伦理学》《消费世界的伦理学是否可能?》;① 最后是关于东欧新马克思主义伦理思想的个案研究成果，其中包括澳大利亚学者约翰·格里姆雷（John Grumley）著的《阿格妮丝·赫勒：历史旋涡中的道德主义者》、丹麦学者迈克尔·哈维德·雅各布森（Michael Harvey Jacobsen）主编的《超越鲍曼——批判性探索与创造性阐释》、郑莉和李天朗合著的《齐格蒙特·鲍曼伦理思想研究》、关斯玥著的《阿格妮丝·赫勒伦理思想研究》和王思楠著的《卢卡奇与布达佩斯学派政治伦理思想研究》。

我们希望以这些翻译和研究成果来奠定东欧新马克思主义伦理思想研究的基本文献基础与初步研究格局。这些只是初步的、起始性的工作成果，我们期望更多有才华的学者加入这一领域的研究，期待更加丰富的高水平成果不断涌现。

2022 年 11 月 11 日于北京

---

① 我们原计划在丛书中收入鲍曼的代表作《现代性与大屠杀》，但由于该书的中文版权目前已经被其他出版社获得而未果。读者可参阅该书已有的中译本——鲍曼：《现代性与大屠杀》，杨渝东、史建华译，译林出版社 2002 年版。

偶然性的人与道德普遍性的建构

——后现代境遇下的美德伦理学建构

人的问题始终是赫勒这位东欧新马克思主义理论家思考的问题。赫勒早期主要关注的是日常生活理论、人的需要理论和现代性问题；20世纪80年代之后，随着后现代主义思潮的兴起，赫勒开始将人的问题与后现代性问题相关联，并致力于构建起伦理学体系，这集中体现于其伦理学三部曲《一般伦理学》《道德哲学》和《个性伦理学》之中。与德国著名哲学家汉娜·阿伦特极其相似，赫勒亲历了父亲死于纳粹大屠杀的痛苦，见证了苏联社会主义模式的兴衰，这使她一直思考为什么在自称拥有"自由、民主"历史传统的欧洲，在20世纪反而出现了奥斯威辛集中营和古拉格群岛这种极端的人间地狱。这个问题促使赫勒不得不重新思考人的本质和人性的善恶这一基本哲学问题。因此，人的问题不再仅仅局限于人的日常生活和人的需要等问题，而是关涉人的哲学基本问题。在这样的理论视野中，人不再是简单的技术理性维度和现代性视野下的个体，不再是近代哲学中那个主体张扬、拥抱必然性和自主性的完整个体。相反，人的问题是如此复杂，以至于在21世纪的今天，人们对人的本质和人性问题仍然莫衷一是。在此情境下，赫勒接受了阿伦特"人的境况"的论断，即人性既不是恶的，也不是善的，更不是善恶兼而有之，人也不可能是道德中立的；人性既不属于自然的，也不属于社会的，更不是自然和社会的结合。那么，人究竟是什么呢？像阿伦特一样，赫勒认为人是境况的（conditioned）存在，人是复数的和偶然性的。如此，偶然性的人必然对现代伦理学所追求的道德的普遍性构成严峻的挑战。因为道德哲学探讨的是人们的行为及其动机的规范，它研究的是善与恶、对与错、责任与义务等概念，是对人类道德生活进行系统思考和研究的学科。道德哲学试图从理论层面建构一种指导人们日常生活行为的规则体系。概言之，道德哲学追求和探讨的是普遍性与规范性的东西。如此，后现代境遇下偶然性的人与道德普遍性的重构就成为赫勒伦理学所必须面对的问题。正基于此，赫勒在 20 世纪 80 年代后期完成了其伦理学的三部曲。其中，《一般伦理学》也就是赫勒的元伦理学，成为理解其《道德哲学》和《个性伦理学》的基础。在此，后现代境遇下人的偶然性构成了《一般伦理学》的逻辑起点，而道德普遍性和"善"的伦理学重构则成为赫勒伦理学所追求的目标。因此，在后现代的境遇下，重新思考伦理学的基本问题，特别是对伦理学的古老问题，即善和美德的问题的探讨，完成"是"到"应该"的转换，就构成了《一般伦理学》的主线。而走向规范的美德伦理学，提出并论证"好人究竟是如何可能的"则构成了赫勒《道德哲学》和《个性伦理学》的具体任务。现在我们就从上述角度对《一般伦理学》做一简单的分析和评述。

一、《一般伦理学》的研究对象和问题域

相对于赫勒早期对生活世界和需要哲学的研究，《一般伦理学》一书显得更为晦涩，难以理解和把握。这主要是由《一般伦理学》的定位及其研究对象所造成的。在赫勒后期所构建的道德哲学大厦中，《一般伦理学》处于某种更为概括的、总体的、抽象的和规划评判的地位，它为赫勒的其他道德哲学著作，如《道德哲学》《个性伦理学》《后现代政治状况》《历史理论》和《超越正义》等著作奠定了基础。因此，《一般伦理学》具有"元伦理学"的地位，它审视、规划并指导赫勒后期其他著作的发展轨迹和方向。从这个角度看，虽然《一般伦理学》晦涩难懂，但我们并不能对它置之不理，反倒要更加重视该书的基本结构和研究的问题域，这样才有助于更好地理解赫勒的其他著作。

首先，相对于道德哲学的其他方面，《一般伦理学》处于相对超脱的地位，也即参与观察者的地位，是某种独特的元伦理学。赫勒对此曾

直言不讳地指出，她的《一般伦理学》其实就是"元伦理学"，或是某种独特的"元伦理学"。赫勒在《一般伦理学》的"导论"中谈到了该书的研究对象：

> 《一般伦理学》论及的是元伦理学、社会问题和历史问题；……《一般伦理学》赋予了在历史的记忆中留下了印迹的那些经验和概念以生机。在依赖于对过去和现在的主体间的回忆的同时，它讲述的是那些重要的故事。①

为了更清晰地说明《一般伦理学》之于其他道德理论的相对超脱地位，赫勒补充道，《一般伦理学》"将会从理论理性的立场，也即参与观察者的立场来回答这一问题"②。换句话说，《一般伦理学》并不涉及具体的道德问题和具体的道德行为规范，也不会为具体的个体或主体提供具体的道德规范和指引。它不会像康德的《实践理性批判》那样提出一个关涉主体行动的"绝对命令"等，因为那是规范伦理学的任务。相反，赫勒的《一般伦理学》必然会涉及伦理学的一些基本概念和命题的分析，抽象而晦涩；必然会对关涉主体的道德意愿、道德责任、道德选择及其行为后果、道德困境、道德命令、道德权威、道德判断，以及善、坏和恶等伦理学的基本概念或问题加以讨论和研究。

其次，对《一般伦理学》的理解不能不提及赫勒对其道德哲学理论的构想和架构。在《一般伦理学》的"导论"中，赫勒对传统的道德哲学理论做了三个方面的划分，这三个方面分别是解释的、规范的和教化的或教育的。这三个方面各有其不同的目标和任务：解释的方面试图回答什么构成了道德；规范的方面试图回答人们该如何行事；教化的或教育的方面研究的是人们的行动方式或行为方式，它一方面要回答如何塑造人的习性，另一方面要回答如何确保与善相一致的生活方式，使之不

---

① Agnes Heller, *General Ethics*, Oxford: Basil Blackwell Ltd, 1988, p. 6.
② Ibid. , p. 7.

受到威胁。① 这三个方面虽然属于传统的道德哲学，但赫勒仍然致力于道德哲学的这三个领域，并将这三个领域分别对应其伦理学的三部曲，即《一般伦理学》《道德哲学》和《个性伦理学》。其中，《道德哲学》是核心，而《一般伦理学》则成为《道德哲学》和《个性伦理学》的基础和必要前提。每一个部分都有其研究对象和相应的方法。具体而言，第一部分的《一般伦理学》主要运用解释的方式从理论上阐述了道德的含义、道德结构的变化等问题；它主要处理的是"是"的问题域。第二部分的《道德哲学》主要运用规范的方式，从人的境况及其双重偶然性的特征来回答现代主体所面临的"应该"问题，即"我应该做什么"或"做什么事情对我来说是正确的"。第三部分的《个性伦理学》主要运用教育或教化的方法，说明个人如何成为道德的人的问题。

由此可见，虽然《道德哲学》是赫勒伦理学的核心部分，但《一般伦理学》的地位是其他两者无法取代的，它处于某种"元伦理学"的相对非具体化的位置，它要运用"解释的方式"来处理"是"的问题。赫勒说："在道德理论的目标领域中，必须把解释-观察的方面置于一般性的层面上。一般伦理学是某种哲学语言游戏，它必须融合元伦理、规范、系谱学的话语，并将它们融入某个固有的方法之中。"② 所以，《一般伦理学》的首要任务是要回答"什么构成了道德"这一问题，它探讨的是道德的基础问题，即元伦理学的问题。因为"什么"或"是"的问题恰好是元伦理学所研究的核心问题。从"是"到"应该"的过渡也就是从元伦理学到规范伦理学的过程。赫勒说：

> 作为道德理论的一部分，《一般伦理学》概要地回答了如
> 下基本问题："好人存在，他们究竟何以可能？"对这一问题的
> 考察如下："什么样的'是'导致了'应该'？"或不如说，
> "什么样的'是'是'应该'？"实践理性及其所有意义，将是

---

① Ibid. , p. 1.
② Agnes Heller, *General Ethics*, Oxford: Basil Blackwell Ltd, 1988, p. 11.

理性的主要内容。①

最后，为了更清晰阐明《一般伦理学》在赫勒道德哲学中的地位，我们不得不简单提一下 20 世纪初兴起的"元伦理学"这门新学科。元伦理学是相对于规范伦理学而言的，或者说，元伦理学是在反对传统规范伦理学的基础上建立起来的。与传统规范伦理学不同，元伦理学是以伦理学自身作为研究对象的一种反思性、批判性的研究。而赫勒的《一般伦理学》是在借鉴、吸纳了现代西方元伦理学的基础上提出的某种独特的伦理学。相比于西方元伦理学的发展流派，赫勒的《一般伦理学》似乎更接近直觉主义伦理学。直觉主义伦理学认为"善"的概念是无须分析而不言自明的。同样，赫勒在《一般伦理学》中也提出了某种类似"善"的设定，即《一般伦理学》概要地回答了如下基本问题："好人存在，他们究竟何以可能?"对于"好人存在"这一问题，赫勒认为它是一个不言自明的问题，剩下的就是要回答"好人的存在究竟是何以可能"的问题。这一问题构成了《一般伦理学》的主要任务，这也是赫勒道德哲学的基础。正因为如此，赫勒提出的"好人存在，他们究竟何以可能?"常常被人们指责为一种道德的乌托邦。但如果我们从元伦理学的视角，特别是从规范主义的美德伦理学的视角来考察赫勒的道德哲学，那么，我们似乎能理解赫勒的良苦用心及根据了。值得注意的是，当代美德伦理学开始渗透到元伦理学和政治学领域，如美国学者纳斯鲍姆在其《正义的前沿》（2016）中就将亚里士多德的美德论扩展至当代自由主义的政治哲学。② 其实赫勒也有此种现象。如在本书第七章"对单个事件做出的公正判断"中，她提到动态正义、静态正义和形式正义等问题，并出版了《超越正义》一书。因此，说《一般伦理学》是元伦理学也是成立的，但绝不仅限于元伦理学领域，该书还渗透了更多的现代规范伦理学的成分，尤其是美德伦理学的内容。综观该书，我们拟将其归为后现代境遇下的元伦理学与美德伦理学之结合。

---

① Ibid , p. 10.
② 陈真：《美德伦理学的现状与趋势》，见《光明日报》2011 年 1 月 25 日。

二、《一般伦理学》的方法和话语叙事

作为道德哲学的基础，《一般伦理学》必然有自己独特的方法和话语方式。这是我们在阅读《一般伦理学》时必须关注的问题。对此，赫勒直言不讳地指出，《一般伦理学》的方法和话语就是系谱学（genealogy）的方法和理论性的话语方式。系谱学也称家谱学或谱系学，原来指的是关于家族世系、血统关系和重要人物事迹的科学，以便理解事物的起源及其演变过程。系谱学的方法来源于弗里德里希·威廉·尼采（Friedrich Wilhelm Nietzsche），尼采在《论道德的谱系》中运用嘲讽、戏谑和挖苦的方式来反对传统和理性主义的道德和价值观，并要求重新评估道德价值，他将这一方法称为系谱学的方法。20 世纪 60 年代，法国后现代主义大师米歇尔·福柯（Michel Foucault）也提出了其系谱学方法。福柯的系谱学是与其话语理论和知识考古学的方法密切联系在一起的。为了打破传统的、连续的、历史主义的宏大叙事方式，福柯深入微观的领域，采取追踪溯源的系谱学方法，详细考察了社会的微观领域的知识形成及其与权力控制的内在关联。如福柯的《词与物》一书中就充满了有关动物、植物等分类的来源的大量考察，并刻意形成这一领域的知识及其话语体系。在《词与物》中，福柯通过追踪溯源的系谱学的方法，详细考察了知识的各个门类，如植物学、动物学的产生、演进和发展的微观历史。通过系谱学的考察，福柯发现社会的每一个微观领域都有其各自的话语体系，而每一种话语体系的形成又与权力密切地联系在一起。也就是说，知识、话语与权力是密切关联的。因此，福柯的结论是，话语的形成或生成过程也就是权力结构和权力控制的形成过程。总而言之，无论是尼采还是福柯，他们的系谱学的方法都抛弃了本质与现象、深层与表层的区分，而仅仅关注微观领域和世界的起源与发生学的考察。所以，尼采的系谱学方法是反理性的和反形而上学的；福柯则认为自己的系谱学关注的是细节，是建立在广泛的原材料的积累基础上的系谱学考察。福柯的话语既是现象，也是本质；或者说，对于福柯的话语而言，无所谓现象和本质的划分。相反，话语是一种结构，它既折射了

现象，也蕴含了本质。

那么，相比于尼采和福柯的系谱学方法，赫勒在《一般伦理学》中所谓的系谱学方法究竟又是如何体现的呢？它又具有怎样的特征呢？

首先，从早期的日常生活理论研究和需要问题的研究转向道德哲学的研究，赫勒明显受到了福柯等人的后现代思潮和系谱学方法的影响。所以，我们在赫勒后期的《历史理论》和《超越正义》等著作中，可以明显看出赫勒的后现代主义的历史观和政治观。由此可以断言，在《一般伦理学》中，赫勒也运用了系谱学的方法来建构其一般伦理学的大厦。与福柯类似，赫勒的系谱学的方法是与其道德话语的形成密切关联的。具体而言，《一般伦理学》的话语不同于《道德哲学》，也不同于《个性伦理学》。赫勒认为，《一般伦理学》的话语是理论性的话语，是解释性的，即它既非实证式的，也非分析式的；《道德哲学》就像康德的实践哲学那样，是规范性的话语，属于规范伦理学的领域；而《个性伦理学》则更为具体和直接，它甚至采取对话式的话语方式。赫勒说："在《一般伦理学》中，话语主要是理论性的，在《道德哲学》中则是真正的实践性话语，而在行为理论中，在卡斯托里亚迪斯使用该概念的意义上，其话语则可以被称为阐明。"① 至于赫勒是如何运用这三种不同话语的，读者可仔细阅读这三部著作而细加体会。

在《一般伦理学》中，由于赫勒采用了理论性的话语方式来写作，这就使得《一般伦理学》显得颇为晦涩难懂。赫勒从阿伦特的"人的境况"出发，对人的行为规范与规则、意愿行为与道德自律、责任与后果，有关恰当行为的划分，对单个事件做出的公正判断等问题进行了分析和探讨。这些概念及其问题都是伦理学的基本问题，并不涉及具体的道德规范，也不涉及道德主体的行动及其规则。它们都是在阿伦特的"人的境况"的基础上展开的对有关伦理学的基本概念的解释，其中浸润了赫勒独特的思辨性的理论性话语及其思维的逻辑性。所有这些恰好说明了赫勒对福柯系谱学方法的灵活运用，也是她自己所谓的系谱学方法的具体体现，这也就是《一般伦理学》区别于《道德哲学》和《个

---

① Agnes Heller, *General Ethics*, Oxford: Basil Blackwell Ltd, 1988, p. 7.

性伦理学》之所在，同时也包括《一般伦理学》与当代其他伦理学的区别。如赫勒在"导论"中对当代伦理学家麦金泰尔的美德伦理学和哈贝马斯交往基础上的商谈伦理学加以比较分析，以论证她在《一般伦理学》中的理论目标，即她试图在解释性、规范性和教化性三方面的基础上重建道德哲学的理论。在这一点上，赫勒虽然试图在"善"的基础上重建其现代伦理学，虽目标宏大，但综观其道德哲学的三部曲，我们感觉她似乎未能彻底完成在《一般伦理学》中所规划的宏大目标和任务。

其次，赫勒的系谱学方法还表现在她对人类道德历史发展和演进的结构性考察。赫勒认为，人类进入文明社会之后直到现在，道德结构发生了两次主要的变化。第一次发生于 3 000 年前人类进入文明社会之时，人类发展进化到了具有区分善恶的能力，并具有道德上的羞耻之心。此时，道德结构逐渐从个体和差异性的道德走向具有普遍性的道德，这一趋势一直发展到现代。如古希腊前苏格拉底时期的道德发展状况，以及中国古代社会的伦理道德的变化，如孔子主张的仁、义、礼、智、信，等等。这一个阶段诞生了道德哲学或伦理学，如古希腊的伦理学或古代中国孔子的道德哲学。第二次的结构变化发生于 20 世纪末的当代社会，特别是在后现代社会的大背景之下，它是一个进行时或未完成时。在这一时期，由于第二次世界大战和科学技术的迅猛发展、消费社会的来临、拜物教的全面性胜利和社会结构的变化，人类社会进入了多元化和碎片化的个人时代，原来那种具有普遍性的道德规范面临着失范或失序的危机。这一新的道德结构的变化为当代伦理学家提出了新问题，但也为新的道德规范的重建提出了新任务，并且提供了新机遇。而《一般伦理学》恰逢这样的机遇，所以，它面临着重建现代道德规范的重任。赫勒说：

> 总而言之，人们可以区分道德的两种基本结构变化。第一种发生于 3 000 年前文明世界中的人类行为中的羞耻规范和意识规范的区分。第二种伴随着同时发生于我们这个时代最近逝去岁月中的道德的普遍化、多元化和个体化。道德哲学一般而

言，即哲学）的诞生归之于第一种文化变迁。①

简言之，赫勒在此所提及的道德结构的两次变迁，折射出其道德系谱学的结构性踪迹，也部分回答了《一般伦理学》的首要任务，即"什么构成了道德"这一带有元伦理学色彩的问题。不仅如此，赫勒的这一划分也反映了她重建道德哲学的目标，即她在《道德哲学》中力图回答《一般伦理学》中提出的问题："好人现在存在着……这足以证明他们的存在现在是可能的。但他们现在是何以可能的呢？"② 赫勒在此探索的是道德结构在 20 世纪所发生的新变化。换句话说，20 世纪的道德结构不再是普遍化、确定化和固定化，而是围绕着普遍化、多元化和个体化而形成的。对于"好人何以存在"这一问题，答案"恰恰是由于道德结构在现代性中已经发生了变化，而且它仍处于变化的过程中，所以，答案就必须被有意识地定位在已经发生的结构转型的现代世界中：必须将它确定在这一世界中，其中，道德结构是围绕着普遍化、多元化和个体化而日益形成的"。③ 当然，新的道德结构的形成势必与 20 世纪末的后现代主义背景下社会的去中心化和人的个体化、碎片化相关联。因此，后现代主义的视野也就构成了赫勒的《一般伦理学》不可或缺的一部分。

三、偶然性际遇下的实践理性向辩证理性的转换

实践理性是康德哲学的核心概念。自康德的《实践理性批判》出版以来，由实践理性开启的道德哲学蔚为壮观，在 20 世纪形成了诸多的伦理学流派。赫勒在其《一般伦理学》中有关元伦理学的建构离不开康德的实践理性概念和现代伦理学的基础。具体而言，赫勒从后现代主义立场出发，以对理性与实践理性的区分为开端，提出了基于实践理性基础上的"辩证理性"概念。辩证理性概念与她随后基于精神分析和存在主义而提出的情感生成和情感道德化等概念密切相关。正是在偶然性际

---

① Agnes Heller, *General Ethics*, Oxford: Basil Blackwell Ltd, 1988, p. 8.

② Agnes Heller, *General Ethics*, Oxford: Basil Blackwell Ltd, 1988, p. 8.

③ Ibid. , p. 9.

遇下，人们只有借助移情、同情和仁慈等能力才会触发关于"善"的体验。也正是在这个过程中，人们在心理层面上接受了"善"的观念，并开始走向情感的"道德化"，这既是赫勒基于后现代的偶然性概念对实践理性的发生学机制的探究，也为其辩证理性概念的形成奠定了基础。因而，偶然性际遇就成为从实践理性到辩证理性转变的前提和条件，这也是赫勒**后现代主义**的具体体现。

首先，赫勒继承了康德对理性概念的规定，认为理性是一个复杂的哲学范畴，是人们根据价值取向辨别善恶、好坏、真假、美丑等的"辨别能力"。赫勒说："我将理性界定为，根据价值取向的范畴做出辨别的能力（好的/坏的，善的/恶的，神圣的/世俗的，真的/假的，美的/丑的，有用的/有害的，愉快的/不愉快的，成功的/失败的，以及诸如此类的）。"① 这里必须强调的是，不能将赫勒所谓的理性简单地理解为康德哲学意义上的理性，它既不是康德的"知性"理解力，也不是其审美的判断力，也就是说，它不是主体的思想和精神能力。这里的关键在于理性的"辨别能力"，这是赫勒所重点强调的。理性的这一辨别能力是一种在学习和成长过程中获得的能力，它不是静态的，而是动态的，是主体在学习和"辨别"过程中被激发出来的一种"辨别能力"。

其次，赫勒并不满足于这一理性的"辨别能力"，因为它并不适用于道德规范，而只有实践理性才与道德规范相关联。她说："对于道德规范而言，理性没有取得合法性来源的资格；只有实践理性才可以。换言之，善，而非其他肯定的评价性导向范畴，必须成为合法化过程的指导思想。"② 换句话说，与康德将纯粹理性归属于知性、实践理性归属于道德规范不同，赫勒在此将实践理性置于理论理性之前，即**"善为先"**。赫勒说："我将实践理性界定为，根据价值取向范畴的层级体系做出辨别的能力（'善为先'）。"③ 因而，实践理性是建立在道德判断优先基础上的一种"辨别能力"。与理性相比，二者都是一种"辨别能力"，但

---

① Agnes Heller, *General Ethics*, Oxford: Basil Blackwell Ltd, 1988, p. 132.
② Ibid. , p. 134.
③ Ibid. , p. 132.

二者区别的关键在于实践理性的辨别能力是建立在"善为先"的基础上，它更多涉及对价值取向范畴的分层，将善置于第一的位置或层次上，然后才是对其他的辨别能力，如对真与假、美与丑、好与坏的辨别能力。所以，由此看出赫勒的实践理性与康德的不同。

实践理性主要诉诸良心，即道德权威的内在性。当然，道德权威分为内在和外在两个方面，赫勒对道德权威的论述是在第六章展开的。然而，道德权威的内在与外在方面是与赫勒的双重性质的反思密切关联的。也就是说，必须经过双重性质的反思，道德规范和规则才可以建立起真正的权威，也即外在权威和内在权威。

赫勒所提到的**"双重性质的反思"**（第一章）涉及道德权威的外在性和内在性的悖论或张力。她指出，外在权威就是不经过任何选择或双重性质的反思而呈现出的简单的"服从"。一句话，外在权威就是那些已经成文的实定的社会规范和规则，包括法律和道德的规范等对人们的强制约束力，它们从外部约束或限制着人们的行为及其活动方式。与外在权威密切关联的则是内在权威。赫勒说："如果人们在没有任何选择或者双重性质的反思的情况下，就服从所属群体或者共同体的每一条具体规范，那么道德权威就完全是外在的。"① 违背外在道德权威则会使人产生羞愧感，"羞愧作为经验的人类普遍性，是在外在权威（他者的目光）的肯定和否定中的自我介入"②。而内在权威主要指的就是通常所谓的"良心"，即康德的实践理性以及他的道德的"绝对命令"。良心与羞愧类似，都是人类情感的表达形式，但一个是内在的，一个是外在的。对外在权威的介入"在本质上是反应式的，因为它是在对'他者的眼神'的赞同或否定的反应中出现的。当预见到否定的时候，我们能感到羞愧这一事实，但并没有将羞愧与其他反应式的感觉（情感）区分开来"③。对内在权威即良心而言，"良心不是可见的；它是内在的声音。它对我们言说，警告我们，给我们提供建议；它奖励和惩罚我们"④。

---

① Agnes Heller, *General Ethics*, Oxford: Basil Blackwell Ltd, 1988, p. 99.

② Ibid.

③ Agnes Heller, *General Ethics*, Oxford: Basil Blackwell Ltd, 1988, p. 102.

④ Ibid.

赫勒指出，在传统社会中外在权威占有更重要的地位，人的行为一般遵从外在权威，内在权威仅仅是对外在权威的补充。而在现代社会，外在权威与内在权威并存，但又极度不平衡，两者缺一不可。一方面，内在权威构成了主体行为选择和行为判断的终极裁决者，这是现代社会道德进步的表现。另一方面，如果仅仅依赖于内在的道德权威，或者"如果每一个有约束力的规范和规则都被解构了，而新的规范和规则还没有建构起来，那么实践理性就成为唯一的裁决者，因此，那时将不存在任何仍然有效的外在道德权威"①。因而在她看来，一个社会的正常运行，既需要外在社会规范，即社会权威，也需要社会规范或规则的有效性，即实践理性或良心，这二者构成了现代道德哲学的辩证法。而只有经过双重性质反思之后的道德权威才真正有可能转化为赫勒意义上的辩证理性，进而从实践理性走向辩证理性。

最后，赫勒诉诸现代精神分析学说、存在主义哲学或后现代主义思潮来探讨辩证理性概念的特征及其形成。辩证理性的特征是"生成性的"，它来自偶然性的"冲动……"，等等。她认为辩证理性就是关于规范有效性的理性，是实践理性和理论理性的融合。其特征就是"**生成性的（generative）**"②，而"真正具有生成性的并不是理性本身，而是这个默默地引导理性朝善的方向发展的'某物'：冲动、内驱力、感觉、思想"③。由此可见，赫勒对辩证理性的理解和规定与弗洛伊德精神分析理论的"冲动、内驱力"等概念密切关联。这里赫勒所谓的生成性之所以是辩证的，原因在于辩证理性的生成性既不是普遍性的，也不完全是特殊性的，而是带有强烈个性色彩的，但又离不开普遍性的东西。所以，它不是理性本身，但又与理性相关联，它默默地引导理性朝着善的方向发展，是**冲动、内驱力、感觉、思想**之类的东西。也就是说，它介于理性与善之间，兼具理性的普遍性和个体的冲动、内驱力、感觉和思想。它只有借助于"移情、同情和仁慈"，作为非理性的、偶然性的激情才

---

① Agnes Heller, *General Ethics*, Oxford: Basil Blackwell Ltd, 1988, p. 110.
② Ibid. , p. 136.
③ Ibid.

能与作为普遍行动道德规范关联起来，从而建构起新的普遍的道德规范。也就是说，从发生学的角度看，偶然性的激情必须借助于人们的移情、同情和仁慈等能力时才会触发人们关于"善"的体验，否则激情将毫无意义。在这个过程中，人们在心理层面上接受了"善"的观念，并开始走向情感的"道德化"。这一道德"规范化"的过程既是外在的，也是内在的；既是独特的，也是普遍的，是上述两者的结合或融合。因为在现代社会中，可以说感性和理性是相互依存、相互渗透的，并且关联度越来越紧密。作为社会主体的人并非单个的主体，而是主体间性的，是一个社会规范和规则中的个体。在 20 世纪急剧变化的时代，面临着传统道德规范的"失范"和新的道德规范形成的境况。因而，在社会运转的过程中，就需要通过"移情、同情、仁慈等的规范生成的能力，将一个新的因素引入道德理论"①，如此就形成了情感生成的"道德化"，并为后现代时代"新道德"规范的形成，即赫勒所谓的"至善"的伦理学奠定了基础。

四、后现代主义视野下的道德普遍性的重构

作为一门相对独特的元伦理学，《一般伦理学》与赫勒之后的其他理论研究存在着内在的密切关联。甚至可以说，从《一般伦理学》中即可看出赫勒此后在其他研究领域的问题域和研究路径。如果仔细阅读《一般伦理学》，我们也可窥见赫勒对其整个道德哲学构想的踪迹，可以察觉赫勒在《一般伦理学》中对历史理论和政治哲学等领域的思考与构想。现在我们对此做一简单的分析。

首先，《一般伦理学》与《历史理论》的关联。赫勒于 20 世纪 80 年代到 90 年代著有《历史理论》（1982）和《碎片化的历史哲学》（1993）。1982 年出版的《历史理论》早于《一般伦理学》，赫勒在其中提到了"人是一种历史性的存在"和历史意识的概念，并将这一观点融入了《一般伦理学》之中。不过此时，《历史理论》中的观点与《一般伦理学》中的观点相距较远。但 1993 年出版的《碎片化的历史哲学》

---

① Agnes Heller, *General Ethics*, Oxford: Basil Blackwell Ltd, 1988, p. 141.

一书，明显浸润了《一般伦理学》的观点和立场。因为赫勒在"人的境况"一章中不但考察了人性的问题，而且明确提出了"人的双重偶然性"的特征，而人的双重偶然性又与两种"先天之物"相关联，即"后天的（个人经验）一切东西都是如下两种先天之物相结合的结果：先天的遗传之物与先天的社会之物（两者都是先于经验的'给定'之物）"。① 赫勒提出了社会规范境况下的两种先天之物，"**先天的遗传之物与先天的社会之物**"②，也即人是这两种"先天"的混合物，或人处于这两种"先天"的生存裂隙中。与此同时，赫勒进一步指出，人的境况是"在历史裂隙的条件下历史性的决定性和自我决定性"③。也就是说，这一裂隙在两个方面都是**历史性**的：一方面，一般的先天基因总是普遍的，但先天的社会性由于各种变迁实际上是无限的且变化多端的；另一方面，个体的先天基因是独特的。然而，个体的先天基因的无限变化同样可以被先天的社会所整合。也就是说，这两种先天基因既是普遍的，又是特殊的。所以，作为个体的主体既受制于规范的普遍性，又具有独特的个性或人格。人的境况就处于先天的遗传之物和先天的社会之物这两种张力之中，这两种先天的张力构成了人性的结构和冲突。与传统人性论不同，这两个都是先天遗传的，这是赫勒对康德的先验概念的继承。每个人生来都是独一无二的，即使是双胞胎也是如此。同样，不可能有两个完全相同的社会。"每个人都是通过偶然性的诞生而被抛入某个独特的社会之中。"④ 一方面，人是偶然性的人；另一方面，社会也是偶然性的社会。因为人被抛入的社会可能是这个先天的社会，也可能是那个先天的社会，因而，作为偶然性的命运是双重性的。将偶然性转换为决定性和自我决定性就是在一个独特的世界中成长的内涵。如果不将这两个先天之物结合在一起，那么既不存在自我，也不存在社会，历史性充满了张力。

正是基于人的双重偶然性和两种先天之物的耦合，赫勒后现代意义

---

① Agnes Heller, *General Ethics*, Oxford: Basil Blackwell Ltd, 1988, p. 19.
② Ibid.
③ Ibid. , p. 22.
④ Ibid. , p. 20.

上的历史哲学观，也即碎片化基础上的历史哲学观开始形成。由此不难推测出赫勒的《碎片化的历史哲学》的基本观点。在《碎片化的历史哲学》中，赫勒从微观角度描述了在后现代的碎片化时代历史的巨大变化，历史不再是超级主体的历史，而是个体的历史。但个体的历史是建立在双重偶然性的人的基础之上。严格地说，也可将赫勒的历史哲学视为一种"好人"基础上的伦理学。因为她是以历史哲学之名来探讨"我们在何处""我们是谁""我们和过去的关系""我们和一般文化的关系""我们该如何"等并不仅仅局限于"历史"的主题。历史与责任相关，在后现代的境况下，必须把历史责任委托给碎片化的个体，而非宏大（国家、阶级、社团等）的主体。只有在碎片化的主体的基础上，才能重建历史的责任和伦理精神。

其次，赫勒于 20 世纪 80 年代后著有《超越正义》（1987）和《后现代政治状况》（1998）。而在《一般伦理学》中也可窥见这两部政治哲学著作中的观点，特别是从《一般伦理学》的第七章"对单个事件做出的公正判断"中可以明显察觉赫勒有关正义的观点。赫勒在该章中提出了形式主义、静态正义、动态正义等概念，并做了重要的阐释。而这些概念在《超越正义》和《后现代政治状况》中都得到了详细的阐释。

所谓"形式正义"，就是"只要有人类生活的地方，就有规范和规则。规范和规则构成了社会集群，并且必须持续一致地将构成既定社会集群的规范和规则应用于这个集群的每一个成员"。① 所谓的"静态正义"，就是"未经公开对比和等级划分就做出的肯定判断，不会伤害到任何人，也没有冒犯社会规范和规则"。② 换句话说，静态正义是在不损害、不伤及、不贬低、不否定另一方，并遵守社会规范和规则的前提下所做出的肯定性判断。赫勒举例道，如一个父亲在不贬低其他孩子绘画的前提下，声称自己孩子的绘画很优秀（实际并非如此）。这里，这个父亲的判断可能是非真的或虚假的，但不一定是不公正的。这就涉及公正与真或虚假之间的复杂关系。所谓"动态正义"则是被修正过的正义

---

① Agnes Heller, *General Ethics*, Oxford: Basil Blackwell Ltd, 1988, p. 114.

② Ibid. , p. 117.

形式。具体而言，动态正义是相对于人们对道德规范和规则的态度的变化或修正而言的。"单个的人或整个人群可以拒绝那些不公正的'理所当然的'规范和规则，与此同时，他们也可以将那些对他们而言更为公正，或稍加公正的规范和规则宣称为有效可替代的规范和规则。"① 动态正义与形式正义的概念相关但又不同：形式正义的概念属于经验的道德普遍性；而动态正义的概念则不具有道德经验的普遍性，却必须遵循内在于"形式概念"的模式。一个事件真假与对该事件判断的公正与否，涉及事实与道德价值之间的复杂关系问题。要知道，赫勒在《一般伦理学》中并没有完全展开对正义问题的研究，她关注的仅仅是正义的一个特殊问题，即"对单个事件做出的公正或不公正的判断"问题。这个问题折射出了正义问题本身的复杂性，也涉及了主体的道德判断能力问题。按照赫勒的理解，正义与对单个事件所做出的判断内在相关；但是，对单个事件做出判断本身却是非常复杂的，它是建立在"初始判断"和"二次判断"基础上的。"并不是每个人都有权利对他人的行为做出判断。"②

赫勒认为，为了对单个事件做出一个好的，即公正的初始判断，"判断应该受到正义概念的调节"③。与此同时，一个好的公正的判断必须建立在事实清晰的基础上，也即建立在"真"的基础上，因为"判断是评价性的行为，它应该由事实陈述推断出来……需要了解的事实包括人们必须了解规范和规则；人们必须了解行为发生的情境；人们必须了解行为者是为了谁或者为了反对谁才采取的行动，知道行为发生的时间和地点，还有一些其他因素。所有这些知识都应该为真"④。如此，一个公正的初始判断就涉及事实与评判的关系，或事实（真理）与价值判断的关系。它既受正义原则的调节，又必须事实清晰，即必须建立在"真"的基础上。否则，这个初始判断有可能是不公正的。二次判断是建立在初始判断的基础上，如果初始判断为真而且是正义的，那么，二

---

① Agnes Heller, *General Ethics*, Oxford: Basil Blackwell Ltd, 1988, p. 114.

② Ibid. , p. 115.

③ Ibid. , p. 118.

④ Ibid. , pp. 118–119.

次判断不一定是恰当和正义的；如果初始判断为虚假的，那么，二次判断则有可能是不公正的，进而是非正义的。赫勒在《一般伦理学》中对初始判断与二次判断有更多的详细论述，我们不在此赘述。

然而，在赫勒看来，对单个事件的判断远非上述那样简单。具体到《一般伦理学》中的正义概念，赫勒并没有专门论述。赫勒认为，正义与对事件的判断有关。如果判断是公正的，那么就是正义的，否则就是非正义的。注意，就像上述静态正义中所列举的父亲夸奖自己孩子的绘画是最优秀的一样，一个公正的判断可能为真，却未必为真；它可能是一个虚假的判断，却是公正的。如一个医生怀疑他的一个病人可能患了晚期癌症，活不了多长时间了，那么，他是否应该立刻据实告诉病人最多只有几周的生命，还是要向病人隐瞒病情并加以安慰，这就涉及向病人陈述病情或判断的真与假，该事件的公正或非公正的问题，以及由对事件判断的公正问题，进而引申出正义和非正义的问题。此时，医生首先需要确诊病情，其次就是医生该如何向病人述说病情。在此情境中，实际上医生受到一般道德规范和规则的制约和调节，也受到职业道德和规范的调节；更进一步，医生还受到正义原则的调节。显然，这一问题是如此复杂，赫勒不可能在这个章节中讨论清楚，她必须要在《超越正义》和《后现代政治状况》中做进一步的讨论。

实际结果也的确如此。赫勒在《超越正义》中详细地论述了正义的分类及其多重的维度，并提出了超越正义、回归良善生活的构想，并将其划分三种正义概念——形式的正义概念、伦理的正义概念和政治的正义概念。形式的正义概念必因其内在的矛盾而走向悖论，伦理的正义概念做正当补充。现代性的悖论必然会令静态正义走向动态正义；历史哲学的解体势必导致不完备的正义概念取代完备的正义概念。

五、走向善的一般伦理学

基于后现代主义的视野，通过对《一般伦理学》的研究对象和问题域、方法论和话语的考察，我们基本上可以窥见《一般伦理学》中所谓的"元伦理学"的研究对象及其基本特征:"好人存在——他们何以可能。"① 可以说,"好人存在及其何以可能"不仅构成了《一般伦理学》的主题和研究对象,而且成为赫勒整个伦理学大厦的基础性设定。由此,我们可将赫勒的伦理学界定为基于善的设定的伦理学,或是一种走向善的后现代伦理学。

当然,建构一种"善"的伦理学并非赫勒的独创,问题的关键是如何建构这种"善"的伦理学。通过对《一般伦理学》《道德哲学》和《个性伦理学》的解读,可以看出,基于后现代主义视角,在偶然的人与道德普遍性的张力中,重构"善"的伦理,即"好人存在——他们何以可能",就成为赫勒《一般伦理学》和《道德哲学》的主题。具体而言,《一般伦理学》仅仅是为赫勒的伦理学构想设定了轮廓,《道德哲学》则真正构成了赫勒伦理学的具体内容。赫勒说:

> 为达至善,人们必须知道什么是善。在一个多元主义的道德世界中,不止存在一种好的行为方式和生存方式。然而,我们必须有共同分享的某些道德规范,否则,我们就无法在那些与我们的生存方式和行为方式不同的人的关系中,分辨出什么是好的,什么是坏的。如果以如此一般的术语提出的话,那么规范如何产生的问题就是一个历史的问题。我已经对这一问题给出了自己的回答;……即便如此,重要的不是回答这一问题,而是回答另一问题,即"此时此地,我们如何才能生成对每个人来说都有效的道德规范?进一步说,我们如何以自己独特的生活方式并为了这一方式生成道德规范,而在这样的生活方式中,所有其他人都将这些规范视为可行的?"显然,只有《道德哲学》有能力回答这一问题。《一般伦理学》的理论只能描述这一问题的轮廓。②

---

① Agnes Heller, *General Ethics*, Oxford: Basil Blackwell Ltd, 1988, p. 7.
② Agnes Heller, *General Ethics*, Oxford: Basil Blackwell Ltd, 1988, p. 143.

　　显然，赫勒在此不仅指出了她所要建构的伦理学是在一个多元主义时代的一种"善"的伦理学，即"为达至善"的伦理学，而且指出了《一般伦理学》和《道德哲学》的不同分工和任务，即她的《道德哲学》的任务是塑造道德规范，而《一般伦理学》的任务则"只能描述这一问题的轮廓"。

　　建构一种"善"的伦理学并非纯粹如人们设想的一厢情愿式的幻想，而是赫勒在基于对"善"的对立面"恶"的充分了解的基础上的建构。赫勒在《一般伦理学》的最后一章对"善、坏与恶"三个概念做了细致的区分，并明确指出了她的恶与阿伦特的平庸之恶的区别。赫勒认为，恶就是恶，根本就不存在阿伦特所谓的"平庸之恶"①。但是，在恶的问题上，需要区分善与恶、恶与坏等概念。具体而言，善与恶相对，恶（evil）是故意为之，而坏（bad）则不是。赫勒在此区分了两种恶——底层世界的恶和诡辩的恶。底层世界的恶是相对简单的，而诡辩的恶则与知识、权力相关，与文明相伴随；至于知识、权力又涉及人的选择能力。一个具有知识和权力的人，既可以选择从善，也可以选择从恶。此时，作为个体的人不再是一个单纯的生物学意义上的个体，而是一个社会化的人，一个拥有知识和权力的文化个体，一个有选择能力的个体。正因为人是有选择能力的，所以恶就不是平庸的，而是不可宽恕的。就耶路撒冷的艾希曼在纳粹时期所犯的罪行而言，根本就不存在什么"平庸之恶"的说法。坐在审判席上的艾希曼的确是一个平庸的老头，甚至还显得有点可怜。但他在纳粹时期所犯下的罪却是其有意为之，是不可饶恕的恶。因为年轻时代的艾希曼是一个具有道德判断能力的个人，他被恶所操控，并犯下了恶的罪行。因此，对某个事件是善还是恶的判断，就涉及道德的判断能力。

　　虽然如此，在面临善、恶的选择，或面临犯错与受委屈的道德选择时，赫勒仍然相信人们会选择受委屈而不会主动地犯错，原因在于人是有限的，即人的生命是有限的，这构成了人的境况。她说："既然意识

---

　　①　关于"平庸之恶"概念的理解参见阿伦特：《〈耶路撒冷的艾希曼〉：伦理的现代困境》，孙传钊译，吉林人民出版社2011年版，第51页。

使我们意识到我们的有限性，并且好人确实存在，那么对死亡的恐惧就是人的境况。当涉及在犯错与受委屈之间做出选择的时候，这一事实表明，因死亡的恐惧而承担责任的可能性，表明了时间压力悬置起来的可能性。我们每次去选择受委屈而非犯错的时候，我们做得就像自己是不朽的一样，尽管我们知道我们不是。"① 当然，赫勒强调，她在这里讨论的是针对"坏人"而非"恶人"而言的。即便如此，我们可以看到，赫勒的"好人存在"的善的伦理学的基础是如此的"脆弱"和如此的"乌托邦"。赫勒在《一般伦理学》的"导论"中就声明她不相信人性的假说，而宁愿将人置于阿伦特的"境况"之下。然而，我们在此看到的是，赫勒求助于人的"不朽"，即人都有追求"不朽"之愿的解释时，她似乎又回到了原点，即面对着善、恶和坏的选择，人们总会选择善。简言之，人性还是趋善的，否则"好人存在"的善的伦理学又将何以为继。这是我们阅读《一般伦理学》和赫勒后期的其他著作时必须注意的。

最后需要简单说明的是，《一般伦理学》第 1 版是由我与中国社会科学院哲学所的马新晶老师共同翻译完成，并于 2015 年由黑龙江大学出版社出版发行。该书的导论、第一章至第四章由我翻译完成，第五章至第十章和注释由马新晶老师翻译完成。本次再版，我和我的博士研究生王雅俊对第 1 版中译文本中的一些措辞进行了修订和增补。在这一过程中，为了将作者的理念尽可能忠实地传递给读者，我们查阅了相关资料，并在共同讨论的基础上确定了本书再版的内容，现在终于可以为这本书画上一个句号了。尽管如此，书中仍难免有翻译不当之处，祈望读者不吝斧正。

孔明安

2021 年 12 月于北京

---

① Agnes Heller, *General Ethics*, Oxford: Basil Blackwell Ltd, 1988, pp. 177-178.

目　　录

导论　道德理论的三个方面

　　道德哲学总是涉及三方面①：第一方面可以被称为**解释的**
（interpretative），第二方面是**规范的**（normative），第三方面是**教育的**
（自我教育的）或教化的（therapeutic）。解释的方面试图回答这样的问
题：什么构成了道德；规范的方面试图回答如下问题：人们应该如何行
事；教育或教化的方面则一方面试图回答，如何可以塑造人固有的习
性，方使得人们达至道德的期望，另一方面也要回答，如何确保与善的
标准相一致的生活方式可以免受痛苦和不幸的威胁。传统的道德哲学通
常一起探讨这三个方面，或至少说，**直接**将三者结合起来探讨。有时
候，以亚里士多德为例，他对这三个方面都给予了同等的关注，然而在
另外一些情况下，则强调其中的某一方面或另一方面。对斯多葛主义来
说，第三个方面是最为重要的。就怀疑论的道德家们而言，他们强调的
是伦理的解释方面，与此同时，道德虚伪的社会博弈（game）则遭到了
挖苦式的谴责。② 在 17 世纪，归纳主义-演绎主义的程式则优势占尽。
人们再也不会以**教化**（paideia）③ 的单一形式来对待人性（human
nature）中被认为是"固有的东西"（innate）。自道德原则失去了其"想
当然"的特征（作为社会的先天或神性的命令）以来，简单地聚焦于人
们如何遵守（道德）已经远远不够了。这些原则自身必须拥有赖以为之

---

　　① "道德哲学"这一术语代表着涉及道德问题，或者以讨论这些问题为出发点，抑或最
终达到讨论目的的所有哲学研究。**严格意义上的**道德哲学是一项现代发明。传统道德哲学要么
深植于形而上学，要么深植于政治学，或者深植于两者。并且，像解决严格意义上的道德问题
一样，它们也处理认识论和心理学问题。

　　② 正是道德哲学的解释方面顾及了哲学模式的最大多样性。格言、系谱叙述、社会学的
重建、分析的元伦理学和其他一些多样的形式可以完成同样的任务，并且有时还能像一般的、
无所不包的哲学理论那样，产生同样令人满意或悬而未决的结果。

　　③ paideia 一词是希腊文，译为教化，意为对灵魂的培育以及性格的形成，体现了古希腊
古典的教育思想与教育的实际内容，包括文法、修辞及语言等。——译者注

的基础。人及其所谓的"自然"的天资，似乎构成了这样的基础性程序的恰当基础。因此道德原则、规范和美德通过来自某种所谓的"人性"【2】的构成成分的诸多演绎过程而得以推演。这就是从**"是"**（Is）推论出**"应该"**（Ought）的路径，这是可以合法地引起怀疑的某种程序。的确，很难看出道德价值或规范是如何从反感和吸引的本质中，或从如下陈述中推演出来的，即所有人都力图追求快乐，规避痛苦。因为驱使我们、吸引我们的，使我们感到快乐和痛苦的**事物**是这样的东西，最起码，它们是由**预先存在**（pre-existing）的社会规范制度和规则（包括道德的规范和规则）共同决定的。

　　人类学的还原论（自然主义的谬见）早就指出，道德哲学的三个方面的关联已在遭到侵蚀并最终会坍塌。自然主义的谬论并不是原因，而是**是－应该**（Is-Ought）关系问题的结果。传统演绎方法（以如下的方式："这些是上帝的命令——你应该遵照上帝的指令"，或"这是最高的善，这些是至高的美德，你应当培养并实践这些美德"）问题缠身，起码对那些最有洞见的、当今现代具有前瞻性眼光的思想家来说是如此。事实上，不妨说，道德哲学的第一方面应对这一侵蚀"负责"。但无论什么原因，我们仍然面临着，或毋宁说，迄今为止我们正面临着这一侵蚀的结果。康德，我们现时代开拓性的道德哲学家，他完全关心的是道德哲学的第二个方面，即**应该**这一方面。他把道德哲学的第一个和第三个方面都驱逐了出去，并分别将它们驱逐到了政治哲学、法哲学和人类学竞争之中，如此就引来了黑格尔的嘲讽。黑格尔竭尽全力把因阐释**"是"**（Is）而导致的一片混乱重新关联起来，毫无疑问，（在需要的标题下）"是"否定、保留（"扬弃"）了**"应该"**和所谓的"人性"。然而黑格尔的解决方法并没有使世界的运行（weltlauf）和谐起来，也没有逃脱道德虚无主义那些鼠辈的尖刻批判。元伦理学，这个曾经兴盛高贵的人类追求的"私生子"，完全抛弃了道德哲学：针对"我们应该如何行事？"这一问题，它不仅不予以回答，而且认为这一问题本身都是不成立的。

　　重复一下：把道德哲学的三个方面凝结在一起的纽带遭到了消解，

首先应当为此负责的是第一方面，即**解释的**方面。我们对所谓"人性"的看法已经经历了巨大的改变，人性的理论多种多样，并且彼此冲突，就像诸多道德规范、道德自律、道德原则、道德规则等彼此不可调和一样。虽然"主体间的建构"及其数种观点早已替代了先前笛卡儿的理论，但有关人性的观点，在此即有关人的社会-历史本质的观点仍在裁决道德要求的事物中，在使某些（或从来就没有）道德要求为真的方面，发挥着时隐时现的作用。此外，当（并且如果）面对道德哲学的教育-教化时，无论我们将人理解为语言的使用者、从事理性选择的"数字电脑"，还是致力于打破固有的、无意识的冲动与解决现实任务之间平衡斗争的自我，人性的观点都会产生巨大的差异。【3】

什么是道德？何种规范是有效的规范，或反过来问这一问题，何种规范是有效的？何种美德是主要的美德？所有的传统道德哲学都对这些问题做了充分的回答，然而除了柏拉图的回答具有突破性的现代意义之外，他们回答的方式不过是概括性的。道德哲学的核心涉及道德规范和原则的应用，而且主要关注的是实践判断、善与恶相应的动机，感觉和情感以及道德特征，等等。在现代性中，除了德国古典主义非常特殊之外，这一重心急剧地变换。"何种规范是有效的？""规范的有效性，如果是全部的话，那么它们是如何建构起来的？""在什么样的基础上，我们进行道德判断？"这些问题都是研究的重点。上述及其类似的问题，都可能被扩大至这一点，在此所有与道德哲学相关的问题，包括最为困难和困惑的问题，都被划归为背景性的，甚至是被取消了的问题。

然而，由德国古典主义，尤其是由歌德（Goethe）开启的这条道路（尽管并非前无古人的）并非毫无意义。在这一传统中，**教化**观念变得高度膨胀起来。其关注的核心是人所有的天资、协调能力的发展或自我发展，以及某种和谐性的人的特征的创造或自我创造。这一潜在的假设是，人的天资一旦在和谐中发展，就会变成**美德**（virtuous）的能力，这一能力愈益发展，在自由选择的共同体中人们就愈益会彼此支持。尽管对一切传统主义进行了彻底拒绝，并且没有伴随着用新规范来替换旧规范，这一努力或许指向了这一方向，但它仍不是人的神化的理论。

应当在现代生活，而非在人的思想的内在发展逻辑中探求道德哲学的解释的、规范的和教育-教化的这三方面之间的决定性差异的根源。与此同时，将这一差异自身问题化完全是合法的。麦金泰尔（MacIntyre）的这一命题，即现代道德哲学家对道德概念的使用完全脱离了语境，这或许是一种极端的观点，但这一命题并非没有基础。其中的核心在于，如果抬高道德哲学的某一方面，就会同时否定或拒绝其他两个方面；而且这些理论会接着主张包括道德的所有主要问题，如此一来，这些理论就提出一个错误的观点。但道德哲学的**解释的、规范的和教育-教化的**这三方面是否可以重新统一在一起呢？目前消解（decomposition）的社会背景是这一消解的**充分**原因吗？把道德哲学的三方面重新统一起来的努力是否将必然导致自我妄想（self-delusion）的形式？现在必须要重点强调这些问题，并提出这些问题，因为虽然有麦金泰尔的悲观预期，但人们仍力图将道德哲学的三方面重新统一起来。在这一语境下，科尔伯格（Kohlberg）的名字被一再提起，这是由于他的理论已在最近引起了人们的注意，这主要归因于哈贝马斯对科尔伯格的同情性理解。在科尔伯格看来，"是"和"应该"是在道德进化论的理论中被统一起来的。基于这一简单的看法，道德哲学的第一和第二方面相交融。不仅如此，在对儿童的道德发展进行观察的基础上，科尔伯格似乎从个体发育的（ontogenetic）进化中推出了道德发展的（philogenetic）① 进化。所以，道德哲学的第三方面恰好与整个理论相协调。然而科尔伯格的自然主义的回答显然遭受到了哲学的原始论之苦。这就是为什么菲什金（Fischkin）在科尔伯格的自然主义与伦理主体主义之间提出了他的**第三立场**（tertium datur）。然而在菲什金的道德理论中，由科尔伯格完满地统一起来的道德哲学的三方面，似乎再次以一种

【4】

---

① 此处的 philogenetic 似应为 phylogenetic。——译者注

相对的方式被分裂开了。①

　　人们应该看一下哈贝马斯的案例研究，看一下哈贝马斯努力将道德哲学的三方面统一起来的尝试。由于我们提出这一主张是真的，即要求所有评价性的话语具有正当性，所以，言语-行为理论和一般理性交往理论成功地弥合了"**是**"与"**应该**"之间的裂隙，而无须犯自然主义的错误。然而道德哲学的第三方面显然不是哈贝马斯的理论所探讨的。普遍兴趣或普遍需求的理论是一种不堪一击的方法，它将道德行动者重新整合到道德的世界中。哈贝马斯对所有类型的**创制**（poiesis）都极其怀疑，他把创制概念划归到"工具的"或"功能性的"理性领域，这一怀疑使得哈贝马斯对一般的道德**教化**问题，尤其是对道德规范的应用的重

---

　　①　在解释-重建的层面上，科尔伯格的理论（在《从是到应该》中提出来的）已然存在严重问题。道德发展（philogenetic）的重建并没有证明道德发展的第六个阶段的进化就晚于第五个阶段的进化。在与海因茨（Heinz）相似的案例中，将生命看得比财产重要，并将这一偏好奠基于一般的可估价的考虑之上，这并不是特别现代的。正如亚里士多德在《尼各马可伦理学》中所提出的，"所有明智的人都将会那样做"。然而我强烈怀疑，以科尔伯格所谓的道德发展的第五个阶段为特征的观点是否曾被亚里士多德时代的所有"明智的"人所理解，更不要说被他们提出了。的确，生命的价值并没有通过"首选的是财产"这一简单事实得以普遍化。然而为偷取药物所做出的辩护（在著名的——或者臭名昭著的——海因茨案例中），强调"生命"价值的优先性，与"生命"价值的普遍化也没有任何关系。在我看来，只有之于普遍主义的一个强烈的且值得称赞的偏见，可以赋予更高道德状态以更高的发展状态，而且只有同样值得称赞的偏见可以将普遍主义归于那些根本不需要普遍主义的判断。让我再列举一些科尔伯格理论中的哲学上的妙点，诡辩总是冒着把道德行动翻译成仅仅是认知-推理探究语言的风险。甚至在亚里士多德的时代，他也知道，针对案例所做出的判断和针对行动所做出的判断是两种不同的判断。科尔伯格选择的代表性案例不存在任何真实的道德冲突，尽管他宣称将道德冲突的模型呈现了出来。另一个例子为海因茨困境提供了一个选择，并且也是一个真实而非推测的案例。1944 年，一个名叫戈德伯格（Goldberger）的犹太-匈牙利裔实业家，在盖世太保的压力下，他可以活下来，但必须以其工厂的合法权作为交换。如果他将自己的工厂合法地转让给赫尔曼·戈林-沃克（Hermann-Goering Werke）坦克生产基地，那么他就能活下来，他将可以自由地离开布达佩斯，前往瑞士。戈德伯格毫不犹豫地拒绝了这个建议，他说他宁愿死，也不愿将自己的工厂转给沃克。他被驱逐出境，并在奥斯威辛集中营被毒气毒死。如今，如果我们严肃看待海因茨困境，那么我们应得出如下结论：戈德伯格并未达到第六个阶段，因为如果他这样做的话，他将会选择活下来。然而在我看来，这是一个道德上的错误判断。看来，科尔伯格论及的仅仅是道德选择和行动的领域，因为他相信，纯粹认知的解决方案过于简单。不仅如此，他将海因茨的案例作为正义的案例提了出来，然而救某人的妻子一命还是盗窃某人的财产这一困境，与正义绝对没有任何关系，除非我们将盗窃（偷盗药品的行为）理解为对药剂师的吝啬、不人道或者贪婪所施加的**惩罚**。

大问题漠然置之。哈贝马斯或许是最后一位否认自己属于这样的哲学家群体，这些哲学家的确强调**建立**规范的问题而不是将这些规范应用于现实生活情境的问题。哈贝马斯经常重复如下观点：正义本身仍然是道德哲学的论题；而且重复他的其他观点：现代伦理学必须是重新**建构性**的，它必须完全见证这一点，即他要意识到他自己努力的限度，并意识到这一事实。在其理论中，他甚至看起来并没有装作解决了道德哲学的一切相关问题。

【5】

　　至此，我面对的是现代道德哲学的两个趋向。第一个趋向涉及选择传统道德哲学的一个或另一个方面，将它提升至如下非此即彼的地位：要么以提出所有道德问题为借口，要么有意识地避免提出和回答所有问题；要么是自信，要么是顺从。第二个趋向涉及用一种前后一致的理论力图去统一这三个方面。然而还存在着第三个趋向，即在其确定而具体的情境中对某些问题进行反思，而无须在内部连贯一致的道德理论框架中将这种分离反思的结果相互关联。第一个趋向或选择可以产生善的哲学，尤其是在它摆脱了自我欺骗的影响的前提下。然而这一选择不可避免的局限性在于如下事实：对诸如"我应该如何行事"和"我应该如何生活"这样的问题，要么就是根本难以提供任何答案，要么即便提供了答案，它们同样会在这样的形式主义和抽象的层面上呈现出来，以至于让普通人无法获得任何相关或有意义的理解。第二个趋向或选择，正如在与科尔伯格那个例子的关系中所概要证实的那样，其在哲学上并不是可行的。第三个趋向或选择，对于作为**问题**的具体情境中的道德选择而言，证明是富有哲学成果的，它提出了意识的层次，支持了研究过程，有助于道德敏感性（sensitivity）的形成。道德哲学的所有这三个方面都充满着努力进行反思性探讨的精神，而不管是否涉及诸如父母的道德责任、人工授精的伦理意蕴、军备竞赛、艾滋病，以及正在被讨论的人权问题。如果不是轻视这一途径的巨大潜力，那么就必须说，它无法作为或者成为某种恰当的道德哲学。日常智慧与哲学研究之间的波动，这一所从事的事业的根本，并不能替代道德哲学。不仅如此，善（good）和连贯一致的道德哲学可以为某种学说或思想提供一个坚实的基础，就上述而言，这样说的前提是，他们是认真地对待日常道德智慧的。

存在着第四种可能性吗？我们能否为现代道德哲学找到一个具体的例子呢？它能够包括传统道德哲学的解释的、规范的和教育–教化的方面，而无须抬高其中的某一方面而贬低其他方面；也无须在某个单一的理论观点中将这三个方面统一起来。我将在下文中尽量准确地考察这一点。 【6】

我把这一研究项目整体称为《道德理论》（*A Theory of Morals*）。道德理论是一种哲学规划，但并非完满的规划。这一理论要分三次来探讨道德问题，每一次都围绕道德哲学的三个不同方面中的一个观点。我把第一部分称为（它与本书相一致）《一般伦理学》（*General Ethics*）；把第二部分称为《道德哲学》（*Moral Philosophy*）；把第三部分称为《行为理论》（*A Theory of Conduct*）。① 第一部分的特征表现为**解释的方法**（包括系谱学或"重构"）；第二部分的特征表现为**规范的方法**；第三部分的特征表现为**教化的方法**。这一划分并不意味着要从第一部分中排除"应该"问题和"教化"问题，从第二部分中排除重构的方法和**教化的方法**，从第三部分中排除重构方法和严格的规范方法。所以，要区分的首先是方法问题，而非主体问题。的确，方法决定了**重点**。第一部分强调的是解释问题；第二部分强调的是规范要求；第三部分强调的则是**教化**和矫正。同样，第一部分主要论及的是元伦理学问题、社会学问题和历史问题；第二部分主要探讨的是历史的、具体的、先验存在的道德哲学；第三部分论及的是个性（personality）问题。三部分中的核心是《道德哲学》，因为正是那里所探讨的特殊的道德哲学的观点阐释了所有的三方面。然而，正是《一般伦理学》和《行为理论》才确保了《道德哲学》的真实性。《一般伦理学》赋予了在历史的记忆中留下了印迹的那些经验和概念以生机。在依赖于对过去和现在的主体间的回忆的同时，它讲述的是那些重要的故事。正因为如此，《行为理论》将被置于当代的日常经验之中。

---

① 后来赫勒在写作第三部分《行为理论》时，把这一部分重新命名为《个性伦理学》，参见 Agnes Heller, *An Ethics of Personality*, Oxford: Blackwell Published Ltd, 1996, p. 2。——译者注

重复一下，一般伦理学、道德哲学和行为理论是同一设计（project）的三个方面。当且仅当整个研究的过程中提出和回答的是同一个关键的问题时，一个设计才可以指的是**同一个**（one and the same）**设计**。可以证明，这一设计的三部分是一个整体的三方面，当且仅当这三部分合在一起并一起行动，否则谁也不能回答这一关键问题。的确，存在着这样【7】的一个关键性的问题，我通过整体的研究提出该问题，并试图回答这一问题。对这个问题的完整回答只能将这三部分合在一起、相互协调一致才能做到。所提出的这个基本问题如下：**"好人存在——他们何以可能？"**①在第一部分，将会从**理论理性的立场**（也即参与观察者的立场）来回答这一问题；在第二部分，将会从**实践理性的立场**（也即当代世界的参与成员的立场）来回答该问题；在第三部分，将会从**人类个体作为一个整体的立场**（也即追求善的生活的个体的立场）来回答这个问题。这一区分重新阐明了早已强调的，一方面相对于一般伦理学，另一方面相对于行为理论而言的道德哲学的重要性。我们现代世界的参与者是从这样一个参与者的立场进行重建和叙述的，而行为理论所涉及的"整体的人类个体"同时也是现代社会条件的参与者。然而三种不同的方法要求三种明显不同的话语形式。在《一般伦理学》中，话语主要是**理论性**的；在《道德哲学》中则是**真正的实践话语**；而在《行为理论》中，在卡斯托里亚迪斯（Castoriadis）使用该概念的意义上，其话语则可以被称为**阐明**（elucidation）。

———————————

① 科特·拜尔（Kurt Baier）在其著名的《道德观点》（*The Moral Point of View*）中认为，相较于询问"我们为什么是道德的？"我们更应该问的是"**我们为什么不是道德的？**"如果这些是仅有的可用选择，我将毫不犹豫地跟随拜尔的脚步。显然，"我们为什么是道德的？"这个问题是无法得到回答的，正如"我们为什么**应该**是道德的"这个问题无法得到回答一样。在道德讨论中这是理所当然的事。这正是图尔敏（Toulmin）建议在《理性在伦理学中的地位》（*The Place of Reason in Ethics*）一书中，将诸如"为什么一个人应该做正确的事情？"等称为"限定性的问题"归类于宗教领域的原因，在宗教领域它们能够得到恰当的回答（"因为这是上帝的旨意"，等等）。然而对于道德哲学中主要的、**有待解释的话语**必须是对道德规则的违反（"我们为什么不是我们应该所是的样子？"）。对这种观点的认同，并没有规避拜尔试图规避的那个陷阱，即**决定论**的问题。我确信，如果我们将"好人存在——他们何以可能？"这一疑问当作道德哲学的主要问题的话，我们就不必进入宗教领域，而**从哲学上**回答这个问题，而且我们应该同时使道德哲学摆脱决定论的纠缠。

"好人存在——他们何以可能?"这一问题是并且已经是道德哲学的根本问题,不管这一问题本身是否总被分开来讨论。如果没有起码存在着一些"好人"这一设定,那么无论怎样,道德哲学的研究将无任何意义。无论人们是否相信规范是神圣的,或规范是由神圣的司法所授予的,或是否相信它们代表的是纯粹的便利或习俗,规范和价值都不能被视为有效的,除非有人确实证明这些规范和价值。就像它们不能被视为道德的,除非至少有一些人注意到它们,这些人将这些规范和价值视为道德的,并因此对之加以关注。总之,如果没有(至少不言而喻)"好人存在"这样的陈述与假设,那么将不可能有道德哲学。纵然犬儒主义者也多进行这样的设定。犬儒主义者可能争辩说,好人是懦夫,或愚蠢,或无知,或者说好人无助于社会进步,等等,即便如此,他们或许也不否认"好人存在"这一说法的真实性。当然道德哲学家可以,也的确对善良给出独特解释,对其**真实的、明显的、本质上**善的特征给出这样的判断。但为了阐释道德哲学,他们必然假定,事实上,即便只有少数几个好人,但本质上好人的确存在,而且他们就是这样的好人。当然,对善良阐释的变化是非常有限的。一定程度上,社会所认可的这种或那种文化遗产,其中存在的是那些"好人"极易认同的各种不同的**基本**美德及行为。即使是对从"是的句子"推导出"应该的句子"这一谬见极为恼火的实证主义者们,也不情愿地同意一个显而易见的事实,即所谓的"好(人存在)的句子"可以是真的或假的。 【8】

那些希望**找到**一个支持而非反对道德案例的哲学家——即便他们找到了一个反对关于善良、特殊道德的**独特**理解的案例——极为严肃地对待"好人何以可能"这样的问题,并对这一问题有不同的回答。某些夸张性的回答甚至声称,所存在的答案之多就像道德哲学家之多一样。在我看来,现在必须再次提出这一问题,但这次是**以两种明显不同的方式**提出的。我也相信,必须提供与这一问题的回答**不相关的**两种独立的思想。第一个问题是一个老问题,也是一个普遍性的问题,其问题总是一样的:"好人存在——他们何以可能?"第二个问题是具体的,因而也是某个普遍模式的特殊化,其问题是:"好人**现在**存在——他们**现在**何以可能?"

如果仅仅只有道德规范、美德和观念的内容在现代性中经历了变化,那么重新提出这一问题将既非相关的,也非合理的。的确,一方面,道德规范、美德和观念的内容总是变化的——它们在形式上总是各不相同,并在当代的传统社会和现代社会中仍然如此。另一方面,在同一文化传统中,甚至在我们所知的所有文化中,准确地指出价值观,甚至美德的内容中的某些常量并不特别困难。在此方面,我们的社会也毫不例外。因此重新提出(并回答)这一问题的合法性的缘由并不在于内容的改变,而在于**结构的变化**。总而言之,人们可以区分道德的**两种**基本结构变化。第一种发生于 3 000 年前对文明世界中的人的行为中的羞耻规范与良知规范的区分。第二种伴随并同时发生于我们这个时代最近逝去岁月中的道德的普遍化、多元化和个体化。道德哲学(一般而言,即哲学)的诞生归之于第一种文化变迁。"好人存在——他们何以可能?"这一问题得以最终提出正是由于这种结构变化。好人**现在**存在着——这足以证明他们的存在**现在**是可能的。但他们**现在**是**何以**可能的呢?在我看来,这一问题的答案不仅来自上述任何一个特殊的回答,而且来自所有这些回答的综合。恰恰是由于道德结构在现代性中已经发生了变化,而且仍处于变化的过程之中,所以,答案就必须被有意识地定位在已经发生的结构转型的现代世界中:必须将它确定在这一世界中,其中,道德结构是围绕着普遍化、多元化和个体化而日益形成的。

【9】

如下这一点听起来似乎有点奇怪,即除了多元化和个体化之外,作为特殊和具体的道德结构是围绕着**普遍化**而形成的。然而从定义上看,由于各种道德所共享的现代道德的这些特征**在经验上是普遍性的**,而且所有那些已经区分了良知规范和羞耻规范的道德所共有的现代道德的特征**在经验上都是一般性的**,所以,现代结构所独有的普遍性在经验上并非普遍性的,也不是经验上的一般性。经验的普遍性和经验的一般性是由现代规范的普遍性所提出的要求。显然,规范的普遍性在经验上并不能回溯性地被一般化或普遍化,但**可以预期性地**践行这一要求。对这一要求的践行是**可以**的,但并非**必须**。建构或重构某种纯粹的道德进展,并将其推向目前的"最高阶段",即普遍主义道德成熟度,是一种元叙事。这一结构的初始双重性或"辩证法"彻底打开了两种走向终结显现的对立可能性。我们可以非常明确地说,可以将新结构做这样的理解:它打开了走向一个更崇高且更少压抑的道德世界,但它也改变了道德世界的方向;它摧毁了人类有史以来的最伟大的道德成就,这一成就与道德的首要结构变化相关联。我们无法确定目前正在发生的第二次结构性变化是否会体现出"最高"的道德发展,还是会为前所未有的倒退铺平道路。这就是为什么必须在具体情境中讨论当代道德问题的迫切理由了。**现在**"好人何以可能"这一问题的可能性并不能用一般的概念来回答:这一问题本身要求具体回答。这样的自我限定听起来似乎不值得通过所谓的哲学来探讨,哲学因其**在永恒的相下**(sub specie aeternitatis)思辨而自豪。但存在超越我们历史意识的永恒性吗?这是一个更富诗意 【10】的问题,而且也是一个必须面对的问题。我自己的回答很明确:在这一研究的框架内,根本就不存在视域之外的永恒性;或更准确地说,我对这个问题的回答似乎是,在我们的历史意识的视域之外,根本就不存在永恒性。

作为《道德理论》的第一部分,《一般伦理学》概要地回答了如下基本问题:"好人存在,他们究竟何以可能?"对这一问题的考察如下:**"什么样的'是'导致了'应该'?"**或不如说,**"什么样的'是'是'应该'?"**如上所述,实践理性及其所有含意,将是理论理性的主题内容。如果正在讨论道德问题或道德结构,即使这些问题或结构是过去时期的道德问题或道德结构,人们也不可能完全是局外人。这合乎道理,因为在经验上存在着某些普遍的道德趋向,以及我们与这些前现代道德结构共享的道德内容与形式。不仅如此,如果仅仅从其**一般性**的视角,而非从其具体的特征及趋向来看,那么我们的道德世界只是被一般伦理学所理解、解释和重构的三者中的一个独特结构。应当注意的是,我们应该如何行事,以及我们应该如何生活,这样的问题并不会在第一部分的框架内被提出来。这就是我斗胆用"一般伦理学"概念的原因了。一般伦理学是某种道德理论,而非特有的道德哲学,因为它主要建立在由社会科学所提供的知识的具体化的基础之上。至少，某些著名的社会学者在对一般伦理学问题域的研究上已取得了不小的进展，就像某些思想家仍停留于后古典哲学的领域一样。自然而然地，我在此想到了涂尔干（Durkheim）和马克斯·韦伯（Max Weber），以及他们所建立的传统。尽管涂尔干和马克斯·韦伯在理论建构和理论观点之间存在着重要差异，但他们二人都强调解释和观察的视角，都意识到了这样的一种立场并非道德哲学的态度，而且前者不能替代后者。涂尔干和马克斯·韦伯一起提出如下两个问题：（1）"什么是一般的道德，如果人们依据道德行事的时候，人们会干什么？"（2）"什么样的历史变迁发生在特殊的历史的关键时刻，以及道德世界与其他领域相区别的有关趋向是什么？"在涂尔干和马克斯·韦伯的著作中，通过理论并置，或通过叙事，这一对比反差更为明显；涂尔干和马克斯·韦伯的不懈研究，使得证明这一对比反差的实践取得了突出的成就。

【11】　　自涂尔干和马克斯·韦伯的那个时代以来，无论是否被称为一般伦理学，都已经打开了一个理论研究的新世界。人们已经发现我们过去完全漠视的细微的结构变化，以及可以揭示我们先辈道德态度的证据，而且通过我们当前存在的起源叙事，我们自己的存在已经得到了令人吃惊的新阐释。只要提一下埃利亚斯（Elias）、米歇尔·福柯（Michel Foucault）、阿里斯（Aries）和尼古拉斯·卢曼（Niklas Luhmann），看一下这一领域已经发生的巨大变化就足够了。虽然如此，在道德理论的目标领域中，必须把解释–观察的方面置于**一般性**的层面上。一般伦理学是某种哲学语言游戏，它必须融合元伦理、规范、重构、系谱学的话语，并将它们融入某个固有的方法之中。

　　一般伦理学的开端必须要讨论**一般的"人的境况"**（human condition），道德是人的境况最具决定性的方面。然而"人的境况"这一问题将会重新出现在道德哲学和行为理论之中。因为正如上所述，我将对"我们应该如何行事？"这一问题提供一个**具体的**回答，所以，道德哲学必须反思**我们当今共享的独特的人的境况**。人们并不能提出并回答"我们该怎么办？"或"我们应该如何行事？"这一问题，除非人们就是我们都共享了独特的人的境况的参与者。不仅如此，为了提出并回答这一核心问题，我们必须确定这一独特的人的境况都是什么。所谓的"现在是"的内容必须被作为条件和具体情境，而不是作为一个充分条件，以便确定对"我们应该如何行事？"这一问题的回答。最后，《行为理论》一书的开头必须要第三次面对"人的境况"这个问题。在那里，人的境况问题必须被视为一般的人的境况与现时代特殊的人的境况的辩证统一。第一部分的"背景"本质上是历史的和社会学的；第三部分的"背景"本质上是心理学和美学的。然而第一部分的**标题并非**历史的，也不是社会学的，第三部分的**标题**也不是心理学和美学的。行为理论在现代性中刚获得了相对的独立性，它是道德哲学的**一个方面**，就像一般伦理在同样程度上所是的那样。然而与一般伦理相反，对行为理论的探讨必须只能在当代世界的参与者的视野下进行，就像道德哲学那样。但在道德哲学中，至少从一开始，我们仅仅设定，要探讨的那些存在及其正在研究的行为共享了一个同样的世界。在行为理论中，我们早已预设，在所分享的同一个领域之中，这几个部分也都共同致力于对善的探讨。因此道德哲学的最终结果也是行为理论的起点。当个体从生活中获 【12】得尽可能多的欢乐时，他们如何能达到他们所致力于的**应该**？——这是一个只能在教育/自我教育、矫正/自我矫正中得到回答的特殊问题。在我看来，在这一方面，我们可以从斯多葛主义和伊壁鸠鲁主义的哲学传统那里获得灵感。当然斯多葛主义和伊壁鸠鲁主义都不能用对现代世界解释的理论，或用善的行动规范来否定现代世界。然而它们可以为我们提供一个引导我们过一种善的生活的方向，或许，甚至比以往任何时候都更是如此。如果的确可以线性进展，也即在现代结构中实现了固有目标发展的基础上来看待现代道德结构，如果我们相信，一般而言，已经实现了同时发生的道德的普遍化、个体化和多元化，**那么**斯多葛主义和伊壁鸠鲁主义的道德哲学的确已经完全过时了。然而，我并不认可这一简单的道德进步的乐观主义，虽然我相信，道德进步是在现代道德结构中开启的，我们应当把握的一个明显可能性，但我还是要强调如下一点的重要性，即重新赋予斯多葛主义和伊壁鸠鲁主义哲学传统以新的活力，就像重新给予所有的思辨，包括我自己的思考以及规范的建立以新的活力一样。男人与女人，我们这个世界的居民，生活与恐惧、欲望与痛苦，我们是道德规范、道德话语和道德义务的承载者，因而，我们是道德哲学的主角。没有我们的践行，（道德）规范终将暗淡无光。

第一章　人的境况

　　所有那些思考道德问题的人都试图发现，为什么有些人是坏的、邪恶的，而另一些人则在理智上是善的，甚至是具有美德的。不仅如此，为什么好人和恶人在数量上都远不如那些既非好人也非坏人，但有时行动得体、有时则行事不当的人那样多。这一简单、平常的观察使人们对"人性"感到好奇，关于人性的认识或许可以提供某种解释。有意义的世界观总是唾手可得，它为这种理解提供了基本的概念线索。例如，了解到如下一点就足够了："人"的出生伴随着难以驾驭的激情，人被认为是有罪的，或自我保护的本能驱使着人们追求将自己的利益凌驾于一切之上。这一类似的、涵盖性的解释使我们知道，甚至那些知道什么是善的人也难以践行善。哲学通常把最简单的日常问题提升到高度复杂的水平。本书中的情况也同样如此。无论道德是"来自"本性（nature）还是与之相矛盾，这都是任何道德哲学难以规避的问题。如果我们的探讨处于现代哲学这一复杂的方法论观念的表面，那么这同一个"天真"的问题就仍停留于表面。这合乎道理，因为如果不首先形成一种"人性"理论，而无论"人性"这一合成词的内容是什么，那么"好人何以可能"这一问题都是难以讨论的，更不要说回答了。

　　就所谓的"人性"与伦理学之间的直接关系而言，已经数次穷尽了所有的四种**逻辑**可能性，每一次都是以不同的综合方式。第一个回答如下：人性是恶（坏）的，它**阻止**人们成为善的（有德性的）。换句话说，尽管我们本质（是恶的），但我们却是善的。第二个回答认为，人性是 善的，因而，它**有助**于人们成为善和有德性的，所以，我们是善的就与我们的本质是**一致的**。然而这里与本质不同的另类东西必须要对所有的恶负责；"社会""文明"，甚至规范（包括道德规范）都竞相成为恶行（malefactor）的代名词。在第三个回答看来，人性是**道德中立的**，它既可以成为善的，也可以成为恶的原材料。但在这里，某些与本质不同的另类东西，必须再次为这一好的和恶的结果担责。法律、习惯、知识和无知都是这一观点中矛盾产物的相关代表（agents）。第四种观点认为，人性中既有好的，也有恶的习性。其中有些好的禀赋**有助于**我们成为善和有德性的，而有些则会**阻碍**我们成为善和有德性的。这些逻辑可能性的列表，尽管明显空洞无物，但它还是意味着如下内容：它意味着对道德的纯粹理性**解释**显然是过头了。只有那些坚持苏格拉底关于知道善的人将会行善（恶是无知的）这一信条的鼓吹者，才会被称为理性主义者。道德进步的理性主义**目标**并不过头：除了第一个回答之外，其他的几个回答至少都允许对（道德）目标进行理性主义的解释。

"人性"问题原始地看是**本体论的**：与"人性"的相关伦理预设了人性**知识**。这一日常态度的朴素的本体论在哲学上必须被反思阐释的本体论（形而上学）所替代。在朴素的日常本体论中，"人性"的复合**所指**，就像它需要**日常**解释的目的那样明显（例如，在把这一概念用作辩解的情形中，正如在"他只能如此了"的断言之中，这就是"人性"）。在哲学中，尽管如此，但其所指应该使之清晰化，而且通常如此。然而纵然是哲学中的新手也意识到，"人性"这一复合范畴的**所指**在不同的哲学体系中**并不完全相同**。这一范畴的延伸意义各不相同，这是因为被某些理论视为"人性"部分的现象被其他理论排除了。但与之相比，还是有更多的延伸意义。对"人性"某种构成成分的不同解释，本身就是所指（含义）上的变化，即使这一范畴的外延仍保持不变。如果人们是在亚里士多德、斯宾诺莎、康德、黑格尔和马克思的哲学构架内来提及"人性"，那么在每一个具体情况下，**并不简单地意味着**同样的事情。**理性**究竟属于"本质"还是不属于"本质"？"本质"是否包

【15】 括了**人与生俱来的所有**习性，除此之外别无其他；或者，仅仅包括**某些特殊的天生习性**，除此之外别无其他；抑或，**既包括某些与生俱来又包括某些习得的**（acquired）习性？当哲学家们把人性描述为"一切都是与生俱来的"时，他们是否还记得他们拥有肺这样的器官？或者，他们是否只记得那些与生俱来的，被认为是用以激励人的习性（propensity）？

何种**习得的**习性属于"人性"？（例如，亚里士多德说，**所有**城邦都共享的东西**就是**人性。）"人性"是否是所有人共有的？或者说，是否"天生的"存在着各种不同种类的人？是否存在着独特的"男性本性"和独特的"女性本性"？奴隶和自由人是否分享共同的"本性"？不同的种族是否享有同样的"本性"，而且他们对"本性"的享有是完全的，还是部分的？"人性"是"自然"（nature）的一部分，还是它只能被理解为与自然相并列？"人性"是观察"自然"（Nature）宏大世界的缩影吗？"人性"是否是某种内在的东西，它与"外在的自然"相对立？文化与"人性"等同，或者它是某种"另类"，是"人性"的对立面？在与此问题的关联中，为了使事情更为复杂，所指内容在同样的哲学中可能会在扩展中有所转换或改变。

在每一种和所有独特的哲学中，这一所指的变化内在地与作为整体的理论目标交织在一起。例如，人们是如何回答这样的问题：人性是否始终如一，还是随时代而变化？人性是**如何以及在何种程度上**是随时代而变化的？**什么样的事例**发生的事情和干预会改变"人性"——"持续的进步""发明""契约""文化""培育""理性"？所有这些能改变"人性吗"？有些可以吗？还是说，根本就没有呢？是否"人性"中的某些成分是静止的，而其他的成分则趋于变化，并因而是充满活力的，或是可变的？是否正是这一静止的或可变的成分，从道德哲学的视角看更为关键？

或者是这样：依据本质，人是群居性的还是"个体主义的"；是利他主义的还是自我主义的；是富有同情的还是攻击性的？

抑或是这样：人性是**看不见的整体**？它是否**"包括"**两部分，如"心灵与肉体"，或"精神与肉体"？或者，它是否包括三部分，如"精神–肉体–心灵"，"认知–情感–意愿"，或者"本我–自我–超我"？如果人"包括"两部分，或最终包括三部分，那么其中的**哪一**部分要为恶担责，而**哪一**部分向善开放呢？"肉体"是在世恶的源泉吗？或者，它是精神的好奇吗？以更形象的视野看，无意识的冲动是否驱使我们走向被禁止的地方，抑或是恶魔将恶置入我们的头脑之中呢？

【16】　　　或许是这样的情形：何者是"人性"最为关键的、核心的组成成分——社会性、我思、工作、语言、交流吗？什么是"我们"与"我们的本性"之间的关系——压抑，自我发展，有选择地调控、接受、拒绝，**自由放任**？"我们"与"我们的"本性之间的关系**应该**是怎样的？

　　也许是这样的：我们与另一个人的"本性"之间的关系是怎样的呢？与其他人的交流和交往是不同的"人性"之间的交往吗？或者说，**我**是否**仅仅**是这样的人类个体，我与他的关系类似"人性"之间的关系，或类似于口头所谓的"内在本性"的关系，而其他人则只是某个"外在本性"的一部分或全部？如果其内心世界是外在于我的，那么我与其他人的"内在本性"的关系是怎么样的？我对外在的人性的态度是如何不同于我对我自己的"内在本性"的态度呢？

　　社会是如何融入这一画面的呢？如果人们将"社会"与"自然"并列，人们应该解释我们是**如何**生活在社会之中，而不是生活在"自然的状态"之中。与此同时，人们应该将"人"的"自然部分"重新融入一般的自然之中。但这里，我们面对的是怎样的自然呢？是一种内含了精神的自然，一种崇高沉思的对象吗？是一种被想象为结构完好的自然吗？或者说，是一种必须控制和征服的自然，一种拥有物质生产方式的不可穷尽的储备室，一种被动的工具化目标？作为一种备选，人们可以设计一种模型，例如由三个圆构成的模型。中间的那个圆代表社会，右边的那个圆代表"内在本性"，左边的那个圆代表"外在本性"。代表社会的那个圆横切其他两个圆，并使这一点得以显现，即这两个本性的某一部分都已被社会化了，而其他部分则并未被社会化，或还未达到同样的程度。显然，这是一种与"进步"观相关联的历史模式。选择性地看，如果人们根据定义，把"人性"设想为社会的，把人的个体设想为仅仅是所谓的系统的"社会"的次单元，那么留给我们的则是两个圆的模型，一个圆代表社会，另一个圆代表"外在本性"。这样的模型只能与进步、倒退和外在重复之类的观念相融合，一切都围绕着"恒定性"而旋转。

　　在这一点上，我不再对"人性"进行滑稽的考察了。显然，有一点非常清楚，即"人性"概念是多形态的（polymorphic）、模糊的，并承载了次属的含义。"人性"是某种隐喻，它可以指如下主要的三种理论【17】立场，每一种都各不相同。根据第一种观点，人性是"自然"（Nature）系统的子系统；根据第二种观点，人性是"社会"（Society）系统的子系统；根据第三种观点，人性是上述两种主要系统的结合。由于我完全拒绝了前两种观点，并认为第三种观点与片面的进化论理论难解地纠结在一起，所以，我更愿意彻底消除"人性"这一概念，而代之称作"人的境况"这一概念。但用**"人的境况"**来替代"人性"并非仅仅缘于上述考虑。尽管这个词仍旧是隐喻的，但它还是具有自身的传统，拥有不同的色彩。把"人的境况"与古老的"人的命运"（human destiny）相联系，对于这一发现而言并不需要饶舌费力地去辨明。然而"人性"这一概念引发了纯粹被动性的想象（"根据本质的生活"），或不如说，引发了战事的想象（征服自然、对自然加以控制，或如马克思所言："突破自然的界限。"），人的命运这一概念引发了"注定为某种东西"的想象，或不如说，引发了"听从命运的安排"的想象。

这一章我将从如下的观察开始，即我们通常开始提出有关"人性"的问题时是在这样的时候：当我们想确定，为什么某些人是恶的，另一些人是非常善的；而且想知道，为什么好人和坏人在数量上远远少于那些非好非坏的人，这些人的行动时而恰当得体，时而不当。我马上会补充说，哲学家们会用滔滔不绝的狡辩来重新表述这一问题。任何"人性"的某一方面或某一部分的问题，这些哲学家都对之进行了探究，在此方面，"人性"借其自身之力，已经成为研究的主体。在这一探究其构成成分，并试图建构起关联的过程中，最初研究的焦点清晰明了，即有待解释（explicandum）的概念不再是"人"的道德行动。自然地，"人的境况"概念也不能免于这样的命运。马克思的"一般本质"（generic essence）的本体论，或海德格尔的**此在**（Dasein）的存在论（二者都是对"人的境况"而非对"人性"的解释）都是有关的案例。为了使我的观点更清晰，我希望对"人的境况"做如下解释，希望它能为"好人何以可能？"这个问题的提出及回答提供一个本体论的背景。

汉娜·阿伦特（Hannah Arendt）早就对此给出了一种有力的解释。我对此表示深深的感谢，虽然我从不同视角提出了这一基本问题，因而希望我能给出不同的答案。我相信，通过我们的研究，如果我们牢记基本的有待解释的概念，那么将会证明，"人的境况"这一概念是一个远比"人性"概念更好、更可靠的隐喻。

【18】

地球上人的生命是自我驯化（self-domestication）的结果。在考古学家看来，将"人"与"动物"区分开来的分界线历经了数百万年。"数百万年"并非**人的时间**，因为我们并不能与这样的时间相关联：它可以被推测，但不能被**想象**。人的时间是历史时间。在自我驯化这一时期，**本能的规范被社会规范**所替代。当这一替代完成之后，"人的境况"开始了，或用另一种方式说，在其抽象的不定性中，社会规范就是人的境况，因为它既规定了"人的境况"的潜能，也规定了"人的境况"的限度，即人自身的潜能及其有限性。由于社会规范是自我创造的（人是自我驯化的），因此一切独特的社会规范都是可以被其他的规范所改变和替代的。社会规范经历了结构转型。虽然如此，由于"人的境况"在其抽象的不确定性上相当于社会规范，因此阐明所有这些社会规范就超越了这一条件的限度。

我们将永远不可能了解史前的**智人**（homo sapiens）的社会生活。

因此接下来的内容并不是建立在经验证据的基础上，而是想对"人的境况"的界定给予**解释**。

人（humans）绝不是**野兽**，或者说，人不是发泄其"野蛮本能"的**野蛮人**。正是在如下的意义上，他们才是人，即他们的行动及交往并非受其本能所控制。① 历史与我们的"本性"的所谓"人性化"的过程

---

① 在我的《论本能》（On Instincts）一书中，我已对这一问题进行了详细探讨。

毫无关联。我们不可能比**成为人更加**人性化。① 人们所假定的"**内在本性**"的界限"**由于文明**"的原因已经慢慢地后推了，这一看法是在"**外在本性界限的突破**"过程的基础上而形成的空洞的类比。这个类比背后的思想是，在对"自然"（nature）的控制力增强的同时，对所谓的"人性"的控制也增强了。当今天的人们发现，在我们的社会中被禁止的行动，在其他的社会中，主要是在部落群体中是被允许的时候，他们把这

---

① "更加人性化"可以表示"更人道的"。然而"人道"的标准是什么呢？"人道"是一个极具评价性的术语，并且"人道"的标准是变化的。除此以外，恰恰是"人道"的某些深植于当代"历史意识"中的普遍标准做出裁决，或者做出了判断性的比较，这否认而非确认了"我们内在本性越发人性化"这一主题。谁是更加"人道"的，是澳大利亚的土著人，还是那些将他们看作野生动物到处追杀的现代人呢？

然而哪个社会、哪个时代或者哪种性别"与本性更为接近"这个问题，是另一个源于并支持"人性"这一隐喻的自相矛盾的问题。女人被假定为比男人"与本性更为接近"。（甚至阿多诺也坚信这一点。）这一假定意味着什么呢？在现代性中，在一个合理化的框架中，女人显然并没有被置于仅仅执行工具行为的位置上，并且，人们能够提出如下建议：他们自身传统的某些事物使他们在发展纯粹工具主义的态度上感到不安。但如果这是真实的，那么这是**一种特殊文化**直面**另一种文化**的问题，而不是"本性"面对"文明"的问题。贾宝玉是中国经典小说《红楼梦》的男主角，他反复（以作者曹雪芹的代言人的身份）让我们确信：女人是纯洁的、有教养的、聪明的，而男人则是粗鲁的野蛮人。那么在他看来，男人是"与本性更为接近"的人，并且这并不是一种赞美。

更进一步说，我们为什么应该认可下述观念：**身体的力量**比智力的力量"**更为本性**"？恰恰是智力的力量而非身体的力量使我们人类在**自然选择**的过程中成为动物王国的主人。如果仅考虑到我们的起源的话，那么我们可以得出如下结论："知识的力量"和身体的力量与所谓的"本质"或者"人的本性"一样接近，或者如果你希望那样的话，也是一样疏远的。

针对现代人的"去自然化"或"去感性化"所展开的争论指向那些**真正的问题**。我们不应该破坏环境，破坏我们的"栖息地"，我们不应该逆转现代发展，这些都意味着各种各样的人类感性的显现，这看来是合理的，也是至关重要的。然而前者与后者都与人类的"去自然化"毫无关系。为什么我们感性的充分发展将是"自然的"呢？

这一种类的对比来自为进步提供了某种阐释的历史哲学。与之相反，诸如埃利亚斯（Elias）（在《文明的进程》中）和福柯（在《规训与惩罚》和《性经验史》中）这样的怀疑论者与反历史主义者，他们关注的是考察控制的**类型**，的确，在启蒙时代之后这在数量上确实增加了。埃利亚斯和福柯都没有宣称，人的肉体（或灵魂）在现时代都被置于较大的压力之下；毋宁说，他们对权力的技术和控制模式进行了分析。纵然如此，即使不考虑如下这一点，即强调压抑的增加，抑或知识作为权力的控制的增加，这种陈述也没有考虑到"人性化"。众所周知，弗洛伊德、海德格尔、尼采曾经讲过相似但并非完全相同的故事。在如下这一点上，我将反历史主义的成果融入自己的立场：我与反历史主义传统共享这一观点，即同样的人类条件可以伴随不同来源的控制和自我控制，与其他相比，这些控制与"自然"之间保持着相同的距离。另一方面，我认同历史哲学的传统：我确信存在实际发展阶段并且存在能够被合法地称作"更好的"控制及自我控制的模式。

一现象归因于缺乏社会控制，并把这一现象与低层次的人性化相等同。
【19】 然而这一看法通常不过是对如下这一同样重要事实的漠视，这一事实就是，在我们的文明中被允许的某些行动，也在某个或另一个部落社会中受到控制。因此这是一种回溯性的判断，而非一种事实的观察，它提出了某种线性的或进步的"人性化"的副本。由此，我并不否认，人的巨大潜能的确是在各种不同的文明历史过程中得以发展起来的。我所反对的只是把这一发展描述为"内在本性的界限的突破"或者"人的本性的社会化"。

新生婴儿**并不是**"自然的一小片"。婴儿的遗传禀赋是自我驯化的产物：我们生来就是人类的婴儿，那是因为社会规范替代了本能规范。人类的婴儿因"生活在社会中"而被程序化了（programmed）：她或他本身就具有说、工作和做事（不仅是行动）的天资，具有适应社会规范的天资。不仅是大脑本身，而且包括整个器官都被程序化了。新生婴儿也不是"社会的一小片"。他**在**社会中发展成为一个完整的人，但他并不能通过生为人类的某个婴儿这一简单的事实而创造或再造社会。婴儿除非是**在社会之中**，或是**通过社会**而被抚养大，否则并不会"成熟"为某个社会存在。因此新生婴儿既非"自然的"，也非"社会的"，而是凭借自身力量自成一个独立的系统。

我们之所以是人，那是由于我们生来就拥有"人的程序"，是由于我们是在人之中，是通过人，而且是伴随着人，并在与人的交往中被抚养长大的。我们首先通过逐渐了解，并实践社会规范及其社会准则而成为既定社会中的一员。社会规范推进并塑造着我们的思维、行动和行为。当然我们不仅了解社会规范，而且这一了解处于这些规范的**框架之中**，并在这些规范的**指导之下**进行。"知道什么"，并且"知道**为什么**"，由于这些都根植于语言、风俗和人类加工品之中，由于它们都是受语言、行动和交往的调节，所以它们就提供给我们个体经验的视域。因此凡是我们所指的**后天的**（个人的经验）一切东西都是如下**两种先天之物**相结合的结果：先天的**遗传之物**与先天的**社会之物**（这二者都是先于经验的"给定"之物）。然而两种先天之物的统一体并非总会产生。根据我的假设，社会越复杂，如此完整的统一体就越是例外，而非规则的。个人的生活经验的视域拓展得越宽广，某种先天的遗传的潜能表现得就越大；潜能表现得越多维，这些**全部的**潜能就越不适应严格而具体的规范。正是两种先天之物不完全的"衔接"这一问题，才引起了对"人性"的探讨。 【20】

每个人都是**一般的**先天遗传的案例。但每个人都是独一无二的；每个婴儿生来都是独特的、**个体的**和先天遗传的；根本就不存在两个完全一样的个体，甚至对于一模一样的双胞胎也是如此。同样，也不存在两个完全相同的社会，甚至是在小型的狩猎-集合体的队伍中也是如此。

每个人都是通过偶然性的诞生而被抛入某个独特的社会之中。通过某一个人的祖先而孕育出的某个先天的独特个体，其本身就是偶然性的。这个人被抛入这个或那个先天的社会中也是偶然性的。在某个胚胎的基因形成中，并不存在其注定"被抛入"某个先天的**特定**社会之中的情形；只不过，个体注定是被抛入某个先天的社会中。因此作为**偶然性**的命运是双重性的。将偶然性转换为决定性和自我决定性（self-determination），这恰好就是"在一个独特的世界中成长"的全部内涵。我将这两种先天之物的"衔接"命名为"历史性"。

重复一下，一方面没有任何东西被"书写"或编码到一般的先天基因中，它注定了某个人属于某个先天的独特社会，原因在于，每一个新生婴儿都是在某个先天社会中适应人类生活的。一般的先天基因是始终如一的，然而先天社会性却各不相同，而且是不断变化的。另一方面，没有任何东西被书写或编码到某个人的先天基因中，它注定了某个人属于某个先天的独特社会，此时，并非所有先天的个体基因都同样或完全能适应某个先天的独特社会。如果一百个婴儿生下来就在某个**先天**相同的社会中，那么显然就会发现有些婴儿更难以适应这个先天相同的社会，而有些更为容易。在大小不同的程度上，社会与先天的基因被联结在一起，有时候，二者又完全不相适应。人们必然得出这一结论：在每个人的先天基因中存在着巨大的潜能，这种先天潜能成为所有先天社会构架的不毛之地，在某种而非另一种社会构架中，情况更是如此。人们也可以猜测到：潜能是在所有的独特社会中得以发展的，然而这些潜能在某个人的先天遗传中可以更为强大，而在另一个人那里则显得更为虚弱，甚至匮乏。**因此可以把"人的境况"具体化为在历史裂缝的条件下，历史性的决定性和自我决定性**。这一裂缝在如下两方面是历史的：

1. 一般的先天基因是始终如一的，而先天的社会性由于各种变迁【21】 实际上是**无限的**，而且是变化的；

2. 个体的先天基因是独特的，但个体先天基因几乎是**无限的**变种，可以为**同样**先天的社会所构成和"整合"。

将上述观点说得更清晰一点就是，即使上述先天的二者是**完全**"联结"在一起的，那么一个人也将永远不可能成为社会的子系统，原因很简单，这一"联结"存在着两部分。虽然社会不能完全被界定，但却可以将社会描述为人们彼此之间，与生存资源和他们的想象的创造模式化的关系。这一模式是用来替代本能规范的社会规范，也就是确保重复、持续、"能量吸收和输出"的机制和常规性的规则与规范。总之，它就是所有人的群体的内稳态，因而也是人的类的内稳态。这两种先天之物的完全"联结"（dovetailing）包括如下三方面：

1. 所有规范的完全内在化；

2. 考察这些规范的能力，就"好像"它们是本能的；

3. 在规范之间或任何其他方面之间的选择的匮乏。

对某个人类共同体所有成年人而言，无论其是否真正满足上述全部三个条件，其在此的兴趣都是有限的。关键的是这一事实：两个先天之物的完全联结并非经常发生，起码，对某个人类共同体的所有成年人而言，我们**知道**是这样的。甚至细微的差异也会导致某种张力，而且这一差异越大，所体验的张力就越大。我所说的张力并非先天遗传与先天的社会**之间**的张力，就像在缝合这一裂缝之前或之中的情形那样，它是**历史性之间**的张力。虽然历史性是先天遗传与先天的社会的不完全的"联结"，但历史性中的这一张力并不是所谓的"自然"（先天的遗传）与"社会"（先天的社会）的张力。此种情形的真正原因在于，某些先天的遗传成分在早已完成的社会化过程中已经彻底适应了先天的社会。不仅如此，这一张力本身可以通过有关（地方性的和普适性的神话、艺术实践、哲学、科学等）问题的社会（共同体）的有意义的世界观而得到解释、缓释，甚至被激发起来。因此这一张力的论题内在于先天的社会性中。比历史性的平均张力更大的张力可以导致"主体的匮乏"（subjective deficit）和"主体剩余"（subjective surplus）。如果其他条件得以满足，【22】那么主体剩余是文化剩余创造的持续源泉，并能被有意义的世界观所吸收，正像它有助于社会生活模式的变迁（改变）那样。

如果不将如下两个先天之物"结合"在一起，那么既不存在自我，也不存在社会。然而这样完全的"链接"概率极低。一个完全链接的自我（Self）是**单向度的**，一个把所有自我完全链接起来的社会将是一个不能变化的社会（其特征将由有意义的合法的世界观的匮乏来体现）。历史性充满了张力。这一张力的质、量及其特征各不相同，但却总是存在的。因此**可以进一步把"人的境况"具体化为"在张力中生活"**。我们注定是与这一张力生活在一起。我们徒劳地试图摆脱这一张力。我们也尽力充分地利用这一张力。

按如下三个连续的步骤，我把"人的境况"**描述**如下：

1. 用以替代本能规范的社会规范；
2. 在历史裂缝的条件下的历史性、决定性、自我决定性；
3. "在张力中生活"的历史性。

当然人们可能会列举出"人的境况"的某些具体成分：人必须为生存而工作，人是语言的使用者，人屠杀了大量自己的同类，等等。然而无论人干了什么，他们是否工作、谈话或杀人，他们是否做爱或发动战争，他们是否作诗，或转而向上帝祷告，他们如此行事，并不是出于与其内在方式的一致性，而是基于规范、规则和准则的一致性，或是与它们之间的关系。无论人干了什么，他们必须弥合这一裂缝，并必须学会如何弥合这一裂缝，如此才能成为一个人。无论他们如何行事，他们都生活在张力中。

如上所述，历史性的质、量及其张力的特征的构成各不相同。我们现在补充一点：历史和人都是千变万化的。必须格外地强调历史事实，但对待历史事实一点都不能局限于我在此设定的狭隘的框架。合乎道理的是，一个社会越复杂，其张力就越强大。当然由于各种原因，它并不必然变得更强大。这些原因包括差异化的基本规范和规则体系、解释和沟通，以及利用这些存在的张力（existential tension）的各种不同的有意义的世界观。除此之外，内在张力可以以不同的方式和不同的模式被外在化；自我感知可以被转换为自我意识；相同的思想和世界观，由于变得清晰明确而增强了张力之时，则可同时通过使其表达为言语而减缓这一张力。我马上回到这些问题上。

【23】

存在的张力并没有使表象处于心灵或肉体的持续状态，而是表现为以更小或更大的扩张形式处于**摇摆不定**状态的运动之中。如果我将自己的自我置于更大的摇摆不定之中，那么与这一行动相伴的则是强化的情感，有时，虽然情况并非总如此，但它也是强化的认知意识。甚至把秋千联合起来或者把秋千分开，情况仍然如此。这样的例子还有：我们将自己与他人系在一起/我们将自己与他人分离；我们使自己与他人认同/我们使自己与他人分离；寻求安全/重新主张个人自由；渴望依赖/渴望独立；在恍惚中、在神秘的沉思中、在爱中、在对美的沉浸中，我们超越自己/我们为自我的迷失而辩护；融入共同体/寻求孤寂，与"公众观点"一致/只相信自己的眼睛。所有这些感觉及其追求都不过是我们当前试图克服存在张力的形式。我选择用两种截然不同的态度来说明这一点，因为真正的道德问题是难以解决的。

*　　　　*　　　　*

"人性"的一般理论勾画了一幅关于自我的**地图**，它预设，每一个自我和所有的自我都是被同样的地图所正确代表的。应当承认，这幅"地图"的一部分或另一部分根据不同的人，可以"更大一些"，也可以"更小一些"，或"更强一些"，也可以"更弱一些"，但所有这些都假定了它们都拥有同样的"内在的"地图——这被认为是理所当然的。以往，人们知道他们拥有身体和不朽的灵魂。当今我们抛弃了这张旧地图，认为它是无用的，并用几幅新地图来替换它，所有人都宣称拥有一幅"正确的"地图。其中的一些地图沮丧地辩护道，每个自我都有一块未知领域，进入心灵研究的旅行者将难以确定其位。另一些地图则高兴地宣称，除了在我们的幻想中外，这一独特的"领地"并不存在，因此所有的地图都应该被扔进垃圾桶。然而我们中的大多数仍忙于绘制新地图。所有这些地图都为我们提供**规范的理论观念**（在康德概念的意义上），并借此组织和重新组织内在经验，以及我们有关他人的经验。如果仅存在由主导的意义世界观所提供的自我的理论观念，那么在这一观念的指导下，每个人都将理解他或她的自我。某些人的内在经验将恰好符合这一理论，而对另一些人则显现为不同程度的困难。然而如果存在着一些**竞争性**相互矛盾的理论，它们为**我们的**内在经验和我们对他人经验的组织与重新组织提供了不同理论观念，就像今天的情形那样，人们可以选择一个最能理解自己经验的理论。如果有人问这样的问题，我们的自我是否包括了本我–自我–超我，或"主语的我与宾语的我"（I and Me），或有人像维特根斯坦那样提出，我们的自我并不属于这个世界，而是对这个世界的**限度**，那么我倒要说，"从中挑你喜欢的，挑选那些最佳地组织你自己经验的"，毫无疑问，其中的一个理论将比其他理论更好地使**你**理解你自己的世界。如果你希望在自我反省的基础上，或除此之外，在对**某些**其他自我观察的基础上来解释其他自我（other selves），那么你必须使自己专注于某种**独特的**解释。这一事实是，**每个人**并非都以某种自我的单一理论认识到他（她）自己的经验，或有关他人的经验，而是许多人以某种理论认识到他们的某些经验，而用其他的理论来认识他们的另外一些经验。同样地，他们用一种特定的理论来认识他们所了解的某个人的经验，又用另外的理论来认识他们了解的另一个人的经验。在我看来，这一事实足以得出这一结论：**自我的内在差异本身是不同的**，不仅是某种历史，而且某"个人"也是不同的。乍一看，这一结论似乎不尽合理。可以说，"内心世界"的**事实**是相同的，但只是在不同的理论中以不同方式来理解，并因而成为那些理论的事实。然而有关自我的诸理论并不像自然科学的理论，甚至不像社会理论，而是类似于哲学理论；事实上，自我的理论是哲学理论。哲学总是可以被确证的，但从来没有被证伪，虽然我们可以放弃哲学，前提是哲

【24】

27·

学没有给生活的意义提供答案，哲学没有把我们的历史性提升到历史意识——在该意识下历史性可以认识自己——的层次。不仅就一个人的观点、"看法"或评价，同样就"自我性"（ipseity）而言，被预先构造在日常生活中和思维中的生活经验，是哲学选择的共同构成成分。两个拥

【25】 有完全相反生活经验的人，在**相同的**哲学中将不会认识到他们的历史性。不同的自我经验植根于不同的生活经验中，反之亦然。① 人们可能仍坚持说，因为在一切独特的世界中，存在的是理想–类型的生活经验，所以，必然存在的也是理想–类型的自我经验。我并不否认理想–类型的存在，或者，不否认在一切先天的特殊社会中（包括我们自己的世界）占主导的自我差异；我唯一肯定的是，并非我们所有人都携带着同样的"内部"地图。因此我对自我是否"包括"了自我–超我–本我三分法的问题的回答就是，有些自我"包括"了自我–超我–本我三分法，另一些则没有。

那么事实上，如何谈论这个声称拥有一般真理的"自我"呢？首先，自我是唯一通过意义与其他身体相关联的身体（body）。**作为自我**

---

① **封闭的个人**（homo clausus）观念和自我经验是现代的，且是严格意义上的莱布尼茨–笛卡儿式的。然而这并不意味着**我的**经历和**别人的**经历之间的差别，或者"内在的"和"外在的"之间的差别是现代的。人们无法想象一个猎人在打猎的时候，无法在自己**看到**一个动物和听**别人说**看到一个动物之间做出分辨，由此，他就无权做出如下陈述："它不在这里。**我**没有看到它。"每一个人都能够区分他自己的头痛和别人的头痛，并且能够就这一经验进行交流。

罗曼·罗兰在给弗洛伊德的著名信件中提到将"万能感"作为他自己的主要经历。弗洛伊德无法否认这样一个经历的可能性，甚至尝试对其做出解释。但是他又补充道，**他从未有过此种经历**。汉娜·阿伦特指出（在《心智人生》的第一卷《思维》中），灵魂总是年轻的，而克尔恺郭尔则指出**他**的灵魂总是衰老的。我们对于克尔恺郭尔和阿伦特的自省必须给予同等的信任。

福柯主张，灵魂是由知识和权力的规训实践所控制的。显然，由心理学、精神病学、犯罪学、现代教育学的主体–客体所构建的那类灵魂，与由基督教所构建的"不朽的灵魂"**不是同一个灵魂**。福柯确切指出了占主导地位的理论观点（指出科学作为现代的主导性的世界观），它用决断来解释自我经历和他者的经历，并且是以一种特定和特殊的方式进行的。然而在我看来，福柯在这一点上着力过多了。第一，甚至灵魂的心理学建构也是以一种多元方式进行的。第二，既然科学不具有**道德的**规范性权力，那么，它没有也不能阻止可选择的自我分化的发生。（否则，福柯就不会去写这本著作了。）伯格（Berger）和卢克曼（Luckmann）在《现实的社会建构》一书中，通过将伏都教（Budu belief）比作精神分析，令人信服地讨论了在"灵魂分化"的**典型**过程中，世界观是如何成为主要因素的。

的身体滋养着意义。自我是由其他诸自我创造的，对这些自我而言，他们是通过意义与其他身体相关联的身体，而且同样，自我创造了其他，而这些自我通过意义，同样注定要与那些其他自我相关联。① 自我也构成了长期的记忆，包括意识的和无意识的记忆（记忆的总体丧失相当于自我的总丧失）。记忆并不简单地等同于信息代码化。它包括把整个身体与所有此前项目信息的**关系**编码到任一独特的后续项目信息中。换句话说，记忆构成了**意义生成的复杂情况**。记忆还包括遗忘，并因而解码了长期的信息关系，因此记忆也构成了**无意义生成的复杂情况**。**意识经验**是由语言的中介所指导的，据此，如果首先要分享意识经验（与意义共享的语言），那么意识经验只能是主体的（"我的"）。如果我知道**其他人也存在着头痛**，虽然他们并没有我的头痛，但我只能知道**我自己的**头痛。我与其他人分享的意义越多，我所面对（render）的难以分享的意义就越丰富和复杂。

　　我用**同样的概念工具来理解**（认同、认识、把握）我内心的感知，我用这些概念工具来理解（观察、认同、把握）他人，虽然这是**两种不同的**认知。例如，我们可以以诸如担心、羞耻、恶心、欢快、悲伤、愤怒等感情为例。这些都是天生的感觉（除非它们是故意压抑的），而且都伴随着同样天生的面部表情。然而我们并没有看到自己的面孔，我看到的只是其他人脸红。另一方面，在我感到其他人并没有害羞之时，我却感到害羞；或者，如果我感到害羞，那么这一感觉是次要的（反思的），而非首要的。它不是一种情感，而是一种有倾向的感觉。然而我**知道**，当**他人脸红时**，他的感觉与我一样，此时，我感觉害羞并脸红。在这两种情形下，"害羞"（being ashamed）这一概念都是恰当的，而且理解的概念工具也是一样的。这一简单的事例可以说明更复杂的情形。与他人了解我相比，我知道我更了解我自己，因为我**非常清楚有私密的通道**（privileged access）进入我自己的感觉、观念、思想、意识、欲望、

【26】

---

　　① 在戈夫曼（Goffman）的著作中，特别是在其著名的《日常生活中的自我呈现》一书中，被创造物的辩证法和创造性的自我是短路的。戈夫曼仅将一种行动归诸个人，即集中于角色扮演的"执行"这一紧张过程。因此意义从不是被创造的，仅是被接受的。但如果意义仅是被如此多的遁词（empty pegs）所接受，那么是谁构建了意义呢？

计划和怀疑；而且我可以如愿地暴露或隐藏自己的这些东西。然而这一点也是真的，即与我了解自己相比，其他人比我更了解我，因为他们**看到我与他们相关**，而且正是在**人的关系中，才揭示了意义**。但与这一点相比，意义远非如此。所有自我的态度从本体论角度看，都是独一无二的。对他们自身而言，自我就是世界的**中心点**（navels）。一般而言，与他人，以及与世界的所有关系就如同诸多脐带的关系一样：自我是通过所有这些线条与世界维系在一起的。如果一个共同体或多或少地是同质性的，那么自我的意识（I-consciousness）与我们的意识（We-consciousness）之间的差异并不大，那么共同体就被认为是**世界的中心点**或类似中心点。然而在共同体的情形下，历史的偶然发生和变化着的事物，对自我而言，在本体论上是终极的。如下任何一点都是不可能的，即要么设想某种完全超越了自身，因而不再是世界中心的自我；要么设想斩断了与这些脐带的联系，不再是那束脐带的自我。这甚至不是精神病态的情形，除非这些人永远地失去了他们的自我。**完全**从他者的视角来看待自己，从人的角度看是不可能的，因而完全是唯我论的。这就是与了解他人相比，我们更了解自己，同样，与我们了解自己相比，他人更能了解我们的额外理由。

再重复一下，自我是唯一通过意义与所有其他身体相关联的身体。这束脐带也是意义的脐带。所进行的行动承载着意义，这一陈述是对有关"人的境况"的基本陈述的修正，即社会规范已经被用来替代本能规范。对社会规范的不遵守也承载着意义。如果认真地说，那么它对自我和其他自我都承载着意义。如果非意向地看，那么它**可能**对自我与其他自我都承载着意义，也可能对自我与其他自我都没有意义。

社会规范总是包括原初日常语言、风俗和使用人造之物方式的对象化，它们不是自我的总和，它们都是社会系统。自我并非社会系统的子系统，而是这一系统的源泉和产物。这一规范越是异质性的（heterogeneous），产生意义的选择范围就越大；产生意义的选择范围越大，共享意义的差异性的数量就越多；共享意义的差异性的数量越多，将自我与独特世界相关联的那束脐带中的变化就越大；那束脐带中的变

【27】

化越大，自我就变得更加**个性化**。然而如上所讨论的，在单一的自我之束中存在着这样的一条不能与代表性的规范所提供的意义相连——或至少说是不能完美相连的线条。自我也可以寻求没有被"提供"的意义，因而，自我就创造了文化剩余。

自我总是**自我感知**（self-awareness）。这源于迄今为止所说的一切。当然自我并不总是**自我意识**（self-consciousness）。自我意识也不等于我们上述所界定的长期记忆。它也不等于进入内心发生之事的私密通道（自我对自我的感知）。它与**一种对私密通道**（privileged access）**的具体使用**相关。不仅如此，自我意识不同于**一般意义上的自我反思**（self-reflection）。如果没有一定的自我反思，自我感知就无法存在。看一下我是否真的饿了，还是真的生气了，这是自我反思，但它与自我意识毫无关联；它也不是我们通常归于自我意识的那种自我反思。甚至对内心发生之事的**评价**也不必然伴随着自我意识而展开。我是否"有点"渴，或"非常"渴，这是评价的事情。我可以否定性地（是恶的）评价某种冲动，因为冲动并不快乐，即便只是**因为**禁止我们去冲动，冲动才不快乐。同样，自我意识预设了某种具体的自我反思，**即经验的和先验的自我反思的结合**，我将其称为**双重性质的**（自我）**反思**。不管这种自我反思的**观点**是理论理念、抽象规范、最高存在的观念、道德的善和恶的观念，甚至是自我的观念（我后面会详细谈这一问题），它总是某种理念、某种抽象。在双重性质的自我反思的过程中，我们的自我变成了某种**考察对象**。我们想发现我们是谁，我们是什么，"我们内部有什么"。正是在这一考察之下，**自我变成了个体差异化**。一开始，差异化的复杂个体并不在"那里"，这一双重性质的自我反思也不是**探测**"心灵深度"的**手段**，事实上，它**创造了**这些深度。我们的自我如何，并在何种程度变得差异化并"深度化"，取决于双重性质的反思所赖以为基的理论或实践观念。如果我们继续探求，那么自我就变成了**无底的矿井**或可怕的深渊（无论再次变成矿井或深渊与否，它都是建立在范导性（regulative）理念的基础上）。纵然我们不再探求，就像在**实践理念**的指引下我们总是所做的那样，那么我们就回到了从行动（或从独特的关键行动）中退

【28】

回的自我考察。但我们不应忘记一个人自己的自我的感知与自己对其他自我的感知之间的区别，或与其他自我对某一个自我感知的区别。双重性质的自我反思可以对他人或通过他人伴随着双重性质的反思。如果在双重性质的自我反思与双重性质的反思之间给予真正的平衡，二者都受实践和理论理念的指引，而且假定，不管怎样，实践反思获得了优势（这一探求不再允许行动），那么我们的内心世界不仅被我们，也被其他人理解为"深不可测"（deep）。然而如果我变得过度反思，并一直紧盯着我的"心灵"，使之成为一个无底的世界，成为唯一值得考察的世界，那么我将把我的自我视为无底的矿井或深渊，而其他人则将其视为平坦的和浅薄的。一个自恋的自我是空洞的；零（无）处于这样的自我的底部。这可以被阐述为一个客观陈述；也就是说，**它与此无关**。因为自我反思的膨胀导致了自我反思的双重性质的丧失。**它失去了其先验的维度**。这一自我反思的先验阶段取决于独特反思的**观点**，这一观点也是非经验的（某个理念、抽象规范等等）。但作为目标的自我探求本身也难以把握先验的反思观点。探求自我的观念并不是对自我反思的某种理念。因而，自我探求就不再成为**自我意识**的行动。

有关规则（规范）**自身**的知识并不产生自我意识，有关"游戏规则"的知识也是如此。其他人正在看你，**反过来**你也在看那些看你的其他人，这涉及自我感知，但它还不是自我意识（起码，不是我所界定意义上的自我意识）。暂时的自我异化发生在这样的时候，即自我将自己置于另一个自我的位置上，并从其他自我的立场来看待他或她的特征或行动，此时，自我异化并不是自我意识的开端或决定性模式。暂时的自我异化**本身**并不会导致双重性质的自我反思，因为先验的成分正在丧失。试图从独特他者的视角来判断我们这些自我或满足他者的期望，当且仅当**这一努力本身**乃是源于双重性质的反思行动，或是后者先于前者时，它才成为自我意识（自我反思）的某种行动。

【29】　　双重性质的反思，尤其是自我反思的**先验**方面，传统上是通过强有力的想象而得以表达的。明显的是，我们可以通过**非经验的实体**（entity）、某种抽象、理念来反思，那是因为我们**内心**也承载着某种抽

象、理念：它是与思维或评价相关的特殊实体（substance）。因此自我、"真正的"自我或"超"我，看来存在于这样的地方——身体。相对于实体而言，身体是偶然性的，不朽的灵魂可以从一个身体移到另一个身体，而无须变换其实体。或引用一个更为现代版本的故事：我在，乃因为我拥有活的**思维心灵或智性**（mens animus sive intellectus）。这一传统的看法后来已受到了强烈的挑战，虽然有时候婴儿会随着洗澡水被一起倒掉。在此种情形下，**思维心灵**（mens animus）已经消失了，因而自我的整个内心生活也消失了，最终，作为自我自身世界的中心也消失了。

此前，我描述了由**经验**、意识或无意识的长期记忆构成的自我。我补充一点，意识的经验，以及这一经验的编码，都受语言的导引。虽然语言（概念化）导引着经验的过程，但经验的过程并非纯粹的或完全概念的，经验也同样如此。经验是完全异质性的，其中无所不包，以至于其主要的形式难以数清。这些主要的形式可以是意象，解释，思想，声音，嗅觉，热情，深思，意图，心情，大量事件，问题和它们的解决办法，洞察力的闪烁，谜，那些生活在地上、地下和天上的自然和超自然存在生命的故事，震惊，恐惧，欢快，狂喜，蒙羞——显然，人们可以一直列举下去。经验（experience）作为沉淀下来的经历（experiencing），承载着使我们的身体与其他有意义的身体相关联的意义。它面对、选择并激发为某种内在规范的系统。经验是面向行动（在该词最广泛的意义上——行动、理解、判断、交往、规避、评价、爱等等）的**内在规范**（趋向）。重复一下，共享的经验包括并体现了个人的经验和体验，但个人的经验并不是共享的经验的子情况或片段。尽管预设了这样的内在化，但这并不是共享经验的"内在化"。此前讨论的摇摆不定的运动，即**隔离**与**盲视**之间、**自我肯定**与**自我抛弃**之间等的选择，就是如下两者之间的选择：一是维持**我**的经验、**我**的意义、**我**的趋向、**我**的选择、**我**的自我规范；二是**那些共享经验的遗忘**——共享意义、共享趋向、共享选择、共享规范，以及最终那些作为沉淀和突出的经验的长期记忆的总遗忘（涅槃、死亡）。在一切社会中，都存在着一定数量的、一定种类的"选择容忍"。处于容忍的限度内就是一般所谓

【30】

的 "常态"（normality）。常态就是这一情形，相互认知也可以是这种情形。在要求承认自我的同时，自我也允许对共享意义和共享世界的承认（recognition）。如黑格尔所使用的那样，"承认" 概念虽然是一个关键的概念，但它是一般意义上的承认的子情况。母亲在对她的孩子微笑时，她早已承认她孩子的自我，而孩子在对其母亲回头微笑时，他也承认了诸他者的世界。微笑的互惠性是共享的经验，尽管母亲的经验（是有意识的）与婴儿的经验（是前意识的）在程度和种类上都是有差异的。如果别人帮助我们缝合了这一裂缝，那么我们已经得到承认，成为这一独特世界的成员。相互承认采取不同的形式和形态。它可以在更大或者更小的程度上是选择性的。它可以是总体的（由于一个人是这个独特世界的成员），或个人的（由爱护我们的那些人所承认），抑或特殊的（认可个人承认是特殊的成就、优秀的和出色的）。它也可以以相反的方式发生，作为一般意义上对我的世界的承认，对我所爱护的那些个体的承认，以及对我的特殊世界的某些方面的选择性的承认（它涉及对其他方面的不承认）。但无论这一承认采取什么形式和形态，这两种承认都预设了 "常态"。然而如果选择的度超过了所界定的 "常态"，那么这两种承认形式都会失效。另一方面，它的发生也可以在这样的情形下：相关的个人会对文化剩余做出贡献，并因而使另一个世界的前景具体化。

如果承认的两个方面处于完全的平衡之中，那么**生命就具有意义**。

如果某一方面或两个方面匮乏，而且这一匮乏可以被主题化和问题化，那么可以使生命**产生意义**。但如果这种匮乏并不能被主题化和问题化，那么生命就不能被赋予意义。意义是存在的，其原因在于，当存在着话语、行动和劳动时，意义无处不在。诸意义（不是单数的意义）甚至在全部是征服和服从的某种情形中存在。没有 "生命意义" 的诸意义恰是**遭受痛苦**的所有内容。动物可以处于 "疼痛" 中，**但忍受苦难却是人的特权**。将德性归因于遭受痛苦是对人的境况所补偿的礼物。

第二章　伦理：恰当行为的规范和规则

维特根斯坦说："就像逻辑一样，伦理必须是世界的条件。"这个句子是模糊的。可以把它理解为这样，即它说的是，必须假定，在与逻辑一样的程度上，伦理是世界的条件，但同样可能的是，也可以把它理解为，在与逻辑相同的方式上，伦理必须是世界的条件。后者的解释将我们带到了康德理念的附近，即存在着普遍的、使我们必须如此行动的道德法则，就像普遍的逻辑法则使我们的思维必须运行的那样，而且这一普遍的道德法则是可以被发现的，就像已经并仍在继续发现的逻辑的普遍法则一样。善的行动与道德法则一致，其方式就如同好的思维与逻辑法则一致。然而上述第一个解释导致了一个**经验的陈述**：一个没有伦理的世界并不存在，就像一个没有逻辑的世界并不存在一样。这是我认可的陈述。

伦理是世界的条件。没有伦理，化学物质或有机体可以照样存在；但如果没有伦理，就没有**世界**。"世界"并不是无生命和有生命之物的数量总和，而是所有这些东西的**意义**，而且这些意义是由人构成的，因为人是唯一通过意义与**所有其他身体**，包括非-人的身体维系在一起的身体。然而意义是由规范（norms）和规则（rules）所提供的。信仰体系、"在手"的知识，以及宇宙知识，都根植于同样的规范和规则，并由它们调节。这些规范和规则调节着恰当的行动。只是在最近的历史中，有关世界的真正知识的规范和有关世界中正确行动的规范和规则已**相对地**分开了。我们"拥有"一个世界，因为我们是受规范和规则调节的，并不是受本能调节的。遵守规则是"完全正确的"，破坏规则是完全错误的。"完全正确"意味着"好"；"完全错误"意味着"坏"。这一事实，即社会规范已替代了本能的规范，意味着有了好和坏。由于不存在没有规范和规则的世界，而且规范和规则的存在就相当于好（遵守）与坏（违背）之间的区分，而**善与恶**①（伦理）之间的区分就是世界的条件。

我已把善与恶之间的区分称为价值取向（value orientation）的**首要范畴**。价值取向的首要范畴是**人的普遍性**，既包括经验的普遍性，也包括逻辑的普遍性。由于我们并没有关于迄今为止人类社会**所有**的经验知识，而只知道那些留下了我们可以解读的踪迹的知识，所以，我在本体论基础上对普遍性进行了具体分析。我们无法想象一个**没有价值取向的首要范畴**的人类生命。我们无法想象一个没有**可以在其中居住并且对之加以想象**的人们的**世界**。人们栖居于一个善与恶并存的世界。人们要栖居于任何别的地方则是不可能的。

现在，我们可以准经验地继续前行，也就是说，通过建构由经验明见性支持的理想类型而展开。处于基本的对象化领域的规范和规则是异质性的。对象化的首要领域，我称之为"自在的对象化领域"（sphere of objectivation-in-itself），包括了日常语言的规则、行动的规则和规范、使用客体，尤其是人工客体的规则。虽然这三个成分是相互交织的，它们的规则并不完全凝结在一起。例如，根据狩猎的规则，狩猎预设了日常语言的使用，但日常语言的规则并不是狩猎的规则，反过来也如此。此外，根据不同的规范和规则而践行的不同行动，并不必然地以**系统**的方式彼此冲突；而且社会越复杂，它们的冲突就越少。一个人可以做某件事，而无须做所有其他事情。**但总有些事情，所有人都必须去做**。

规范（norm）与规则（rule）的区别具有重要的意义。一会儿，我将搁置更复杂的问题，并结合应用来单独地讨论这一区分。规则的**应用**并没有为机动灵活留下什么空间，或者，如果说留下一点空间，那么这

---

① 在本书的翻译中，我们根据不同的语境，有时把"good and bad"译为"好与坏"，有时将之译为"善与恶"。——译者注

一空间的面积也很小。① 在 X 的情形下，如果你做了 Y 事，那么当每一次 X 都是这样的情形时，你就不能在不破坏相关规则情况下做 Z 事，而不做 Y 事。如果亮起黄灯而跨越十字路口，这是一个判断问题；但如果亮起红灯，你对自己说"这并不重要"并跨过去，那么你就违反了交通规则。无论是宗教仪式还是"社会"仪式，根据定义，都是"类似的规则"。当然，即使遵守规则的行动也允许诸多行动模式的差异。例如，【33】我们可以组合所有不同的句子，但其中任何句子都不能违反语法规则。然而规范应用在某些方面则不同规则应用。规范（norm）是人们既不**完全**遵守，也不**完全**违反的惯例，但人们不同程度地依之而践行。然而规范的应用存在着**严格的界限**，一旦越界，那么就完全触犯了规范。所有的美德规范都具有这一特征，就像"礼貌"的规范都有类似的特征一样。（亚里士多德在其**中道** ［mesotes］)②理论中恰好以这样的方式讨论了美德规范。）范导的规范和规则特征并不必然地依赖于某种行动模式的特殊性，尽管它**可能**以之为基础。无论如何，与规则应用相比，规范应用为深思、判断、选择等提供了巨大的个人空间。

规范和规则都是祈使式的（imperative），也是祈愿式的（optative）。如果一个规范或规则规定社会聚合中的所有成员都必须采取某种特定方式而不能采取其他方式如此行事，或**不允许**如此行事，则规范或规则是祈使式的。必然的规范和规则是**无条件的**。对这样的规范和规则的遵守与"如果–那么"这样的公式毫无关联，因为它们并不像使用的指令存在着两类祈使的规范和规则。存在着这样的规则，违背规则是**自我惩罚的**，如语法规则；也存在着这样的规则，违背规则**要求加以惩罚**，如

---

① 人们可以通过不同的方式来区分不同种类的规制。例如，辛格（《伦理学的一般化》）一方面讨论道德原则，另一方面讨论道德规则，并且将规则细分为基本的道德规则、地域的道德规则和中立的规范。盖尔特（Gert）（《道德规则》）区分了道德规则和道德观念。然而辛格和盖尔特感兴趣的都不是规范和规则区分的过程。相反，他们对自己认为的这一分化的最终结果进行了分类，或换种说法，对他们认为是所有可能道德的一般模式进行了分类（这两种路径通常是重叠的）。就葛维茨（Gewirth）（《理性与道德品行》）而言，他对伦理学的历史维度或准历史维度进行了阐释。在此，我的目的并非批判，而是强调这些路径与我的路径之间的差异，这些差异至少共同决定了与同样的或相似的行动模式和调节事件相联系的范畴划分。

② 也可译作"中庸，中间性"。——译者注

（犹太教的）十诫。这些戒律既包括了规则般的陈述，也包括了规范般的陈述。如下就是一个命令规则的完美案例："记住，安息日这一天一定是神圣的。你在六天里可以劳作，并做你所有的工作，但第七天是主（你的上帝）的安息日。在这一天，无论是你、你的儿子或女儿，你的男奴或女奴，你的牲畜，或那些与你居住在一起的外来人，都不得干活。"这是规则，因为它**完全**规定了你应该做什么、不应该做什么，而且告诉你应该**如何**做。它与上面提到的交通规则类似，你不能去琢磨这是不是一个"重要的安息日"。"孝敬你的父母"就是**一个祈使的规范**。这个戒律并不具体规定你如何孝敬他们，所以，你可以考虑这一行动或那一独特行动是否违反了这一戒律。据此，你可以非常孝敬你的父母，也可以稍微差一点（虽然这再次存在着**关键的界限**，当你越界时，就意味着你违反了这一戒律）。"你不应该杀人"也是一条命令性的**规范**，而且你应该正确地把它解读为这样的话："你不应该去**谋杀**"，然而它并没有规定（prescribe）行动（就如"孝敬你的父母"的戒律那样），而是【34】**禁止**某个行动。即使如此，这一戒律并没有具体规定哪种"剥夺人的生命"的形式是杀人的情况。所以，人们可以反思，究竟是这种还是那种"剥夺人的生命"的形式**是**真正的杀人（无论它是否被禁止）。

规范和规则也都可以是祈愿式的。祈愿语态式的规范和规则并不规定**每个人**应该做什么或不应该做什么，而是**如果**当某人已选择了做这件事或那件事时规定了他应该**如何做**（他应该做什么）。不遵守这样的规范和规则可能会自动地受到自我惩罚，但如果不是如此，那么在某些情形下，违反规则必须受到惩戒。再次引用《圣经》的话："当一个人发现或挖到了水池，而且并没有再次把它盖上，此时，如果一头牛或一头驴掉落其中，那么水池的主人就必须根据该头牲畜的价值赔偿其主人；然而水池的主人可以拥有这头死的牲畜。"盖上水池是一条规则，但也存在着某种祈愿式的规范（如亚里士多德列举的友谊规范）。**违背戒律总是受到惩罚的**，但与其他的戒律相比，违背**某些**戒律所受到的惩罚更为严厉。在规范的这种情形下，"程度大小的"违规根据高低不等的惩罚水平而被"校正"。当某种明确的结果发生，对**祈愿式**规则和规范的违背通常——虽然并不总会受到惩罚。这里，虽然并不总受到惩罚，但通常比触犯戒律（必须赔偿）的情形要相对轻一些。

因此，规则和规范是非常复杂且不同的。但遵守**任一**规则和规范是恰当的（好的、正确的），违背任一规则和规范是不恰当的（坏的、错误的），这与违规是否是自我惩戒或要求惩罚无关，与惩罚是否严厉或轻微无关，或与违背的究竟是规则还是规范也无关。规范和规则世界的差异性可以与**价值取向的范畴差异性**相媲美。价值取向的首要范畴不同于价值取向的**次属**范畴，如神圣的／亵渎的、善的／恶的、正确的／错误的、真的／假的、有益的／有害的、合适的／不合适的、美的／丑的、快乐的／悲伤的。神圣、善、正确、真、有益、合适、美、快乐都是**好的**，而其对立面都是"坏"的。然而还存在着包括了所有规范和规则的**层级**模式。这些规范和规则极其重要，对它们的遵守将用"圣徒般的"或"善的"等词语来描述，违背这些规则和规范（用"亵渎"或"恶"等词语来描述）就会涉及最严厉的惩罚（死刑，或与之相类似的驱逐）。【35】由于在所有的社会中，神圣在规范和规则的层级结构中占据突出的位置，神圣就相当于善的，所以就可以做出如下**一般**陈述，即价值取向的次属范畴——善／恶处于这个层级结构的顶端。如果在各种不同的规范与规则之间发生冲突，那么"善为首出"。反过来说，社会中最重要的规范就是这样的规范：对它的遵守就被称为"善的"，触犯它就被称为"坏的"（"恶"的）。这些都是**无条件的**道德规范和规则（律令），无论其是否以律令的形式来表达。一定条件下的规范和规则有时是通过善／恶的价值取向范畴来指向的，有时候则是通过正确／错误的价值取向范畴来指向的。（即使没有**范畴**的差异，情况更是如此；同一个名词可以用两种不同的方式。）如果是后者，那么这表明，触犯了规范和规则会受到轻微的惩罚（不那么严厉的惩罚或根本就不惩罚）。例如，如果一个人不遵守管理和搜集植物的规则，那么他或她可能根本不会受到惩罚；但如果某个有禁忌的植物被吃了，那么与此事有关的这个人就必须被处死。

对我们来说，困难在于看到"好人"与另一些人之间的关联，这些人不加区别地遵守**一切**规范和规则。但是如果我们考虑到价值取向的次属范畴的差异，那么情景将变得更为相似。先把其他更为复杂的问题置于一边不管，人们可以理解为什么有些人就被认为是好的，这些人在其一切行动中强调价值取向的次属范畴（善/恶、神圣的/亵渎的）相对于其他价值取向的次属范畴的重要性。每个有**能力**区分不同的价值取向范畴的人，都可以被称为**理性行动者**（rational actor），但并不是所有的理性行动者都可以被称为善的。有能力做某事，并不等于会做这件事。如果一个人利用其能力去遵守正在建构的规范和规则的层级结构，那么他或她就被这些规范的承载者（也即他或她是其中一员的共同体）视为"完全正确的"。否则，这个人就会被纠错或遭到拒绝。

有一点早就被强调，即在由复杂的社会环境所运行的各种不同的行动中，并不必然存在着**系统性**的相互作用。次属价值范畴的出现已经表明了相当大的差异。所有人的**行动模式**（虽然并不都是单一的行动）都【36】 是有意义的，所有都体现并承载着意义。但规范和规则的层级结构具有意义的前提是，当且仅当**某种独特意义的产生恰好是针对这一层级结构的**。的确，通过**有意义的世界观**（如神话）所产生的这种意义所针对的就是某种独特的规范和规则的层级结构。有意义的世界观会证明作为事物的善的、恰当的和神圣次序的规范，以及其规则的层级结构的合理性和合法性。我称这一有意义的世界观为**历史意识**（historical consciousness）。因为正是历史意识，通过事物的次序的**起源**，证明了特定等级作为事物的次序的合理性和合法性。它的起源不仅体现在特定的次序中，而且在这一特定次序中得到**重复**。世界的构成首先就等于某个**独特**的世界的构成和促成。如此这般多规范和多规则的世界，如此这般多想象、多表征和多知识类型的世界，就是**这样的**世界。"那个不定"的世界就是"这个世界"。

有意义的世界观所产生的意义是针对所有人的行动模式、所有的规范和规则及其层级结构。然而有意义的世界观**并不是**出生在某个独特世界中的每个人必须遵守的规定数量总和。"适应"这些社会环境的规定并不要求，甚至不允许**完全**拥有这一有意义的世界观。人们需要知道，而且有时也要让他们知道，只有尽可能地遵守这一预先给定次序的规范层级结构，一切才会理所当然。除了我称之为"自在的对象化领域"外，还有**另一个领域**———一个更高、更精细、更神圣的领域，我称之为"自为的对象化领域"（sphere of objectivation-for-itself）。后一个领域具有自身的规范和规则。践行这些规范和规则通常并不是一项只在特定条件下仅针对少数人的特权。人们必须"进入"这一领域；人们必须学会它的语言。第二个更高端的领域的特征体现为**同质性的中介**。这一领域的功能就是给自在的对象化的世界提供意义。然而这一功能并没有穷尽这一领域的运作。它可以并的确吸收了那些人所创造的主体剩余，他们就是那些不能适应这个自在的对象化领域的人。此外，它可以储存**文化剩余**和**认知剩余**。换句话说，行动模式及其知识形态并没有在特定的世界中被运用和践行。如果不假定文化和认知剩余的积累，那么就难以解释 【37】 道德**结构**中的首要的急剧变迁。然而随着时间的推移，还是让我们把道德结构的变迁简单概括一下，并集中考察某些道德内容及其形式。

*   *   *

以规则为一方，以规范为另一方，二者的区别可以是模糊的，或是清晰的。规范的**内涵**通常被确切说明、解释和具体化为一条或数条规则，尤其是如果规范是戒律的话。**原则上**，规范对解释开放，但**事实上**它并不对解释开放，因为人们面临的不仅是这一规范，而且还有其"恰当的"解释。这一戒律告诉人们"你不能杀人"，但在《圣经》的《出埃及记》和《利未记》中被详细阐述的规则是由遵守的戒律提供的，包括**祈使式**和**祈愿式**特征的规则。你逐渐了解到，何种形式的"杀生"构成了谋杀，**何种形式的"杀生"**不构成谋杀；你也逐渐了解到，在何种情形下，你应该避免这种行动或那种行动，以便符合戒律。**美德**规范也同样如此。人们所面临的不仅是诸如"勇气""节制""仁慈"这样的规范，也面临着这样的指令，即**如何**做到这一点或那一点，在某些**特殊**情形下，人们必须**如何**行事，以便与这些美德相一致。祈使式和祈愿式的规则，以及对这些戒律、美德和所有其他的善、正当的规范的解释，都**体现**了特定世界的**道德习俗**，追随着黑格尔，我把它称为伦理（Sittlichkeit）。伦理是同一性（identity）与非同一性（non-identity）的一致，因为这两者的区别，即一方面是规范（美德规范和戒律），另一方面是规范的具体化–特殊化，在正进行的社会实践中是**模糊不清的**，但最终是可以被搞清楚的。通过**抽象规范**与**具体规范**之间的张力，我阐释了这一"辩证法"。我使用的"具体的规范"，指的是对抽象规范的特定化、具体化和规则般的解释，前提是如果它们是戒律、美德规范或选择性的规范。我使用的"抽象的规范"，指的是恰当的规范（规范的"理念"）；也就是说，戒律、美德概念和选择性的假设，就涉及其意义及其应用（什么、何时、如何、指向谁，等等），它们对解释都是开放的。伦理（道德习惯）既涉及具体的规范也涉及抽象的规范，虽然通常它是占主导性的具体规范。挑战所有的，甚至是最具体的关于抽象规范的解释，不可能是习惯性的；但挑战其中的某些解释还不至于扰乱某种特殊的伦理。

在层级化的社会中，道德习俗也屈从于层级化。如卢曼所言，所谓【38】"层级化社会"，指的是所有这样的社会，其中人们践行某一系列行动，并履行某些特定的功用，**因为**他们生来已经处于特殊的社会层级之中。（相反，我们可以把现代社会称为"功能化的"，**因为**人们已经成为特定社会层级中的成员，因为他们践行了某种特定的功能。）道德习俗屈从于层级化的前提是**不同道德习俗被给予了不同的层次**。在一个层级化的社会中，"出生的偶然性"是双重性的。新生儿通过出生的偶然性，不仅被"抛"入了特定的世界，而且被抛入了这一世界的特定层次中。他或她必须适应"自在的对象化领域"的要求。这一世界在以下两种意义上是**独特的**——与其他"世界"的关系的独特性，在他或她的世界中的独特性——**没有去另一个独特的世界进行他或她的选择的机遇**。与社会分层一致的伦理划分相伴随，存在的是在一切层级化社会中性别之间严格的伦理划分。生为女性，就标志着在相当大的程度上这个人将生为奴隶。一个奴隶最终会获得自由，并因此改变他（她）的等级和道德习俗。一个女性并不能从性别认同中获得自由，因此在迄今为止的大多数社会中，她还无法从屈从于主人的状态中解脱出来。除了由生活提供给一个女人的个人机遇及匮乏之外，对一个女人而言，道德习俗不仅在种类上各不相同，而且在高雅程度上也有差异。最高级、最高贵、最崇高的道德习俗就是**最高社会层级的男性成员**的道德习俗。赋予更低端社会层级的道德习俗，也就是赋予女人和奴隶的道德习俗，被认为是**自卑低劣**的。的确，已存在且仍然存在着大量的各种不同的等级制社会，而且除了主要的普遍模式外，它们有时各不相同。这一普遍化的模式是如何运作的，这主要取决于某个特殊社会的有意义的世界观。但即使在古代犹太文化中，根据神的法典，主人有义务在奴役奴隶六年之后解放他们的奴隶，诫命对所有人都具有同等的约束力，包括上帝或他的代言人以及自由男性。自由的男性有这个任务，因而也承载这个负担去执行神的指令；换句话说，他们必须**命令**其**侍从们**（妻子、孩子、仆人和奴隶）遵守这一戒律。自由的男性直接听从神的指令，而他的侍从们则通过主人的意志遵守这一指令。在希腊城邦、罗马共和国和印度的种姓制中，这一风俗（mores）的层级化甚至更为严格、更为清晰。

道德风俗等级化为"高贵"和"卑贱"（根据劳动的分工）是一种 【39】控制。它**表达**了控制及其统治的方式。就后者而言，这一统治被合法化和合理化为**高贵**对**卑贱**的支配。更不用说这一点了，即合理化和合法化并不构成公然的撒谎或粗糙的伪装，而是对因果关系的颠倒。（这在亚里士多德的《政治学》中清晰可见。）断言这一点并不荒诞，即在一个特殊的社会中，最自由的人**可能**也是**道德最高尚者**，虽然他们并非必然是这样的人。一个人越无依赖，他越**可能**成为一个高贵的人。但并非卑贱造成了依附；毋宁说，是依附**可能**造成卑贱，但它并非必然造成卑贱。

把"高雅性"（sublimity）或"高贵性"（nobility）与最高阶级的**风俗**相关联，以及把"粗鲁性"（rudeness）与低贱阶级相关联，是所有等级社会中伦理划分的**一般观念**，它也是莎士比亚戏剧中令人难以忘记的道德等级结构的例子。然而"高雅性"和"高贵性"并不总与道德的善相关联。稍后我会回到这个问题上来。①

既与道德划分的社会一致，又与伦理划分的性别关联一致的**风俗分层**，也是**具体规范**的分层。如果抽象规范与具体规范之间的张力仅仅是模糊的（而且从来是不清晰的），那么所有的规范都是**汇聚**在一起的。根据这一点，我认为，规范和规则构成了人类集群（human clusters），一组规范和规则就构成了独特的汇聚，另一组则构成了不同的汇聚。某一独特集群的成员们不得不使主体自身屈从于该集群的规范和规则。如果一个人属于 B 群，那么他或她的行动将由 A 群的成员根据 B 群的标准来判断，而**不是**根据判断人的标准（A 群的标准），反之亦然。根本就不存在一个**共同的标准**用以对**不同集群**的成员的行动进行比较和评判。换句话说，作为道德的行动者，A 群和 B 群是完全**不平等的**。似乎是，如果只存在着**一个普遍的规范**，那么就可能对**所有的**社会行动者（与他们所属的群无关）进行比较，而且从普遍的规范的视角看，每个人在**道德**上都是**平等**的。但是不存在这样的普遍规范。如果所有的规范都是汇聚的，那么不同集群之间的成员的彼此关系就是**非对称的互惠性**关系。

无论是否存在**风俗**的社会划分，无论是否与具体规范的内容（实体）相关，解决集群规范的**方法**总是变化的。如果某些规范和规则构成了某一社会的集群，那么就必须持续地、不间断地把这些社会规范和规则应用于该集群的所有成员。我将这一形式称为**形式正义概念**（formal concept of justice），与此同时，它也是**正义的公理**（maxim of justice）②。正义的公理这一概念意味着，在这一公式下可以引发所有种类的正义。在所有的规范都是具体的和聚合的这一条件下，我们所涉及的这种正义是静态正义。它是静态的正义，就在于我们不能提出规范和规则自身是否是正义的问题：它们被视为理所当然的。如果社会**风俗**是分层的，那

【40】

---

① 尼采完全漠视这一区分。"主人的道德"将道德完美归诸高贵性，归诸"伟大"。但伟大的人也可以是坏的，甚至是恶的，并且可以相应地做出判断。我们并没有意识到任何文化中处于"主人层面"（mastercaste）等级的成员没有义务去遵守他们自己层面的规范的情况，我们也没有意识到那些违反这些规范和规则的人被看作坏的或者恶的，并相应地受到惩罚，而这个文化却没有失去其"伟大的"光环。

② "maxim"在不同的语境中也可以译为"准则""格言""座右铭"，如"道德格言"或"道德准则"等。——译者注

么正义的黄金法则只能应用于每一个社会集群中；这并不能应用于不同集群的行动者之间的关系上。这为如下说法提供了充足的基础，即**由于伦理是世界的条件，所以正义也是世界的条件**。每一次，而且所有的时候，一组独特的伦理习俗都被斥为非道德的，此时，正义的形式就被斥为非正义的。

虽然根据社会和性别的层次来划分具体的规范是人类历史的规则而非例外，但跨群（transclusteral）的美德或规范的**完全匮乏**却是例外而非规则的。我所谓的**跨群的**美德，一般而言指的是由社会的所有成员**认可的**特征的性能（qualities）或行动模式的性能，这些人的认可是内在的，并与社会地位无关。在跨群（抽象的）规范的匮乏中，如这样的美德、格外的美丽、身体格外的强壮、非常机警、极其"入迷"、预言家，等等，都与其形容词"道德"相关联的美德类型各不相同。这里涉及了基本和本能的功利主义。它提升了共同体（人民、城市）的声望，并因为人民具备这些特质而感到自豪。此外，人们由于这些高于生活的特质也能获益。人们以敬畏来对待这样的人，他们常被抬升到最高的社会等级，甚至超过该等级，达到神的等级。凡你不理解的东西，你就必须尊重它，并以敬畏之心看待它。跨群的美德可被视为"超越正义"，理由有如下两点：其一，由于这种高于生活的美德是难以比较的，或者，至少看起来是难以比较的；其二，由于这样的美德的具体化**并不被认为是正义的**（就像暴君一样，他们可以异想天开，任由其幻想支配）。

所有特定社会世界的成员必须遵守**跨群的规范**，这与社会地位和性别无关。这些规范并非排他主义的（particularistic），而是**一般的**（general）。抽象的规范是**一般的规范**。然而根据社会阵线和性别层级，某些抽象的规范被充分地具体化为习俗的规范。但**并不是所有的一般的–抽象的规范都是以此方式被特殊化的**。十诫中有些戒律被特殊化、【41】具体化了，其他的则并非如此。如果某个**一般化的**戒律采取了一般的和祈使式规则的形式，那么从伦理角度看，并不要求沿着与社会和性别相关的劳动分工的界限来区分，这从逻辑上也是不可能的。所有以色列的部落成员都必须相信耶和华，任何以色列人都不允许尊崇其他的神。这对于男人和女人、主人和奴隶、富人和穷人而言，都是绝对命令。因此一般的祈使式命令使所有的以色列人**平等**：他们或善或恶，好像是由**相同**的一般命令的标准来判断的一样。这一类似的跨群的规范和规则将某种**跨群的美德**置于道德生活的顶端。由于跨群的规范和规则，以及跨群的美德已经建立起来了，所以，最高的社会集群的"高雅"和"高贵"很少被视为最高的道德善的必要条件。由于所有集群的成员都能够遵守跨群的规范，由于所有集群成员（包括男性女性）在跨群的美德方面都同样擅长，因此较低集群的成员，甚至最低集群的成员，在道德上也能"好于"、优于最高集群的成员，就像女人能在道德上优于男人一样。在**圣人**这个范畴中，仆人与公主都展现了特殊美德的同样标准。

必须注意，**一般的**（general）（抽象的 [abstract]）规范和规则不是**普遍的**（universal），或更谨慎地说，并非所有这样的规范都形成普遍性的意向，它们并非都可以被普遍化。如果所有的规范要求的忠诚与社会和性别相关的分层无关，那么就可以把它称为一般的（在跨群的意义上）。虽然一般规范在某一关键的方面是跨群的，但它在另一个方面是**群体化的**：它们构成了特定**文化**的集群。这一集群可以与某种特定的人们共同扩展，也可以是一个包括了数种人的"理想"群。一般规范越要求建构**理想群**，这一规范就越要求提升为普遍性的（无论是正确抑或错误）。**普遍性的要求就相当于这样的要求，即一般规范的有效性不仅是跨群的，而且是跨文化的。**然而鉴于一般的（抽象的、跨群的）规范既是**实体的**（substantive），也是**形式的**，因而，试图形成跨文化（普遍性的）规范就在**极端的形式主义**中寿终正寝了。

*　　　　*　　　　*

伦理习俗的多样性并不是现代的发现。具有完全不同规范模式的原始部落，无论在何种情况下，都曾非常亲近地生活在一起而各不相扰。

【42】 人们知道，"外围群体"（outgroup）提升了不同于"内部群体"的各种行动。除了在深刻危机之外，在宇宙次序的想象中明显地置入了差异的感知。外来人（outsider）被认为非人类，或仅仅部分是人，是低等的、野蛮的，等等。绝对的"种族优越感"（ethnocentrism）是对差异性感知的

通常反应。只有当抽象和具体的规范早已被差异化，以及当我们自己的具体规范体系**完全**不再被认为是理所当然时（可以无须满足第二个条件而只满足第一个条件），绝对的种族优越感才可以让位于**相对的**种族优越感。此时，也只有此时，外围群体的**风俗**才变成了理论探讨的对象。此时，也只有此时，"他者"的道德模式成分才可以得到**肯定性的评价**；或者，与我们自己文化中的平行成分相比，它甚至可以得到**更积极的评**价。（塔西佗的《日耳曼尼亚》［*Germania*］就是对这一趋势的难以忘记的见证。）最为重要的是，那时，也只有那时，相互理解才能上升为这两组道德之间的共同特征。这就是我们如何开始了漫长的、对**经验普遍**性特征的探求。

一般规范的普遍性要求，以及在道德多样性中发现经验的普遍性，并不是同一个程序。并不一定要对揭示上述两组（道德）之间的某种**对立**的存在进行完全的一般化，虽然这一对立并不应用于现代性中。与第一个伦理的–文化的相对主义观点同时伴随的是对决定性的**一般规范的**有效性的信任的**丧失**，而不是使之普遍化的趋向（例如，这就是诡辩论者的第二个一般化的案例）。然而在西方的现代性中，这两种趋势都同时获得了动力，有时候还是协调一致的。"协调"和"同时性"这两个概念包括了两个不同的命题。第二个命题断定：**同样的历史意识**，或者，用卡斯托里亚迪斯的话来说，同样的"想象性的规定"，提升了规范的普遍性，并深化了对所有迄今为止所知的、人类社会中固有的共同特征的探求，无论它们有怎样的差异，它们也代表了某种规范的普遍性，而无须断言是谁对人类普遍性进行了探讨。说"所有种类的道德都是压迫的工具"，这就做出了一个涉及所有道德习俗的**单个主要共同特**征的一般化的陈述，它无须对**任何**规范的普遍化提出任何要求。然而其反面也是对的。说"所有种类的道德都是压抑了人的内在本能"，这也做出了一个涉及**所有道德习俗的单个主要共同特征**的一般化的陈述。这一陈述并不涉及对任一规范的普遍化要求，但它原则上**也不排除**这一点，即可以甚至应当提出这样的要求。类似地，如果某人声称，迄今为止，所有已知的道德都为弱势、奴役和屈从加上了保险，那么这个人将 【43】

同时提出一般规范的普遍性要求，这是不大可能的，即使这一可能性并没有**完全**被排除掉。在所有的规范普遍化例子中，第二个命题（即这两个趋势协调一致地出现）是真的，因为如果要求普遍性是一般的规范，那么这一要求至少**必须**受到一个经验普遍性事实的**支持**（如康德的善良意愿）。除了这两个极端之外，甚至对普遍性的意向性的，并非严格系统的哲学要求，与对某种经验普遍性的探求密不可分。"存在着某种对所有道德世界共同的东西吗？"这一问题将会被"对于所有我们带着普遍性的要求**可以**依赖的伦理世界，是否存在着某种共同的东西？"所取代。但对普遍性的这一要求也引发了另一类研究问题。我们可以问这样的问题："我们可以察觉伦理的进展吗？""存在着伦理的进步吗？""如果存在伦理的进步，那么道德进步的标准是什么呢？"因此伦理的多样性将是历史化的，并在**等级**中同时得以组织。这个问题的形式进一步提出了在如下问题中可以被阐述的问题，即"伦理中日益获得的进展是什么，是实际成分、形式，还是结构？"然而这里还有一个资格的给定问题，也是一个重要的问题：如果伦理获得了进展，那么在伦理中必然有某种不变的东西。因为，如果没有这样不变的东西，我们（似乎）就不可能把同一个名词（或同样范畴），如"伦理"或"道德"，应用于曾有的、现有的，或应该有的现象。进化论的道德理论也不能规避对经验普遍性的探求，无论其源自何处，都难免冒着信口雌黄的风险。

　　一般可以接受的是，道德**结构**并不是某种经验的普遍性。我已经提出我的观点，即道德中存在着两种结构变迁，第二种结构变迁仍在进行。所以，当我们追求道德的普遍性时，我们追求的是不变的实质（下层、内容）、不变的形式及不变的实质与形式的结合。

　　伦理是世界（所有世界）的条件。我们的条件是人类的条件，因为社会规范已经替代了本能规范。离开了对某些规范和规则的遵守，人类是根本不可能生活的。离开了善与恶的区分，人类也是不可能生活的。【44】离开了一贯性、规范和规则向相同群体成员的持续应用，那么人类生活也是不可能的。换句话说，离开了形式正义，任何这样的生活（生命）都是不可能的。这些都是**第一次序的普遍性**。第一次序的普遍性是**纯粹**

形式的，因为这些规范的存在，价值取向（善/恶）的首要范畴的存在，静态正义的存在，并不标志着任何具体伦理实体（**什么是规则，什么是善，什么是正义**）的存在或匮乏。

然而问题的核心在于，如果不同时考虑到适应人类共同体的规范和规则的那些**具体的人**，如果不预设这一命题，即"好人存在"是真的，而且**总是**真的，并且是经验上的-普遍性的真，那么我们就不能考虑第一层次的普遍性。"**好人存在**"并不指向伦理**形式**，也不指向道德的内容（**实体**）或内容与形式的那种结合。它指向道德的**承载者**。如我早已指出的那样，存在着各种各样的好人。与伦理的**实体**或**第二次序的形式**一样，这些类型在同样的方式和同等程度上并不发生变化。然而善的类型随着道德**结构**的变化而变化。因为迄今为止，在道德上只有一种结构变迁，第二种次序仍处于形成中，因此在**古老的故事**中**辨认**好人（或人的善行）时，我们并没有遇到多大的困难，即使这些人遵守的规范实体与我们遵守的规范实体差异甚大。更准确地说，我们对第二类好人（在所发生的道德第一次结构变迁后）的感觉是直接移情的。然而对我们来说，困难在于对第一类好人（在所发生的第一类伦理的结构变迁之前）的移情感，虽然在某种诠释学的反思之后，我们可以对后者有一种移情感。

迄今为止，我们已经达到了第一次序的两类普遍性：一方面，在一般的人类条件中固有的纯形式；另一个方面，伦理的承载者，即好人自身。如果我们现在从第一次序的普遍性转向第二次序的普遍性，那么我们就要冒这样的风险，即我们将不得不面临这一巨大的任务，从大量的历史和人种学材料中梳理各种基本点。这里，我的计划，即勾画一个**一般的伦理学**，并不允许我展开这样的一个进程，指出这一解释的方向就足够了。

如果在所有的社会中，**同样的具体规范**是有效的，那么就可以确定某种**伦理实体（内容）**的经验普遍性。由于我们并不拥有"一切社会"的知识，所以，在所有已知的**各种**社会中，确定同样具体内容的存在，或选择性地看，从第一次序的普遍性中得出那种规范的必然存在，这就 【45】

足够了。在马克斯·韦伯看来，"团结我们的兄弟"就是这类普遍经验的规范的一个"成员"。马克斯·韦伯从宗教的研究中得出这一点，虽然他也可以从第一次序的普遍性中得出这一点。弑父的禁忌也可以被视为一个经验普遍性的具体规范。

　　如果在所有的社会中，在我们提及所有的情况时，在同样的构想下，无论其内容如何，我们都可以**理解与规范相关的**行动（遵守或触犯）与反应（奖赏或惩罚）之间的**关系**，那么就可以把某种伦理形式称为经验的普遍性。从第一次序的经验普遍性中也可以得出这样纯形式的经验的普遍性。如我已经指出的那样，如果静态的正义是第一次序的普遍性，那么我们就可以得出，所谓的"正义的黄金法则"也是某种经验的普遍性，即便它不存在于社会群体之间，起码它处于其中。"黄金法则"的方案，在其肯定的和否定的阐释中（"己之所欲，惠施于人"，或"己所不欲，勿施于人"），仅仅是一种经验的、形式的普遍性。这是因为所有具体的规范，甚至抽象的规范都能提供该形式的内容（实体）。"违法者必须依照其违法行为受到相应的惩罚"，这一规范也是这类纯形式的经验普遍性。不同的行动可以被视为违法行动，因而可以认为，有相应的、不同的惩戒形式。

　　纯实体的和纯形式的普遍性都是**绝对的**、经验的普遍性。

　　经验伦理的普遍性的最丰富的研究基础是"混合"普遍性的世界，即**抽象的规范和美德**的广大领域。抽象规范和美德规范展现了实体与形式的**统一性**。在每个形式中存在着**共同的**实体，因为它们都规定或禁止某种行动。"你不能偷窃"这一禁令并不能被理解为纯形式的，因为只能把某种行动，而非所有行动置于这一形式之下。如果做了伪证，你不能说"你不能偷窃"，但你可以根据偷窃、杀人、亵渎等违法行动相应地惩罚这个人。然而抽象规范（和美德规范）的实体也是**形式**，因为这些罪行**作为**偷窃、谋杀、作伪证等各有不同（从历史的、文化的视角，根据社会群体成员或性别的不同）。认为**一个人应该有勇气**的这一期望，毫无疑问是一个经验的普遍性的美德规范。然而"勇气"的内容是什么，一个人如何达至美德规范，特别是**谁**应该有勇气这一问题，都是悬

【46】

而未决的问题。**规范是不变的，然而对规范的解释却是变化的。**

如果不以同样的方式，那么对于诸如幸福、自由和平等这样的**抽象价值**，情况也同样如此。即使这样的价值，如"**我的家庭**""**我的共同体**""**我的城市**""**我的宗教**"，也都是抽象的。幸福的内容、自由的内容、平等的含义、**谁**应该幸福、**如何**幸福、**谁**应该与谁彼此平等、**如何**平等，所有这些都是解释的问题。X 属于不同于 Y 的家庭，他属于一个不同于 Z 的共同体，等等。不同的具体的规范在城市 A 和城市 B、宗教 A 和宗教 B 中是有效的，但这些和其他种类的规范的**融合**，对于这些融合的成员而言，价值是平等的，有时甚至是最高的。

一方面，在抽象规范与美德规范之间，另一方面，在抽象价值之间的明显类似性并不是偶然的，因为**所有**这些抽象规范和美德规范都与抽象价值（就像所有的具体规范都隐含在具体价值之中一样）**相关**。[①] 一个替身演员在如下意义上并不是有勇气的，即他的行动是对其"美德"的证明，因为绝技并不与共享的价值相关。对规范的普遍化的现代要求伴随着或紧跟着某种价值的普遍化（在康德那里，指的是**自由**的价值的普遍化，以及"人"的价值的融合的普遍化）。

可以把混合的普遍性（一方面，抽象规范和美德规范；另一方面，抽象价值）称为**相对的经验普遍性**或**绝对的历史的普遍性**。人们必须预设这一点（在本体论和经验的基础上）在现在或过去存在着这样的人类社会，在那里，抽象的规范、抽象的价值规范和抽象价值并没有出现，而且这样的社会的确是可能的。人们必须同样预设，甚至在抽象规范、美德规范和价值出现之后，在这个特定社会的所有群体中，他们也没有对道德实践加以规范。我将此称为**历史的**普遍性，不是因为历史或伦理是从它们那里开始的，而是因为如果没有它们，就不能考虑**道德的决定性方面**的出现。我将它们称为"绝对的、历史的普遍性"，因为在每个**道德的第一个决定性结构变化**已经发生的社会中，它们在经验上是普遍

---

① 盖尔特论辩道，他称之为"一般规则"的所有规则都附上了特定的价值。例如，"你不应该杀戮"附加了生命的价值，"你不应该偷盗"附加了财产的价值，"你不应该撒谎"附加了诚实的价值。我将更进一步指出，**所有规范**（包括美德规范）都与价值有关，并且所有具体规范都与具体价值有关。

【47】 的。现在，我将讨论这一问题。

道德可以被描述为**单个人与正当行动的规范和规则之间的实践关系**。这并不是对道德的界定，因为社会的–人的普遍性是难以被恰当界定的，毋宁说它是一个概括性的句子，它只有在恰当的程序中才能被具体化。当预设价值取向的第二类范畴存在（尤其是那些善/恶、神圣/世俗）时，"与正当行动的规范和规则之间的实践关系"也意味着与规范和规则的等级结构（"善为首"）的实践关系的存在。

我们首先假定，抽象规范和具体规范尚未分化，而且所有的价值都是具体的。如果是这样，那么个人与正当行动的规范和规则之间的实践关系，事实上，即使他们的行动不同，他与所有其他个人及正当行动的规范和规则之间的实践关系并无差异。一个人可以遵守所有的规则，另一个人可以遵守大多数规则并触犯其中的某些规则，第三个人可以只触犯其中少数几条规则，然而这一违规却相当严重，还有很多类似现象，然而在所有这些情形中，规则与规范的**关系**并没有变成个体化的。以好的意向（道德个人）触犯具体的规范和规则是不可能的。超越道德标准也是不可能的。把某种善的行动与另类善的行动相对立，以及通过选择强调规则，这也是不可能的。

现在，我们假定已经出现了抽象规范与具体规范之间的区分。抽象美德概念、抽象价值，以及最终某种抽象的祈使（命令）都被具体化了，但它们通过"纯粹"的抽象本质也引导了行动。如果情况如此，那么一个人与行动的规范和规则之间的关系是可以被**个体化的**。一个人可以以某种方式与这些规范发生关联，另一个人则可以以另类方式发生关联。最起码，在个体的权威下可以表现规范在不同情境中的应用。不仅如此，个体可以选择在比期望、要求和描述更广泛的程度上遵守特定的抽象规范。最后，个体有自由**重新解释**抽象规范，并且在这样重新解释的抽象规范的立场上拒绝迄今为止有效的具体规范，并认为它是无效的。个体会进行如此具有重新评价性的陈述。如"并非这是善的，而是那是善的"，并提出这样的主张：这一陈述是真的。将理性应用于道德世界，并与道德沉思的结果一致，这一选择对诸多个体是开放的，因而它对集体行动者也是开放的。一种善的行动的形式可以与另一种相反，【48】可以在两种道德选项之间做出选择。理论理性与实践理性的直接同一（"善包括了人所共知的好的东西：我知道每个人都知道什么是善；我知道善是什么意思，我据此而行动"）中断了。理论理性和实践理性是不同的，因而是互为中介的，真正的**实践理性**显现于过程中。在理性与情感相对立的理论传统这一背景下，必须注意的是，真正的实践理性的出现伴随着与道德内容相关的**高度情感性**。所有那些看不见的独特的道德感和情感都在发展，其中，最关键的道德情感占据了绝对历史普遍性的位置，即**意识**的位置。

可以把道德中的第一个结构变迁及其结果，以及道德的第二种结构描述——这里同样是描述，而非定义如下：一方面，伦理包括了具体的规范和习俗，另一方面，抽象的规范、美德规范和抽象价值伴随并充满了张力。**通过个体与恰当行动的规范和规则之间的差异**，展现并使人们意识到了具体规范与抽象规范、具体价值与抽象价值、礼仪化的行动与美德规范之间的同一性和非同一性的认同。我将这种与伦理的个体关系称为道德品行（morality）。黑格尔是在类似的意义上使用伦理和"道德品行"概念的。在黑格尔的完整的精神中，我可以说，道德包含了两种成分——**客观的伦理和主观的道德品行**。然而我并没有将道德品行的观点与应当（Ought）的态度相等同，起码没有将其与纯粹的应当相等同，正如我并没有将伦理与是（Is）的立场相等同一样。抽象规范和价值自身嵌在伦理之中。重新解释这些规范的个人并不一定完全拒绝伦理。黑格尔思考的那种（个人）道德品行，是道德的子情况，也即它属于浪漫的-现代的类型。

经历第一个结构变迁之后，可以把道德描述为个体与伦理的关系，在此，"个体关系"代表了道德品行，而伦理则代表了具体的/抽象的规范、具体的/抽象的价值（抽象规范和价值也包括普遍的规范和价值）的同一性和非同一性的认同。

道德的第二个结构的出现并不同时伴随着该结构的一般化。它并不【49】只是使用一个笼统的概括来断言，遵循这种道德结构的变化，大多数人的行动就好像它从未发生过一样（有时不是由于他们自己的错误）。但从一般伦理的视角看，这无足轻重。重要的是这一事实，如果没有发生这一变化，那么我们并不能谈论道德，我们也根本不能使伦理问题哲学化。只有对此多谈一点，我们才会给出评价。然而这一评价是纯客观的，因为它与某种道德话语或另类道德话语，或道德哲学并不相关，**但它却与它们都相关联**。这一纯粹的客观的评价可做如下理解：道德的第一个结构变迁是进展的，但这一进展是毫不模糊的、无可争辩的。这曾经是，或者现在也是，在伦理实体和伦理形式的频繁变化中唯一没有矛盾的道德进程。如果一个人不同意这种说法，那么他或她就完全放弃了对道德问题的讨论。

第三章　从意愿行动到道德自律

　　所有行动都是**意愿的**（voluntary）。如果做某件事并不具有意愿的特质，那么"做"（doing）就不是行动（action）。一个回复性的运动并不是某种行动，也不是脸红羞愧或颤抖。被强奸并不构成某种行动，虽然这个人遭到强奸时在做某件事。或看一下亚里士多德的例子吧！如果某人抓住你的手，并用你的手杀了某个人，那么，是他而非你实施了这种（杀害）行动。同样，行为的意愿特征也不是建立在动机的基础之上。如果**你知道你正在做某件事**，你正在进行某种行动，它与你的行动是否受到激情的影响，或是在冷静沉思之后与行动无关，也与你的目的是指向特殊的目标，或与行动本身就是目标无关，或与你已经实现了你心中的目标，或成功地做了你并无意做的某件事无关。由于你实施并进行了某种行动，那么"你做某件事"就是意愿的。① 我知道我在做某件事，这是什么意思呢？它的意思是说，我**知道**我正在做某件事，我知道**我是**做此事的**这个人**，我知道我在**做**某件事，以及我知道我正在做这件事

---

　　① 通过"意愿的"界定对行动进行解释的传统可以追溯到亚里士多德。现象学，特别是在舒茨的著作（《社会世界的现象学》）中，恰如维特根斯坦（《字条集》）所做的那样，在同样的基础上将行动与行为区别开来。根据维特根斯坦的观点，如果行动对于要求（或者命令）行动者**重复**这一行动而言是有意义的话，那么行动就是意愿的。不管"动机"如何（不管行动者是出于冷血还是出于愤怒而做出打击的行动），它告诉某个行动者"再打击一次"是有意义的，告诉某人"让你的心脏跳起来"是没有任何意义的（维特根斯坦的例子）。我意识到，对"意愿的"这一术语的解释或许会使日常语言运用者感到奇怪。就日常理解而言，我们通常提到行动 X，如果我们有理由相信它是"意愿的"，那么就有一种正常的情形是这种情况：行动 X 或许并未发生；反之，如果一个不正常的情况确实出现了，那么行动 X 就确实发生了。戈夫曼的例子（在《公共场所的行为》中）如下：如果在未提前表达歉意的情况下，一个被邀请的宾客未曾到场，并且我们发现这个宾客的一个家庭成员突然生病了，那么我们就将他的无法出席看作非意愿行动，且不会认为这一行动是无礼的。然而就哲学层面而言，这样的一个行动不能被解释为"非意愿的"：不是行动而是冒犯无礼，是非意愿的。不管情况如何，行动都无法完全归咎于行动者。刚刚给出的例子与下面这句话是完全不相关的："然而冒犯无礼也不能完全甚至部分归咎于他。"非常简单，在情况被澄清的那一刻，冒犯无礼就不再是抵触了。

（只要是模糊地和不精确地知道该事即可）。抚育孩子的每个人都知道，走向灌输道德意识的第一步就是弄清楚"我做了"与"我没有做"的差异。在评判动机时，了解道德境遇下的情形和结果**预设**了承担责任的抽象形式。**这一问题，即如何以及怎样可以将某种行动归属于，并最终完全归因于作为某个道德行动者的行动者，这是完全不同的事情**。凡有行动的地方就存在着责任；凡没有行动之处就不存在责任。责任的特质及其度并不是建立在行为的意愿特征基础上，而是建立在诸多因素的基础上。不应该将**道德选择**和**自律**（包括道德自律）的问题与意愿行动的问题混淆。道德选择并不简单是意愿行动的"更高程度"，道德自律不是意愿行动的极端版本，因为所有这三个概念都指向不同种类的问题。因为如果行动的意愿特征与**道德**选择或**道德**自律还有什么关系的话，那么在品德出现之前，人们不可能受到惩戒或奖赏。当然他们受到了惩戒或奖赏。在"自由**对**决定"的标题下，在"意志自由**对**意志决定"的特定标题下，将道德品行的所有这些方面主题化的悠久传统模糊而非阐明所涉及问题的复杂性。

【51】

　　将某个行为归因于某个行动者（"他做了此事"），意味着这个人必须对其**负责**，而不管其动机如何。如我们所知，对某个意愿行为问题的**正确**回答是"我做了此事"。当上帝询问"亚伯，你的兄弟在哪里呢？"该隐（Cain）回答道："我是我兄弟的监护人吗？"该隐这一回答是**错误**的。情况就是如此，尽管存在着这一事实，即在此情形下，我们都意识到了动机（嫉妒）。该隐被要求对他的行动负责，而不是陈述他的动机（上帝并没有问："你为什么杀死你弟弟？"）。

　　想象一下这样的一个共同体，其中所有的规范都是具体的，这个共同体没有抽象的规范，或没有抽象的价值。一个人，如果他或她根据规范而行动，并遵守"先前给定的"规范和规则的等级制度，那么他"总是正确的"，这是善的。唯一的选择是异常行为。即使在这样的情形下，在意愿行动与非意愿行为之间，至少，在与触犯规范和价值的关系中也必然存在着差异。非意愿的触犯并不是异常行为，如果发生了这种情况，也无须对此负责。人类学家为我们提供了适合于这一理想类型的共同体的信息，因为人们必须对他们与动机无关的行动负责。在某种传统的社会中，仍然发生这样的情况，即亲密的共同体（或家庭）中的任何一个成员都可以对同一个共同体（家庭）中的**另一个**成员实施的行动负责。这是另一个标志，即它与某种动机是否深思熟虑抑或激情的本质毫无关联。

至于某种行为的**意愿**特征，并不会提出"自由"的问题。思考某个行动者是否**可以另外行事**是**不相干的**。如果一个人遵守规则，那么这个问题就毫无意义；如果这个人触犯规则，那么这个问题就不相干。坦率地说，考虑为什么人们会做某件被所有人（包括他们自己）视为理所当然的事情，以及人们是否可以自由地去做其他事情等问题是没有意义的。（它与"理所当然"是相冲突的。）在这样的基础上，我们或许可以 **【52】** 考虑，我们是否可以自由地沿街跳跃而非沿街行走，或我们是否可以自由地不再彼此打招呼。这样的例子表明：如果一种行动被所有人，包括我们自己认为是理所当然的，那么我们对不同行动的"自由"的反思，与所谓的"原始人"的所作所为没有什么差异。然而毫无疑问，这一事实，即**我们**是做这些事（行走、打招呼，等等）的人。"自由或决定"问题的提出只能在**道德品行**出现之后。必然存在着某种超越了**具体**规范及其具体等级制度赖以为基础的东西，必然存在着某种并非完全理所当然的东西。必然存在着某种**公开选择性**的东西，存在着这样深思熟虑的东西，以及某种**道德相关性**的选择。当然就应用性的规范的运行而言，人总是在**各种选项**（alternatives）之间进行选择。然而这样的选项并不具有**道德**的特征。如果我决定**不与 X 打招呼**，那么我这样做一定是有理由的，而且这个理由一定是根植于打招呼的习俗之外的**某种东西**。

如果只能从道德品行的视角提出我的行动的**自由**或**决定性**的问题，那么这涉及更多的是自律问题。道德品行的出现同时伴随着日益增长的**自我差异**，虽然它与所有文化和所有自我中的差异形式并不相同。自我如何分化以及分化到什么程度，这取决于我所说的双重性质的自我反思类型的程度和质量。这里，我继续探讨这一问题。经验的自我反思是一个经验的人的普遍性。如果没有这种自我反思，我不可能将意愿行动与非意愿行动区分开来。作为一个行动者，我把我的经验与我对其他遵守具体规范的行动者的经验加以比较。因此我可以说，我是否做了某件正确的事情，或做了某件错误的事情。基于双重性质的反思（经验反思和先验反思的统一），我对自己的反思不仅基于被给予的作为**经验**的具体规范的视角，而且来自抽象规范、抽象美德规范和抽象价值的视角——**观念**的视角。观念本身**不是**被体验到的，我们并没有体验"勇气"和"尊严" **本身**。我们所体验的是践行和不践行这些规范的人。不仅如此，不同的自我也不是对经验完全开放的。我们通过把经验置入诸如"理性""意志"和"趋向"这样的理论观念之中，使我们的自我各不相同。我们体验具体的情感，我们体验我们的认知过程，我们体验我们的目的，但我们并不体验"理性""意志"或"趋向"。如果我们通过**理论观念**将我们自己与某种**实践观念**的视野区分开来，那么我们的自我反思的特征将通过先天成分和后天成分的混合而得以体现。这一双重性质的反思和自我反思**支配并生成了**作为**道德品行的自我**。

【53】

　　这并不是说在道德品行出现之后，意愿行动与非意愿行动的区分就退居到了次要地位。这一区分仍然非常重要。所发生的事情是，意愿行动自身被"细分"了，因为它不是归因于自我本身，而是归因于差异化自我的一个或另一个不同的方面。可以问诸如此类的问题："这一行动是意志的抑或非意志的?"（这里，行动与"意志"的观念相关）；"这一行动结果是这个行动的目的抑或不是?"（这里，行动与"意志"的内容相关）；"我们是知道我们正在干什么，抑或是不知道?"（行动与知识的真理内容相关，与"理论理性"相关）；"某些激情是否使我们失去了自制力?"（行动与"趋向""激情""无意识"等类似的观念相关）。如果行动不是意志化的，如果行动的结果不是意向化的，如果我们并不知道我们正在做什么，如果我们在与使我们失去自制力的激情争执，那么我们将为我们的所为而遗憾。我们希望取消它，我们将建议赔付、"补偿"、抵偿或请求原谅，甚至请求受罚。然而当且仅当该行动是**意愿的**（行动）时，所有这些才是可应用的。我也可以因某个非意愿的行动而懊悔不已，但作为某种非意愿行动的结果，使我自己感到意识无能的痛苦，而且由这一结果而提供了补偿或要求惩戒，这将会陷入一个纯粹道德的歇斯底里中。意愿行为与非意愿行为之间区别的重要性可以在简单或复杂的案例中得到证实。如果某人跳到你的车前，冲撞他显然是一个非意愿的行为（act）（而非行为 A）。如果你没有看到交通灯，并撞了某人，那么根据定义的意愿，这是一种行动。无论你是否有目的地行事，由于疏忽或醉酒，或是其他原因，这都不能改变这一简单的事实：你是这个行为的责任者，你践行了此事。这里，我要提前指出，判断某个行动几乎是非意愿的（但从来不完全如此），它总是与**单个选择**的角度不相关。然而从**自律性**的视角看，它并不是完全不相关的。现在，我转而探讨这些问题。

虽然自由选择问题（作为决断的自由）① **相对于**选择的决定性问 【54】题，和自律相对于他律（heteronomy）的问题是内在相关的，但如果"自由相对于决定性"是上述两者的基础，那么它们的实质在种类上是不同的。决断的自由（liberum arbitrium）的所指是行动；自律的所指是道德品行。在涉及如下这一断言上并没有矛盾，即一个完全自律的道德人是没有任何可选择的。哲学家对自律是什么，以及是否能实现自律，且如何实现自律等问题争论不休。但他们基本同意，从亚里士多德到斯宾诺莎，再到克尔恺郭尔，一个完全自律的人的行动（如果有这样的一个人的话）是绝对被决定的，也即被自律的自我决定的。

"自由"和"决定性"的理论同时是**实践的**和**元伦理的**。它们是元伦理的，是因为它们为**本体论**问题提供了答案，而不要求包括或排斥单个道德规范、美德或价值的确证或非确证。它们是实践的，乃因为它们**自身向选择开放的程度**与单一道德规范一样。有时，占主导地位的有意义的世界观**赞成**某种本体论的理论，而且如果发生这种情况，那么很可能就不会有相反的选择。然而类似的情形获得了这样的领域，在那里，道德规范受到某种有意义的世界观的支持。**任何**本体论（元伦理）的理论都通过自身表明了道德品行的**存在**，表明了选择的自由或决定性的**问**

---

① 当我在**决断的自由**的意义上使用"自由选择"这一术语时，我指的是哲学传统，哲学传统也以自己的词汇术语涉及同样的问题。因此，如果选择是由一个完全不感兴趣的意志在"均衡"的状态下做出的话，那么决断的自由就是这种情况。

题的存在，而且这正也是本体论作为选择问题的原因，虽然可以断言如下这点，即一个人不得不在自由的本体论与决定性的本体论之间进行选择，或者选择自由的本体论乃由于如此选择的决定性。如果占主导地位的有意义的世界观并不支持某种本体论（即现在这种情形），那么上述提及的元理论的直接的实践相关性就唾手可得了。这种理论选择不仅为人生经验的秩序提供了构架，而且为解释义务、职责提供了构架，为确定某些行动的动机（或非行动的动机）提供了构架。应该提及的是，"选择的自由"和"选择的决定性"的理论，可以组织人生经验，尤其是当这一理论是有关**道德选择**的话更是如此。有时，我们**感觉**到我们的选择是自由的，我们可以这样做或可以那样做。我们感到未来是开放的，善与恶仅**取决于独特的决断**。有时我们**感到**，无论我们如何做，我们都像线上的木偶一样，而且正是某种异在的权威、善或恶在拉动着这根线。我们感到，我们的决定性是唯一清晰明确的，但却不是一个真正的决定性，因为任何事情都不取决于我们。我们感到，命运支配着这个世界、我们的世界和其他人的世界。事实上，我们可以经历这些感受，甚至在其中摇摆不定。

【55】

至此，我留下了一个开放的问题，即两种本体论中哪一种会产生**更好、更真**的理论。可以用另一种方法更容易地回答这一问题。因此我坚持认为，总体决定性的理论**在理论上是错误的，在道德上也是错误的**。这一论点得到逻辑推理和经验观察的支持。

阿佩尔（Apel）为一种涉及严重的逻辑谬误的决定理论引入了一种聪明的反驳意见。在他看来，在做出某种选择时，无论是伦理还是其他，如果我们完全受制于我们的心理或我们的社会，那么我们就不可能提出确证性的要求或真理。然而如果我们不能这样做，那么我们也不能声称那种绝对的决定性是真的。

我将在更具经验的基础上探讨这一问题。为了说明自由对决定性的这一困境，我倒更希望使所谓的**长时段**（longue durée）人类生活主题化，即持续（continuum）而非孤立隔绝的阶段。因此我将回答这一问题，即人们是否可以在特定的限度内**改变**自己。如果我们得出这一结论，即（在一定限度内）人们可以改变自己，那么我们也就必须假定这样的改变虽然是相关的，但却是单一的、时间序列的意愿行动的结果。如果我们仅仅做如此的假定，那么我们仍然没有**对决断的自由**理论的接受给出充分的理由，但我们肯定就反对整体决定论给出了充分的理由。

现在，我们实际上假定人们的确在某种程度上改变了其道德结构，因为其他言语行为，如劝告、判断和鼓励都是在自以为是和自负（vanity）中进行的。日常语言的使用者认为使用语言是理所应当的（并且我们不需要更多的确定性），所以，所有这些语言行为都是有意义的，因此我们可以坚信维特根斯坦的话——"改变我们自己"构成了一系列的意愿行动。我们同样知道，诸如上述的言语行为自身并不**决定**任何变化，因为听众在接受我们建议的同时也会拒绝该建议。由于我们只有另一个自我的内部展开的间接证据，而且由于内省并不是进行彻底的一般化（结论）的可靠基础，那么最好的就是通过考察其他自我的外在发生的情形，也即通过考察**看得见的身体**来证明我们的假设。我们正在与一个 【56】
胖子谈话，劝他减肥，我们假定他是**能**身体力行的，他的相貌并非命运的结果，而是部分取决于他自己。歌德正确地指出，一个人过了 30 岁就要为他自己的脸面**负责**。显然，这并不意味着这个人应该为其眼睛的颜色或脸形负责，而是说，一个人决定了他是否展现了一张令人留意的、友善的、智慧性的面孔，或相反，展现的是一张迟钝的、粗鲁的、残忍的面孔。由于自我是一个整体，由于你的外在构成的变化是真的，所以，你的道德构成的变化也是真的。如果你用自私自利、自我满足或漠不关心来满足你自己，如果你心中充满嫉妒、虚荣或憎恨，那么你仍可以听从"道德减肥"的良好建议，并以移情、同情和理性的行动等类似的东西进行锻炼。换句话说，如果给予特定的时间，那么一个人的"道德构成"也是在变化的。这一点是一目了然的，即对于一个"道德胖子"而言，改变道德习惯**并不同样**是轻而易举的，即使他们接受了这些建议，有些人也不能改变，最后，有些人根本就不接受这些建议。顺便说一下，后者的立场证明了，而非反驳了有争议的"自由选择理论"。现在我转向这一点。

这里，我提出"自由选择"的问题，而不是"意志自由"的问题。

意志（Will）的概念是一个形而上学的建构。我们对不同的事物施加意志，但我们并没有某种意志。这一单纯的事实不会阻止我使用意志范畴，因为任何一种哲学都不会有助于某种形而上学的建构，而只会运作于其中。相反，在整体主义的基础上，我拒绝"意志"的形而上学的建构。如上述已指出的那样，这样做是由于我相信，虽然自我各有不同，但并不包括不同的**性能**，某个性能是某种行动的源泉，另一个性能则是另一种行动的源泉。用黑格尔的话来说，自我并不是一个心灵口袋。我断定，不应该把自我的不同态度归因于单独的性能，因为所有的性能（本质上是经验的）都是由所有的态度调动的，尽管其在比例上是不同的、合成的，等等。

"自由选择"理论被认为是道德品行的本体论基础。的确，如果人们不可以在善与坏（恶）之间进行选择，那么道德品行的存在只能是一个虚假表象（Schein）。善与坏（恶）之间的选择是在具体的、单个的选择中实现或发生的。在我开始某个行动之前，必须首先决定，从道德的视角来看这个行动是好的、坏的，还是与好坏无关的。如果我认识到，从某种道德的视角看这个行动是坏的，但从另一个视角看则是好的，（它引起了我的兴趣，它令人愉悦，等等），那么我要么开始这一行动，要么放弃。这是一个**选择**的问题。我**可以**决定开始或放弃。同样这一点也是真的，即如果我面临着可能行动的选择模式，我也可以决定开始或放弃。在我开始其中的一个行动之前，我必须首先决定，其中哪一个行动在道德上较优，虽然我仍然可以开始一个道德本质上更不积极的、甚至否定的行动。所以，选择的自由就意味着我**可以**在行动 A 和行动 B 之间做出选择。

【57】

尽管如此，向选择开放的选择（权）总是受限制的，它总是局限于某些人而非其他人，这一点是众所周知的。下面这一点同样是众所周知的，即通向崇高的道德理性总是一种特权，而且在某种程度上它仍然是一种特权。然而无论选择的范围是宽广还是狭窄，我们必须假定在所有这些可能的情形下某些范围的存在，因为选择是由我们对这一情形的**态度**所创造的。就如下一点而言，如果我们把我们的情形视为道德情形，那么我们**打开**了一条选择的大道。更谨慎地说，如果我们把我们的情形视为**道德情境**（moral situation），那么面对选择时，我们解释了某种新的选择。一个孤立的行动选择可以被生动地图解如下：在我们面前有两条道路，我或选左或选右（或留在原处不动）。这种情形的存在是毋庸置疑的。然而其他的情形并不会给出其生动的表象。例如，有一条独特的道路，一旦我意识到这条道路，那么它就像雅各的天梯一样，以绝对的确定性闪闪发光。这样的一个绝对选择不同于两条道路之间的选择。我无须思考我应该向右还是向左。相反，这一观念指引我前行。我可以抓住这一机遇，打赌并置身其中；我可以把我的完整个性置于平衡中。这一态度可以被描述为决意实施一系列的行动。可以指出的是，选择模式的巨大多样性并无差异，问题的核心在于，每个人也许都可以从真正选择的道路中来选择一条不同的路径。但我们如何知道这点呢？为什么在**道德思考和判断**中这一点很重要，即每一个单独的决定也许采取了不同、甚至相反的路径呢？

让我们从另一个视角来回答这一问题。一旦开始了某个行动，那么就不能半途而废。一个人可以在回溯中因为道德理性做出的决定而后悔；一个人在悲伤来临之后可能为某个行动而遗憾。然而，即使你绝望地哭喊"我不该那样做！我早知道就好了！"，行为本身也不会半途而废，虽然它最终可能通过新选择（新的行动）而被抵消。如果最初的行动选择类似于**自由决断**的生动的表象，那么在回溯中它将显现为**纯粹的偶然性**。纯粹的偶然性与"命运"和"必然性"概念的关联比与自由概 **【58】** 念的关联更为密切。然而如果我们已经冒**可预估**的风险并使我们陷身入其中，如果所选择的这条道路是一条光明大道，拥有绝对的确定性，那么在回溯中，这一行动将**不会**显现为纯粹的偶然性。可以指出的是，所有单个的行动都意味着机遇的成分，它们都部分地成为某种偶然性的本质。这就是一般化的本体论的陈述，而我对此并不知道其对错。然而即使它是真的，那么，对如下问题"**在什么程度上**是偶然的？"，以及"何种偶然性？"的回答被包含在一个或其他的行动选择中了，而且所留下的这一答案是开放的。

"自由选择"理论是一种**本体论的点描法**（pointillisme）。它把我们

单一选择的自由当作主题。它使我们所有的单个选择等同，就好像它们拥有同一结构，拥有同样分量一样。它使所有被施加于我们身上并由我们所打开的情境相同。它假定我们不断地进行选择，而且是从起点开始选择。每一分钟都被视为绝对的现在，每一个决定都被视为绝对的偶然。在我看来，这是完全错误的。

因为一个明显的原因，值得进一步关注这一问题。当代"理性选择"理论仅仅是**自由决断**的一种更加简约的版本。它劝导我们，在**一切**情形中存在着坚实的、无可争辩的理性选择的原则。根据这些原则而行动就相当于选择理性。虽然"理性选择"理论放弃了直接的"本体论化"，但它却是本体论的**点描法**的罪责。它把我们的自由归于理性选择的**单个**事件。它使我们所有的单一选择等同，就好像它们拥有同一结构，或拥有同样分量一样。它忽视了我们可以打开局面的可能性。① 理性选择被描述为实现某种目的的选择。我们的目标和目标的价值等级结构都被视为不变的（并不对理性选择开放）。然而事实是，我们每一次"抓住机遇"时（一个可计算的风险），我们每一次被某种"确定性"（仅仅提及一下诸多可能方法中的两个就行了）拖着走时，我们就会**选择目标或选择某个新的价值等级结构**。因此"理性选择"的情形就是这样的情形，即它可以通过 A、B、C 结合而生动地呈现出，另外要附加上这一点：一个人站在这一结合点并决定要走哪条路。在这一理论中只需为这一画面增补一条足矣：我们可以计算哪条路是理性的。然而，与传统的**自由决断**理论相比，在与**道德内容**的选择相关方面，这一增补并不是增加而是减少。考虑一下这样的情形吧：一个人在许多人在场而自己

---

① 罗伯特·诺齐克在其《哲学解释》一书中得出了相似的观点。在他看来，我们并不总是根据此前存在的较强烈的偏好而行动。一个偏好可以在决策制定的过程中**变得**较强烈，并且在未来的决策中**将会产生**比较大的影响。偏好可以由**选择**来设定。如我所做的一样，诺齐克对**随机选择**和自由选择做出了区分：一个被选择选项的非随机性质，将会在奠基于其上的生命中得以揭示。我不同意诺齐克的地方在于他将"内在价值"界定为"有机的统一体"，在我看来，这是激进的本质主义的界定。在他的概念中，人类在选择"内在价值"的过程中做出了存在的选择；在我的概念中，存在的选择等同于将我们自身选择为人。诺齐克追随哲学的伟大传统，以试图**证明**，好总比不好要好一些。然而如果我们能够证明，（对于我们来说）好比不好要好一些的话，那么存在的选择（跳跃）就根本不存在了，因为人们会由于选择的合理性证明而选择做好人（倾向于具有内在价值的人生）。

缺席的情况下受到诽谤，我选择为她辩护，虽然这与我深思熟虑的利益 【59】
相冲突。可以用如下术语来描述这一选择吗：我有两个目标，一个目标
高于另一个，我选择去实现这个（第二个）目标手段？这样的说法也许
很可笑，但的确如此。如果问我是否做了某件特殊之事，我肯定（我告
知真相并承担后果）会回答说，我的目标是什么，实现我的目标的最好
的手段是什么？当然可以辩解，我的**目的**是诚实，这就是我选择最好的
手段来实现目的的原因。但是如果**我诚实**又怎样呢？如果**因为我是诚实
的**，所以我说出了真相，那又怎样呢？在这种情形下，显然，诚实并不
是目标，而是我说出真相的**基础**。如果一个人随着一个分离选择的**点描
法**而运动，那么他不可能假定这个人的**特征**是以该选择为**基础**的。不仅
如此，"理性选择"理论坚持，如果我们并不知道如何最佳地实现我们
的目标，那么我们必须将行动推后。人们可以对此回答说，有时你必须
推后行动，有时你却不必。这里也涉及一个决定或一个选择——你必须
行动还是不必行动。如果你的朋友处于致命的危险中，而你又不确保有
最好的手段来拯救他的生命，那么你就不能推后行动，你必须抓住机遇
（否则你的朋友就会死亡）。如果你不能确定规劝你的朋友所做之事会使
他幸福，那么你可以决定推后行动，或采取行动，这就是选择。

　　进而，"理性选择"理论坚持这样的观点，如果两个目标相等（在
价值和欲望方面），那么我应该选取最容易实现的那个目标。某些斯多
葛派的哲学家则认为相反：选择一个更难实现的目标更好，因而从道德
上也更为理性。这两者都是彻底的一般化。如果已**给出**了相等的价值目
标（或并不是目标的价值），那么选择"困难的道路"**在道德**上就不是
非理性的，正因为它是困难的，具有**更多的挑战性**。它不仅依赖于**特殊
的情形**，即从道德的视野看，这条或那条道路是否更为理性，而且也依
赖于**行动者的性格**。行动者的性格是做出选择情境的**一部分**，对一个人
来说是更为理性的，而对另一个人来说却并非如此。例如，如果你很怀
疑你的意志力，显然对你来说，更理性的是选择更容易实现的目标（如
果两个目标同样都是有价值的，并可实现的），然而如果你极为自信，
另一种选择将最有可能是真的。

概言之，人们可以拒绝决定论而无须为"自由选择"理论进行全面的辩护。尽管我们必须假设，在大多数情况下，人们的行为可能与他们实际决定的行为方式，或他们在没有做出合理决定的情况下的行为方式
【60】 不同，但我们不能假设在所有情况下都是这样。可以为**道德自由的观念**进行思考、辩护和（间接地）确证，而无须否定**某种选择的决定性**。更为肯定地说，**只有当我们可以思考，认为某种道德选择是完全被决定的，那么我们才能无矛盾地顾及道德自由的观念。**道德自由的观念是**道德自律的观念。**如我已经指出的那样，**如果存在着一个完全道德自律的人，那么与这个人所有相关的行动都完全是自我决定的。**一个完全自律的道德人根本不可能进行任何道德选择。那些为道德自律提供充分理由的哲学家已经用完全不同的方法来使之理论化：斯宾诺莎的"道德自律"和康德的"道德自律"在理论上并没有什么共同之处。然而我重复的是，虽然存在着理论差异，但他们都同意这一点，即完满而充分的道德自律是通过自由对一切行为的决定。

下面，我将为**相对的自律**提供足够的理由。人的自律只能是相对的。人的自律**应该**是相对的。但它还是自律，也应该是自律。在一般的伦理学构架内，强调的重点必须是**道德自律理论的准经验的成分。**

对个人的自由而言，"自律"是个本体论术语。**绝对的自律**意味着**作为**个体的人是**完全自由的。**相对的自律则意味着作为个体的人在一定程度上是自由的，但并不是完全自由的。① **绝对的他律**意味着，**作为个体的人完全受制于外在于他（她）的因素。相对的他律**意味着，**作为个体的人屈从于某些外在于他（她）的限制或权威。相对的他律预设了相**

---

① 自律和道德自律的概念，曾经被我们这个世纪的某些知名作家混淆起来。更成问题的是，现在只有自律的问题被保留下来，而道德自律的问题完全消失了。霍克海默和阿多诺，海德格尔和萨特，都为忽略这一问题而感到内疚。人们可以在这 4 个人中发现歌德的强有力的、但又隐蔽的影响。一方面，是对绝对自律的诉求；另一方面，是对被宣称为我们时代的完全他律的控诉，都表达了一种渴望和一种生活意识（Lebensgefühl），由此道德的观点消失了。

汉娜·阿伦特将绝对自律指派给"精神生活自身"，并且在没有任何最低程度上的顺从的情况下，坚持认为行动的生活（vita activa）的自律只能是相对的。尽管她也没有将道德自律与自律区分开来，她建议将最大限度的自律界定为"私人分化"，并且这也恰恰是最适合有关道德自律的现代理论的、对自律的一种解释。

对的自律，反过来也如此；**而绝对的自律既排除了绝对的他律，也排除了相对的他律。绝对的自律**意味着个人是**完全自由的道德行动者**（agent）。这意味着，这个人的所有道德相关行为都仅仅来自他（她）的性格；意味着这些行为完全受制于他或她的自由；意味着无论这个人干什么，他所能做的都是好的和正确的事情；意味着他或她的纯意识或纯实践理性是唯一的向导。一个绝对自律的道德个人并不会根据任一规范或规则而行为，这个人首先不用根据施加于他（她）的意识中的固有的善的标准来证实这些规范和规则的有效性（善）。任何限制都不会诱 【61】导这个人去触犯任何规范和规则，即他或她的意识已经得出结论，这一规范和规则是好的，因而也是有效的。**绝对的道德他律**意味着，**作为个体的人**（person qua person）在所有的道德相关性行动中都是一个完全的玩偶。这个玩偶有两种线条：一种是环境的具体规范和规则，它被这个人认为是理所当然的，另一种是"个人利益"、欲望和热情之线。相对的道德他律意味着，作为个体的人可以屈服于这样的自然情境限制，即必须执行道德相关性的行动，以至于如果不存在这些限制，那么此人也许就不愿意贯彻执行。**相对的道德自律性预设了相对的道德他律**，反过来也如此，然而绝对的道德自律既排除了绝对的他律，也排除了相对的他律。**理论上讲**，人们可以把一个人想象为拥有绝对的自律和绝对的道德自律（就如斯宾诺莎那样）。同样，理论上人们可以想象绝对的道德自律和相对他律的同步性。然而为了建构这样的模型，就像康德那样，人们必须把个人划分为两类：一类是"个性"（personality），另一类是个人（person）。但绝对的道德自律和绝对的他律甚至根本不能被想象为共存的。（在康德那里，"合法性"并不是**绝对的**他律，只是相对的他律。否则他有关的法律和政治哲学的思想就将毫无意义）。也不能把相对的道德自律和绝对的他律想象为共处的。**然而相对的道德自律和相对的他律是彼此预设的。**

上述区分并不是出于学究式的探讨。当我说相对的道德自律不仅伴随着相对的道德他律，也伴随着相对的他律/相对的自律时，我并**没有**将自律和道德自律相等同，或将他律与道德他律相等同。如果说道德自律和自律，道德他律和他律是密切关联的，那么相关概念的所指在种类上也是不同的。"自律"指的是所有可能的行动，而"道德自律"仅指的是道德起源或道德内容的行动。这一区分的重要性在所有的**规定的**情形中日益明确。"相对的"概念包括了诸多的可能性，其范围从"几乎绝对"的道德自律到"几乎绝对"的道德他律，从"几乎绝对"的自律到"近乎零"的自律。如果我们看一下从"多"到"少"的这个连续统一体，那么就会立刻清楚我为什么在看来并不重要的区分上花这么多的时间。某一特定程度的道德自律可以伴随着完全不同程度的自律，反过来也如此。一个暴君**几乎**是可以完全自律的；然而他却少有道德自

【62】 律，而一个奴隶可能少有自律，然而他却在道德上是高度自律的。我马上将回到这一问题上来。

我认为，人们可以**思考**绝对的自律以及绝对的道德自律。然而我们并不能把一个**行动者**想象为"绝对"自律的，或"绝对"道德自律的。**对神的理智的爱**（Amor dei intellectualis）是一种**纯粹的沉思**（sheer contemplation）的态度。康德有关**人类本体**（homo noumenon）的绝对自律是建立在**从事某一行动的普遍公理选择**的基础上（某种思辨的、精神过程）。它并没有被扩展至行动自身。然而如果一个人仅仅通过沉思的态度来实现自律，那么他或她仍没有实现作为一个人的那种自律。因为一个人总是在行动与沉思之间相互转换。对个人自由而言，如果"自律"就是本体论的条件，而且一个人既是在行动中又是在沉思中被建构的，那么自律以及类似的道德自律只能是相对的。

从现在开始，我将只讨论**道德自律**问题，并且单从道德自律的视角来看我所指的自律（他律）在形式上是不同于真正的道德形式。而且由于把它理解为这一点，即某个人的道德自律是相对的，所以我不再把形容词"相对的"增补到复合名词"道德自律"中。不仅如此，如我所言，"相对的"一词可以代表"几乎绝对的"，也可以代表"近乎零"的自律。然而，如果道德自律的反事实（counterfactual）理念是绝对的道德自律，那么我们就必须因为那种相对自律的形式而保留"道德自律"一词。相对自律的形式与道德自律的反事实理念最为接近。我将这

种道德自律称为**最大的道德自律**。最大的道德自律仍然是相对的道德自律，然而它却是**最大**可能程度上的道德自律。最后，假设"最大的道德自律"并不预设具体的才能，甚至不预设具体的道德才能。因此"道德自律"这一概念代表了最大的、相对的道德自律。

如果道德品行存在，那么某种程度的自律也是存在的。道德品行在此已经被视为某个人与真正行动的规范和规则之间的实践关系的个体成分。一个人并不遵守一切主要的具体规范，但他却为抽象的规范、价值和理念所引导，而且他遵守这些由他或她的意识重新确证为有效的具体规范。然而应当不断牢记的是，我们在此讨论的是相对于真正行动规范的**实践关系**。道德品行不能在一个行动者（独白的模式［monological model］）的思想中来"定位"，也不能在理性交往或有关规范有效性（对话的模式［dialogical model］）的话语中来"定位"它。尽管如此，如果离开了"独白的思维"（monological thinking）的成分，那么就没有道德品行；用阿伦特的话来说，如果没有自我（Self）将自己"一分为二"（two in one）的对话，那么就没有道德品行。进一步说，如果没有理性交往就没有道德品行，因为任何头脑都不会靠自己产生规范。人们可以修正或质疑仅有的现存的规范和规则，以及其他人代表和维护的规范和规则，而且通常一个人与其他人一起，通过对话、讨论和相互支持，在某种"冲突观点和相互的自我澄清"的氛围中介入了确证或非确证的过程中。尽管如此，道德品行也不等于价值选择、规范选择和行动选择。它变得清晰可见，它"变成了行动中的观念"，而非精神行动**或**言语行**动**（speech act）。道德品行意味着将规范的承诺"付诸行动"，不仅在这种或那种情形中，而是在持续付诸行动。道德品行并不拥有其他的"场所"，而只有伦理才可以；这正是诸多个体在共同体的伦理生活中所**拥有的态度**。一句话，道德品行仅仅是在所有的道德相关行动中被建构、保留、放大或所获得的**道德自律**。道德自律就是选择行动过程的自由，这一过程要与这个人认为是有效的规范相一致。这里，"选择"意味着**介入**（engagement）。一个人使自己介入、致力于并**履行**他的承诺。一个人与他人，为了他人，反对他人而行动。道德自律的这两个**批判维**

【63】

度（无法确证、拒绝某种具体的行动规范），以及道德自律的**积极**维度（代表了抽象的规范、思想，甚至代表了普遍的规范）都是在交互行动中得以**实现的**。

如果我们提及"好人""好的个性""有美德的个人"，那么我们要牢记**道德上自律的个人**。我们相信，这样的人将不会受制于情境、粗俗的意见、他们自己的热情和趋向。没有必要去假定，所有的行动和这样个人的道德选择都是，或最终将是完全受制于其好的个性（character）。然而我们的确要假定，他们大多数的关键行动及其选择，虽然可能并非其全部的与道德相关的行动或选择，但却是善的，并将是善的。也就是说，他们将受制于其道德的个性。说某个人是"好人"，就是某种**根本信任**的言语行动。如果道德自律并不存在，那么这一言语行动（判断）就没有任何意义。

【64】 有时，任何人都会失去自制力，任何人都会在某种判断中犯错误，任何人都会以某种事后诸葛亮式的方式，也即哀叹式的方式而行动。最好的人在这个问题上也不例外。然而一个道德自律的个人并不会将判断的错误"理性化"，而是承认这些错误并为之道歉。它的发生似乎并不是强迫的条件下，而是努力纠正这些行动，因为这一个人的个性决定了他或她的行动是这样的方式，因为善是内在于这样的个体之中。

如上所述，道德自律应该被视为与相对的道德他律和相对的他律共存的。

相对的道德他律是被设定的，其原因乃于，任何道德自律的个人都不能测试和检测**所有的**伦理规范和规则的有效性。即使我们检查规范，并认为它可以为更好的规范所替代，那我们有时也需要根据主体间共享的规范来行动，特别是如果共享的规范是合法的相关联的。例如，我似乎可以为作为道德行动的安乐死提出充分的理由，然而我并不践行这一行动，因为在道德基础上，这一行动遭到其他人的排斥，而且是非法的。更有甚者，如果我们为了他人或与他人一起行动，这些人的规范不同于我们自己的规范，那么我们似乎会自动选择**相对的**道德自律，并决定根据**他们的**规范而行动。一个人可以不同意在教堂结婚而在其他地方结婚，前提是其伴侣的道德意识要求如此。然而在如下的意义上，这些规范和规则不同于我们自己的规范和规则，而且二者相互冲突，**即我们期望它们不应该是有效的，或我们期望它们不应该是被允许的**。一个自律的道德个体是不可能遵守这些规范和规则的。

相对他律并不指向我们自律的规范限度，而是指向非道德起源的**社会限定**。如果我们相信社会限定规定了我们的选择或我们的个性，那么我们似乎根本不能完全解释自律。然而即使社会限定并没有规定我们的选择或我们的个性，那么仍存在着这样的"情形"，即我们的性格在其中被塑造，我们的行动在其中发生。萨特在其戏剧《死无葬身之地》（*Les Morts sans Sépulture*）表明了这一点。在这一剧本中，所有**剧中人**发觉自身处于死亡般的强制之中：他们只能在对恶和死亡的羞辱的服从中进行选择。最终，他们所有人都选择了死亡，然而每个人选择死亡的方式，即**他或她自己的死亡**方式则各不相同。毋庸置疑的是，所有决断中最难以承受的、最困难的，则是理论层面最容易解决的问题，因为下决心去死，类似于退入一个纯沉思的世界，这一意义就在于它是从后来的行动中退却的。这里我也可以转向康德的模式例子，即在某种选择的情 【65】境中的撒谎。康德在如下观点是正确的：撒谎是由于如此规定的情形与绝对的道德自律相冲突，但它并不与最大的道德自律（它总是相对的）相冲突。"撒谎"是异于一个好人的道德特征的，然而在相同的程度上，甚至更大的程度上，如果这个人面临的选择与他或她的道德特征相冲突，那么好人仍可以撒谎。当然康德为（相对的）他律辩解，否则必然命令（imperative）将不是**绝对命令**（categorical）。但是康德排除了情境选择的问题，即强制条件下的选择，认为它是无关的。然而恰恰是在社会强制条件下，我们的行动必须是自律的道德存在者，必须是一个在这样的强制条件下而行动自律的道德存在者。

柏拉图的格言是宁受冤屈也不冤枉他人（it is better to suffer wrong than to wrong others）。显然，这样的选择只能存在于社会强制之中。任何人都不喜欢受冤屈。受冤屈是他律的状态，因为在受冤屈之中，我们是依照他人"而行事的"，因为其他人施加于我们自己不愿选择的某些事情，因为有些事情是强加于我们的，而它们并非源于我们的性格特征。然而即使在受冤屈与犯错（committing wrong）之间的选择是他律之中的选择，**选择本身**在道德上也是自律的，而且完全如此。如果我选择宁受冤屈也不犯错，那么我做出这一选择乃出于我的道德自律。

"宁受冤屈也不犯错"这一说法是不能得到证明的。能被证明的仅仅是这一点：存在着这样的人，他们宁愿受冤屈也不犯错。这些人是在**道德上被称为善**的人。道德上的善是所有这样的男人和女人，在其**实际的**日常生活中，他们承诺**兑现**所说的**真理**，即宁受冤屈也不犯错。

通过把**道德自律**定义为最大的道德自律，我就此打住了。如果一个人（他或她）宁愿受冤屈也不诽谤他人，那么这个人在道德上就是自律的，因为对他或她而言，宁愿受冤屈也不犯错。我们甚至难以把道德的恶想象为道德上自律，因为一个在道德上的恶人必然选择诽谤他人而非遭受冤屈。恶可以被视为相对自律，但不能被视为在道德上自律。对道德自律的定义也就是对好（诚实）人的界定。①

因此道德自律（作为诚实的善）与相对的他律是彼此预设的。这并不是说在为社会和其他强制进行辩护。相反，对立面就是这种情形。道

【66】 德上自律的人是挑战社会约束的人。他们"掏空"了社会统治和权力的合法性。他们是抵抗的真正英雄。

我并不能总过分强调道德自律（道德自律的"观念"）是优秀的实践。那些把这一断言，即"宁受冤屈也不犯错"视为真理的人，当遭受

---

① 如果欺骗包含着对某个人（而这个人做出决定的自由是不应该受到妨碍的）（根据道德规则和规范）自律的削减的话，那么说谎、欺骗和借口都被看作道德抵抗。许多文化，诸如我们迄今为止的文化，依然允许对儿童的欺骗，但是欺骗敌人一般被看作恰当的。有些游戏在其规则中会包含一些典型的欺骗或者借口的形式。既然每个人都被假定为了解规则，那么"根据规则欺骗"或者"根据规则伪装"并没有削减游戏者的自律，他们就没有被欺骗。"仁慈的欺骗"，向某人隐瞒真相或向某人撒谎，以便减轻此人所受的震惊、悲痛或者死亡的恐惧带来的痛苦，这总是一个道德上模棱两可的行为。至少，它包含着对真实规范产生的损害的两种道德规范之间的有意识的选择。如果讽刺人的行动者带来了被讽刺人的自我醒悟的话，那么**讽刺的**借口就是被允许的。其观点具有讽刺意味的人就变成无判断力的，并且，其结果或许是发现他的或者她的方式是导向更大的自律。同样，其不真实性被看作虚假的人，或许由此达到真实性，因此增加他的或者她的自律。然而质疑抽象价值的有效性和一般、抽象道德规范的有效性，对于道德自律而言，被看作有害的和破坏性的。

闲言碎语时，他们宁愿惹事也不愿遭受冤屈，这些人在道德上**并不是**自律的，而是他律的。那些把这一断言，即"宁受冤屈也不犯错"视为真理的人，他们从所有类型的行动中退缩到纯沉思的孤寂中，这些人在道德上既非自律的，也非他律的，因为对善的沉思冥想的同情，看起来虽然颇有吸引力，但它却是不置可否、模棱两可的。

第四章　责　任

　　行动者总是要负责任的（responsible）。用歌德的话来说，行动者总是有罪的，只有旁观者是无辜的。这个前提应该真正地被解读为许茨（Schutz）给出的观点：纯精神行动（acts）是可逆的，但行动（action）则是不可逆的。在我们开始行动之前，当我们仍停留于沉思阶段时，一切都还可以有解。行动过程则使可逆的变成了不可逆。一旦开始了某种行动，那么它就处于世界之中，结果就强化了他人的行动，或与之相冲突，而且我们也难以控制。所有源于某种行动的行动，即源于**意愿的活动**总是**在先的**。在我实施行动之时，我们创造了先例。我们必须要对我们已经建立的先例负责。责任伴随着所承担的义务。源于对我的行动的某种行动担责，首先要回答如下问题："谁做了这件事？""我做的。"或是针对这一问题："你已做了这件事或那件事吗？""是的，我已做了。"无论这一行动是否有价值，在道德上是否相关，是否有争议、错误、犯罪或邪恶，行动的践行者总是负责的，而且所有其他条件都是相同的，都**同样如此**。然而日常语言使用者通常将"责任"与"错误行动"关联起来：在与应受到谴责的行动中，他们谈及了责任。而且如果不是正确的，那么这一概念的片面使用将符合这一目的。很少有人不愿意为这样的行动负责，即他们和其他人都认为这是值得称赞的，或在道德上是毫不相关的。由于美德或有价值的行动并不是某种必须通过某些形式的赔偿来解决的债务-罪责，而是一种应当被**其他人**兑付的信用，因此在美德问题上拒绝担责，要么不是一个道德问题，要么是多余的行动。虽然

"责任"概念转向具有"为伤害他人负责"的意义，但人们把善的行动**归因于**行动者，这与将它归因于不端行动的行动，在程度上是一样的。将某种行动归因于某个行动者，也就等于"认为某人该负责"的意思。

　　然而根据定义，所有的行动者都应该为其行动负责。这一责任的**量**

和**质**都不是建立在行为的意愿特征的基础上；毋宁说，两者都建立在其他几个因素的基础上。这里的主要问题并不是这个行动是否归因于这个人，而是这个行动的**消极方面**是否归咎于这个人。造成这一消极方面的原因是否源于行动者的特征、来源于他或她的性格特征——这是第一个问题。这个人了解行动的真正含义吗？践行的行动是否受到了错觉（delusion）或幻觉（illusion）的影响？这个人的行动是否处于不正常的紧张、强迫或反常的社会或个人压力之下？是故意违反这一规范的吗？如果这样，其目的是什么？这个人如何，以及在多大程度上能做得更好？这些类似的问题都与**自律性**相关，**但与道德自律并不必然关联**。如果一个人格外追求他或她的个人利益，并一直用强烈的意志来压抑其道德的趋向，诸如同情和移情，那么这个行动者虽然**不是道德**自律的，但却是相对自律的。因此出于自我利益而构成的冒犯可以被完全地归咎于一个行动者，然而同样的冒犯，如果是在社会强迫下而导致的（相当程度上的他律），那么这就不能完全归咎于另一个行动者。

责任的量和质是建立在自律的存在或不存在的基础上，这一前提是不言自明的。但至于所有的不言自明之理，它只是最大限度的真，因为它是已经形成的高层次的抽象。我马上会从各种不同的角度，将这个问题具体化，但首先必须简要地考察一下责任的**类型**问题。

在讨论责任**类型**时，除了责任的**类型**和**数量**重合这种情况之外，我将暂时不探讨责任的量和质。

责任的两种主要类型是**回溯性的**（retrospective）责任和**预期性的**（prospective）责任。在回溯性的责任中，名词总是单数的，至于预期性的责任，名词则可以是复数的。哈特将第二种类型的"责任"定义为"担责"（being in charge）。

在第三章中，我描述了责任**事实**，我仅仅探讨了**回溯性的**责任，并不是因为我相信其相对于预期性责任的系统性的重要性，而是因为**我们** 【69】仅仅对已做的某些事情**负责**（或当我们本应做而没有做）。如果责任被用作一个**道德术语**，那么**使某人**担责总是回溯性的事情。当然所有的道德概念都被用来强化统治并使之合法化，而且"责任"也不例外。（过去）人们被迫**为生**为奴隶、女人和驼背而担责。但在真正的（道德）使用中，一个人只能为行动或为放弃某种行动而**担责**。

每个人都应该为他或她的行动而承担责任，如此，回溯性的责任就是**一般的**。但并不是所有人都具有预期的责任。这种责任是某种**特殊的**责任。如果某人占据了某个特殊的**位置**，那么这个人也就担当了与这个位置相伴的"责任"。**复数的责任**（responsibilities）就是**义务**（obligation）。①一个人可以被选至某个位置，或为某个位置而选；一个人可以自愿地谋求某个位置，也可以继承某个位置（position）。但无论这个人是被推选还是被挑选，无论他是自愿的还是继承的，这个人同样都得致力于践行所有与这个位置相伴随义务。如果这个位置是体制化的，那么义务就采取了具体的规范和规则的形式。如果它不是体制化的，例如，如果一对父母自愿地照料当地户外活动的孩子，对义务的界定仅仅是概要的，然而这些义务仍然存在。虽然别名为义务的"责任"可以是纯常规性的问题，但预期的责任也可以要求一种关于超越在某种未曾料到的偶发事件中的义务的**承诺**（promise）。预期的责任是"向前看的、为了未来的责任"（responsibility towards and for）。一个船的船长就是"主管"，他要为船上的所有旅客负责任，而且他的义务既包括了日常惯例性的工作，也包括了在某种极端情形下应该遵守的**规范**。（例如，在船遭遇海难时，船长是最后一个离开船的。）或者，如果发生了某些未料到的事情，如爆发了传染性疾病，那么船长仍应该确保所有旅客的健康，虽然这样做的时候，他或许并不能"照本宣科"（by the book）。这里，旅客虽然要为他们的行动负责（包括放弃他们本应践行的行动），但他们并没有任何的"责任"。跳到救生艇的成年旅客将孩子弃之不顾，的确要为其行动而担责、受罚。然而如果船员们也如此行事，那么其责任会更大，而

---

① 葛维慈（Gewirch）讨论了一种情形——契约的情形——义务与承担某一职位的责任不相关。葛维慈争辩道，债务人对债权人具有**义务**。如果你利用了自己的信用，那么你的行为就像一个人占据了一个位置那样。事实上，你确实占据了一个位置，也就是债务人的位置。你承担了与这一位置相伴而生的责任（偿还债务的义务），然而你并不为任何一个特定的人"负责"。这是一个"极限情形"。在绝大多数契约情形中，"承担义务"意味着"负责"（诸如具有一个婚姻的契约、所有种类专业和职业的契约）。如果每一个加入契约的人，同时要负责的话，那么每一个订立契约的人确实是要负责的。这是"社会契约"理论的潜在含义。

且责任种类也不同：这个人不仅违反了道德规范，而且违背了义务、一种无条件的**承诺**（这样的一个人不仅承担某种责任，而且承担"诸多责任"）。

由此我们不应该得出结论说，某些人担当责任，即独有的责任，而 **【70】** 其他人则无须担当预期的责任，而只有回溯性的责任。这两种主要的责任并不是被"分配给"两类不同的人。今天，所有人，或者说几乎所有人都担当某种责任，别名义务，而且通常不仅仅是其中的一种责任。某种程度上，这些是一系列的义务，它们都地位相当，并且如果它们的地位不同，那么这一点就不能从它们的义务中产生，而这些义务关系到因**位置**产生的各种不同义务的**后果**。"**后果的位置**"（position of consequence）与义务相伴随，违背义务则将带来最严重的**后果**。但我们后面会讨论这个问题。在某种类似于船员的位置，我们的责任在哪里呢？如果我们不承担任何责任，那么我们就像旅客一样。我们所有人既是某个特殊船员（或几个船员）的成员，同时也是旅客；因此我们所有人都承担着某种责任（或大或小的后果），而且我们所有人都践行着的行动，无论怎样都与我们的义务没有任何关系。因为对于后面那种类型的行动，从回溯性的角度看，我们才应该担责。

这两种主要的责任类型的区分是如此的古老，如此的理所当然，以至于其经常被忽略而未加考察。当该隐（Cain）回答上帝的问题"你弟弟亚伯（Abel）在哪儿呀？"时，他却反问道："难道我是我弟弟的监护人吗？"该隐拒绝承担他**预期的**责任。他宣布，他不是他弟弟的监护人，前提是他放弃了寻找走丢的弟弟的责任。但事实上，他被问及的是他的回溯性的责任，即针对其行动的责任（在此情形下，他杀害了他的弟弟），此时，他肯定对看护其弟弟的义务漠不关心。当雅各（Jacob）的儿子们有了杀死兄弟的念头时，鲁本（Reuben）① 通过诉诸他们预**期的责任**而躲避了谋杀者：上帝已经把约瑟（Joseph）交给他管教。在这一意义上，暴君就是一个罪犯，他对他的子民为非作歹。

如上所述，回溯性的责任是首要的责任，即使责任是预期性的。然

---

① 《圣经》中雅各的大儿子。——译者注

而如果预期责任也是这种情况，那么**不做某种本该完成之事**，几乎就像做某种本不该做的事情一样，是一种严重的冒犯。当然这一冒犯的严重性是建立在**个性**的基础上的，而且这再次取决于各种不同的因素。在此方面，被忽略的犯罪也不会被仁慈地对待，因为义务通常是具体的：人们**知道**他们的义务是什么。义务也是公众知识，而且人们并不能对其置之不理。否认这样的义务，放弃它们，就意味着完全**了解**，有些本该做的事还没有做，而且它也意味着，其他人也知道这一点。这就是为什么

【71】 放弃某种义务的行动正变成亏欠其所属的共同体（你负责管理的人和置于你管理之下的那些人）的**债务**，因此人们必须对此**负责**。如果在负责管理的人之上存在着某种权威，那么当一个人本该做某事时却放弃了就应该受到惩罚。不仅如此，本该从事某种行动而不去履行就是某种冒犯，这**与结果无关**（否定的结果只会加重这种情形）。

然而至于纯粹的回溯性责任，行动总比不作为更为严重。即使你**在公众眼里**放弃行动也是如此。每一个大脑正常的人都知道如下两者之间的差异：暴打某人与在某个人挨打的时候冷眼旁观。在后一种情况下，你考虑的是你自己的处境（"如果我介入，那么我可能挨打"），这与警察不同，警察有**义务**介入其中。如果你不介入，任何人都不会惩罚你，但是如果你的确介入其中，那么所有人都会赞扬你。在纯粹的履行义务中，并不存在什么美德；然而如果某种行动并非义务而实施了该行动，那么它就是美德。常常发生的是，只有你自己知道，你还没有做你本该做的事，或只有少数几个人知道这一点。如果你注意到你的朋友情绪低落，但由于诸多自私的原因，你决定不与他交谈有关情绪低落的原因，但不久后这位朋友自杀了，而只有你自己知道，你本该帮他而未帮他。你只对你自己负责。在此很容易发现**责任**的种类。如果某种行动并非义不容辞，那么不放弃该行动将被视为美德，这一事实表明了责任的存在（为善的责任，以及最终承担额外行动的责任）。但如果存在着追求善的（美德的，分外的）行动的责任，那么也必然存在着某些不作为的责任。

因此不作为的责任的主要因素（如果责任仅仅是回溯性的）如下：首先也是最重要的是你必须对你的良心做出**回答**，你可以为**置之不理**而

辩护（"我不知道我朋友悲伤的原因，我没有注意到他处于自杀的边缘"），你可以为**自私**而辩护（"如果我介入了那场争吵，那么我早就被狠狠地揍了一顿"）。最后，你也可以就相关的**结果**进行辩护，有如下三种方式：如果我介入了，后果甚至更糟；我不作为的后果并不严重；或者，如果我介入了，结果也是一样的。

可以把回溯性的责任再细分为责任 X 和责任 A。

在所有的共同体中，存在着规定每个人必须如此，或每个人都禁止【72】如此的基本规范。我把这些规范称为"必须履行的责任"（imperatives）。责任 X 就是与违背这些基本规范相关联的责任。我称之为"X"，是因为如果触犯其中的某个规范，那么就发生没有人必须做但却做了的事情；或者，本该人人为之的事情却并没有发生。只有伴随着**命令**规范才是这样的情形，即本该作为而不作为，这与不能做某事而做了某事具有同等的影响。对**静态正义**的命令规范的触犯（如果规范和规则构成了社会的一组，那么同样的规范和规则也必然相应而持续地被应用于所有群体的成员身上），既意味着你做了某件不该做的事，又意味着你没有从事你本该做的事情。因为在赞同某些人、反对某些人的辨别中，你放弃了规范的满足。共同体的所有成员都应该是公正的。我提出静态正义，主要是因为它是在**现时代**引导我们正确行事，而不仅仅不做坏事的唯一的一般性规范。附带责任 X 的且超越正义的一般的实证命令并非**显而易见**（诸如执行我们对上帝的义务的命令，如在《圣经》中所说的那样尊敬我们的父母，或如古希腊知道的那样，参与到城市的政治事务和战争事务之中，甚至如苏格拉底意识到的那样，下定决心证明他此前并没有对这些义务置之不理）。在现代性中，一般否定性的命令规范采取法的形式。任何人都不能杀人或闯进其同伴的家中，凡违背者皆应对此负责。

责任 A 是一个更为复杂的问题。在特定的语境下，当这样的义务对其他人而言不再是主要义务的时候，如果一个人**要么本该践行某种特殊的行动，要么本该放弃某种特殊行动**，那么在责任 A 的基础上，这个人就要为某种行动，或为放弃某种行动而担责。如果一个人被赋予了其他人并不拥有的能力，或处于其他人并不身临其境的情境中，因此，"能力"与"情境"都与**特殊的知识**相关联，那么责任 A 就是这种情形。在特殊知识基础上的能力，以及与特殊知识有关的情境都与实施某种行动的必然性规范相关，这种行动并非所有人都必须践行的（从选择性视角看，如果不具备这样的知识，那么某人就一定不能采取这样的行动）。如果一个拥有特殊知识的人并没有做正确的事情，或事实上他做了错误的事情，那么这个人就涉及了"责任 A"。如果一个孩子落水快被淹死了，那些会游泳的人如果不努力去救他，那么他们就有责任为其死亡负责，而那些不会游泳的人就没有责任。如果职业的拳击手没有介入到某种攻击中，让一个无辜的人挨打，那么他的责任就是责任 A 的形式。如果在内战中一个人获悉犯人正被处死，而且其他任何人都不知道这一消息，然而这个人并没有采取任何行动去制止这一严重的、对战争的公正的侵犯，那么这种不作为就是责任 A。如果某个人在飞机上得了心脏病，而飞机上恰好有一位医生，他对这一消息置之不理、保持沉默，那么他就对所造成的伤害担责，即使他在形式上并没有对这些旅客承担什么责任。因不采取行动而导致的责任 A 的案例（在此，一个人由于缺乏专业知识而本不应行动）就是如下这样的情形：某个人自愿带领一群登山者攀上陡峭的高山。这个人对这一地带的确不熟悉，他仅仅是想炫耀一下，而且由于他经验匮乏而导致了偶然事故。这一向导涉及了责任 A。他并没有克制他的行动。然而责任 A 还具有更多的重要的细节。

在讨论责任中，我还没有提及**美德规范**（virtue norms）。我们可以通过表现出勇气、移情、关爱、值得信赖、仁慈、大方、自由、帮助、真诚、容忍、忠诚等等的行动来实现美德规范。而且我们可以通过怯懦、自我中心、漠不关心、不值得信赖、恶意、小气、偏执、不助人、怨恨、不宽容、吝啬、不忠等等的行动来与美德规范相对立。在复杂的和传统的社会中，存在着诸多由有意义的世界观而非科学观所支撑的基本美德。所有群体的社会成员都应该展示其美德，就像所有成员都应该尽量避免展示其对立的一面（恶）一样。例如，城市中的所有成年男性都应该是有勇气的，或所有的基督徒都应该是仁慈的、谦卑的，并对上帝怀着敬畏之心。合理的假设是，某个具有基本恶意的人就具有责任 A，因为**所有人都应该力避这样的恶意**。然而并没有提出如下这样的要求：每个人都要展现其**所有的可能的美德**（高于或超越基本的或"主要"的美德）。首先，众所周知的是，某种美德是被**设定的**。就像亚里士多德将美德置于捐钱的关系中一样，每个人不同程度上都是自由的，但并非每个人都（在消费上）是"慷慨大方的"，因为巨大的公共捐赠是以巨大的财富为前提的。不仅如此，人人都可以践行宽恕，但并非所有人都可以践行仁慈，因为仁慈意味着对公共职位的拥有。此外，并非人人皆可以践行特殊的美德，而且这也**不是**源于职位的理由。这样的美德是多余的美德。在现代性中，凡是我们难以谈及有关**基本的善与恶**（virtues and vices）的共识之处，美德的规范（或者提高勇气的情况例外）都与责任 X 无关。然而与麦金泰尔的看法相反，我们仍然是在善与恶的基础上来思考的，因此我们学会了诸多重要的道德概念，这些我们在日常生活中最经常使用的道德概念就是**美德概念和恶的概念**。【74】

然而即使所谓的"基本的"善与恶也都涉及责任 X，这是仅就如下一点而言的，即善与恶被认为等同于**具体的行动中的展现**。例如，不接受挑战就是怯懦。所有贵族都应该接受挑战，不接受者就是胆小鬼。但是，一旦善与恶被视为**条件**或行动的**动机**，那么对行动规范或对美德规范的触犯并不会完全相碰撞。在与预期行动的关系中必须谨慎小心，越是如此，就越必须运用判断的权力来做出正确的决定。换句话说，一个行动越**特殊**，它就越难以完全地使美德或恶具体化。因此善与恶将被视为"性格特征"（character traits），它不同程度地影响**判断程序**，并直接或间接地影响行动。

在行动中要求善与恶，即使它们与个体的"先天的基因"关系密切。虽然如此，但**在相同类型的行动中**并不要求所有的善与恶，虽然一种行动中所要求的某种美德可以被转移到践行另类行动中。不仅如此，善与恶并非"无所不包的"。一个人在战场上勇猛无敌，但在其长官面前却小心胆怯。一个人可以对家庭成员彬彬有礼，但他对世界上的其他人却可以很残忍。在与实践着的美德相关的某种功用性的差异中并不存在什么特殊的现代性，即便亚里士多德也提到了这一点。然而由于在现代性中各自独立领域内史无前例的差异性（稍后讨论这一进展），所以，将美德分裂为具体领域的亚美德在最近的几百年内已获得了动力。除了在日常生活之外，要获得全面的美德已经变得越来越困难了。即使如此，这种难以实现全面的美德也并非完全遥不可及的。我们仍可以在担当某种行动的责任与践行某种美德规范的责任之间进行区分。因此担当善与恶的责任几乎就毫无例外地成为责任 A。

【75】　　承担我们所谓的"性格特征"的责任是一种次属的自律，然而在这一语境下，自律仍是某种**分外的**问题、一个复杂的问题。例如，在某种相当大的社会约束下，一个人作恶，那么他一定被视为非自律的，而且他对其性格所担当的责任则被认为是缩小的责任；然而在良好的社会环境下，这种责任就变成了全部的责任。重大的遗传缺陷或有关的匮乏也同样如此。如我们所知，道德自律与相对的他律是彼此预设的，然而如果他律仅仅具有轻微的相对性，那么任何道德自律的匮乏并不能作为个体责任归咎于某个人。尽管刚刚提及了一般他律的案例（严格的社会束缚或重大的遗传缺陷）削减了一个人为他或她的性格所担当的责任，但是道德他律的情形反倒加剧了这一点。这种情形下，人们无谓地遵循一切具体的规范或命令，或缺乏意志力，或将权力目标、财富和快乐置于其他一切之上。

　　然而责任 A(就善恶而言) 与责任 X 相关，这恰是康德在其《道德原理》（*Doctrine of Virtue*）的语境下探讨的问题。康德诉诸规范，而且不管我们遵守或没有遵守美德规范的内容，他都将其作为一种必然命令应用于我们所有人身上。这一必然命令就是**"认识你自己"** （know thyself）。认识你自己就是一种**道德**命令。它并不规劝人进入那种经常堕入自恋的持续性的自我反思。它说的是"认识你自己的善与恶！"当然人们应该为其自身的善与恶负责，而且如果认出了其中的恶，那就可以对它加以改正。然而"认识你自己"这一必然命令还有更多的含义。如已指出的那样，对某种性格所承担的责任与对某些行动所担当的责任**并不重合**。然而如果一个人可以区分他或她的恶，以及这个人难以超越的美德，那么他或她在行动时就可以认为这些恶似乎不存在。因此就可能通过自我认知而使问题的性格特征，以及完美在某种程度上的难以实现变得中立化。如果这个人感知到仍然保留着某种难以控制的否定的性格特征，那又会怎样呢？由于某些恶（包括某些善）在特定的情形下变成主动的，而且这些恶并不皆是"无所不包的"，所以，人们仍可以选择**不进入**这样的情境中，在那里，剩余的恶逃脱了控制。如果一个人认识到他或她没有爱的能力，这个人就不应该接受另一个人的爱，也不应该结婚，不应该有孩子。如果一个人感觉到他或她的性格中有某种根深蒂固的恐 **【76】**
惧，那么他或她就不应该加入地下（抵抗）运动，即使他或她与所有成员的观点完全一致。如果一个人意识到其对权力有一种难以遏制的渴望，那么他或她就应该规避接受过多权力的状况。以这样的方式来行动就是处于每个人的权限之内。

*　　　*　　　*

至此，通过**共时性的模型**，责任类型已经被典型化了。**道德品行**的观点一直被设定为责任的构成成分，因为我们不断地强调，一个人从有利于他人的视角拒绝某些规范，主要是抽象的规范，并通过将某种新的实践意义或相关性赋予某些传统规范而对这些规范加以重新解释。然而在讨论责任时，预期或回溯，X 或 A，一个"道德品行观点"的最关键问题一直没有被触及到。在一个人已经拒绝了某种道德规范之后，当他为了道德理性而预先触犯了那种规范时，那么这个人担当何种责任呢？要讨论这一问题只能通过**历时性**的模型，这一**道德变化**的模型起码涉及两方或两个群体：一方维护传统规范，认为它是有效的，另一方不认可这些规范。对其中的一个群体而言的冒犯、犯罪或罪恶的行动，则阐明了其他群体视野中最崇高的优点。对第二个群体而言，第一个群体的美德规范根本就不是美德规范。"谦卑不是美德""懊悔不是美德"，斯宾诺莎这些话否定了传统基督教的**基本的**（共同认可的）美德。下面我将不讨论历史上的这些一般问题及其道德实体的相关性，甚至不讨论在抽象的道德规范和具体的道德规范之间的矛盾，而仅仅讨论在道德实体变化的基础上的责任问题。

首先，我重回到**预期的责任**。如果我在"负责"，那么我就有责任和义务。我必须成功地履行这些责任。不尽任何义务涉及了某种回溯责任日益严重的情况。现在我要补充的是，**除非**具备如下条件，否则就没有任何真理可言。这一条件即我通过诉诸道德原则、观念或抽象规范，这些**颠覆**了我的义务的道德内容，因而我拒绝履行自己的义务：表现为善的东西现在看来则是恶的。这一行动可以从两方面来看。那些将我置于"担责"位置的人，以及所有那些相信义务是善的人，都将认为我的行动是一种**背叛**。那些与我观点相同的人，即认为义务缺乏善，义务已变得与善不相关，或义务甚至是恶的，那些相信我的行动是有利于我对其负责的人们而违背了这一义务的那些人，则将我的行动视为**分外的**

【77】(supererogatory)。路德（Luther）结婚并因而反抗罗马天主教牧师的义务。在第一次世界大战期间，有些军官允许其士兵与敌方结拜兄弟，搞好关系，进而公然违抗其义务，因此促使了战争的突然结束。在纳粹的统治下，那些伪造假文件帮助被迫害的犹太人的人则违反了官员的准则。易卜生的女英雄诺拉，为了确证个性的自我而拒绝为人妻和为人母的义务，作为一个人，她代表了所有那些同样行事的女性。所有这些行动可以是、也的确可以被视为上述提及的双重的方式。

选用这些案例是为了举例说明这里的关键性的内容。显然，从开始这一选择就涉及了从某种思想、原则或某种抽象规范的角度对义务的反抗，这一选择恰好就是我所描述的那种选择，即**"把我们的机遇"当作我们的命运**。有趣的是，马克斯·韦伯提到了某种以把握我们的机遇的姿态为前提的独特的伦理，并把它称之为"责任伦理学"。由于所有可能的伦理都是责任伦理，所以，人们可能发问，马克斯·韦伯为什么把作为**具体差异**的责任赋予那种相对稀少而有争议的行动模式。在马克斯·韦伯看来，责任被视为行动的结果。无论对这些结果是否存在着初步的反思，一定都会通过那些"把握了机遇"的人，而且只能是这些人产生**这种**结果。在此情况下，真正相关的就不是我们简单或主要的特殊行动的结果，而是**价值选择**自身的结果。如果构成了反抗我们自己义务观的规范、价值或原则，证明并不高于所界定的义务规范（在形式上和内容上），那么从**连续的**视野看，我们的行动就不是分外的，而是在道德上有争议的、有问题的。如果构成了反抗的有利观点的规范、价值或原则，在形式和内容上，甚至仅仅在实质上证明了其**低于**所反抗的义务的规范，那么这一行动就是**恶的**，而且这个人将被后辈视为这个恶的心腹。在此，这一问题就是**恶的准则**（evil maxims）的问题。然而如果"把握其机遇"的行动者这样做是在这样的准则的基础上，即与遭到反抗的准则相比，证明是在形式上**更高**（更一般、更普遍），而且至少是更为平等（同样是善的）的实质的基础上，那么这一行动就标志着发生于其中的社会生活的某一方面的**道德进步的开始**。这就是人们可以"把握其机遇"的条件。如果这样做，他们可以将某种新的善或新的恶引入 【78】世界，那么有关的责任就是巨大的。因此我将这种责任称之为**重大的责任**。① 如果某人并不确定他或她所选择的价值代表了比所反抗的义务更高的价值，那么这个人就不应该承担"重大的责任"。如果义务的规范内容是向公众话语开放的，那么总是介入这样的话语是明智之举，等待其结果，然后集体地改变某些义务，而不是仅仅头也不回地往前走并触犯之。当然即使在最自由的情况下，也不能够改变某些义务，甚至不应该改变。原因很简单，除了在某些<u>特定的情形</u>之下以外，一切都没有什么问题。只要部队存在，并且发生了战争，人们就不能建议应该放弃对军官的服从。而且在米莱村（My Lai）反抗他们长官的美国人承担了

---

① 在第三章中，我指出黑格尔（在《精神现象学》中，且在后来甚至更为确切地说是在《法哲学原理》和《历史中的理性》中）将道德品行的态度等同于道德品行的分支领域，即等同于"纯粹的"道德品行、抽象的主体性。如果事实确实如此的话，那么**重大的责任**也是事实。黑格尔特别重视抽象主体性的辩证法。抽象的主体性，如果在其自身是抽象的**否定的话**，那么它将被**否定**，注定要失败，与此同时，不管其愿意还是不愿意，对于新的**伦理**的建立都做出贡献，并因此成为这一**伦理**的一个"阶段"（moment）。黑格尔将抽象主体性（道德品行的别称）附属于他的元叙事（世界精神的展开）。对（现代的）抽象道德品行的**冒犯**并非对任何种类的普遍规范或者规范的外在权威所做出的冒犯，而是针对世界精神的展开、**世界进程**的冒犯。道德品行观点的**失败**，是其非实体性的证明。如果一个人承认了解世界历史的（积极的）结果，那么这样的一个解决方案或许是令人满意的。然而如果一个人相信相反的情况，那么一个人对依附于抽象道德品行的美德的判断就必须具有一个不同的基础。在黑格尔的框架中，历史**责任**作为巨大的责任不能被严肃地对待。著名的"受害者的原因"并未使黑格尔满意：他们是自己道德愚蠢的受害者。为了找出受害者的原因是否使我们感到满意，我们需要在其普遍阐释的意义上使用普遍价值的标尺去考察他们的"愚蠢"的**实质**。唯有如此，我们才能确定他们是否对于善拥有巨大的责任，或者对于恶具有显而易见的责任。

"重大的责任"，① 而且这是一个分外的责任。人们不能提出这样的一个普遍规则，即官员应该伪造文件。但 1944 年瑞典领事劳尔·瓦伦堡（Raoul Wallenberg）在布达佩斯散发了数千份伪造文件以拯救被处以极刑的犹太人，他也承担了一种"重大的责任"、一种典型的**分外的**责任。自从《玩偶之家》发表之后，为人妻、为人母的女性的义务已经发生了变化，但像诺拉这样的女性充当了这一变化的急先锋，如果没有她们，那么什么事似乎都不会发生。我们所谓的"非暴力反抗"仅仅是承担"重大责任"情况的亚种。但冒这样大的风险，也要求具有巨大的关爱。② 恰如莎士比亚意识到了这一点一样，他几乎揭示了我们道德伪装的所有方面。朱丽叶和埃德蒙德都拒绝了**孝道**，但朱丽叶是一个女英雄，而埃德蒙德则是一个杀人无赖。

　　"重大的责任"也是责任的历时性模型中最明显的现象。所有的一切都是平等的，一个人越是拒绝"理所应当的"规范，这个人就越不尊重那种遵守一致而有效的规范，进而，一个人自身的责任就变得愈大。

　　然而这里还存在着**明显**相反的情况。假设在一个特定的共同体中，**任何人都不**遵守任何规范，而且这个共同体中，所有人都认可道德规范**自身**是无效的。或者，如果将这一点视为不可能发生的事件，那么我们假定，一个共同体中的绝大多数人都反对传统的道德规范和价值，在此，"传统"代表了规范的遗产的总体，并因而也包括了一般的和普遍的规范。在这样的情形下，责任就不是"重大的"，但无疑更接近虚无

---

　　① 指越战期间美军士兵违抗上司命令，拯救被屠杀的越南平民的事件。1968 年 3 月 16 日清晨，美国一名空军上尉与两名助手驾机执行侦查任务，在越共根据地米莱村的上空发现村外散布着几十具平民的尸体，汤普森向基地指挥部报告了这一情况。经仔细观察，飞机下方出现一支美军小分队正在村里驱赶无辜的老人和儿童，村民住房上方燃起熊熊的大火。汤普森立即指挥着陆，将飞机停在受到威胁的村民一边，招手示意他们登上飞机，同时命令飞机上的机关枪手准备还击那些杀红眼的美国大兵。在这次行动中，汤普森与后来到达的两架直升机一共救起二十多位受伤的越南平民。——译者注

　　② 人们在抓住这样一个巨大的机遇之前必须多加小心，并且，如果可能的话，在行动过程中也需要多加小心。在行动之前，谨慎当然是有必要的，因为抓住一个巨大的机遇就好像梦游：一旦开始你的旅程，你就跟随着某种近乎无意识的精神状态的路径，被一种好的或者病态起源的准本能所引导。**行动过程中**也需要谨慎，因为抓住一个巨大的机遇就好似走钢丝，你最好步步小心。

或看来与之类似的东西。由于这样的情形只能发生在现代性中，那么我 【79】
们就不奇怪巴尔扎克发现了问题。他问道："谁应该对集体犯罪担责？"
他回答道："**没有人**对此负责。"（我们要记住这一点，巴尔扎克在此谈
及的是集体**犯罪**。）然而只有当某种罪行被视为犯罪时，它才能构成犯
罪。犯罪的人并不认为这些罪行是犯罪，因为他们并没有任何的标准从
恶中区分善，那么由**谁**来界定那些行动是犯罪呢？谁来提供这样的标
准？它是怎样的标准呢？如果上帝是这样标准的提供者，那么在我们这
个时代，它们就不可能存在，因为现在上帝已经被抛弃了。这个标准是
我们先辈的标准，就像巴尔扎克所相信的那样吗？或者，它是那些并没
有参与集体犯罪的同辈人的标准吗？或者，它是我们后辈的标准吗？抑
或是刚刚提及的每一个和全部的问题吗？但如果我们相信存在着这么一
个标准，而且必然有这么一个标准，那么我们就难以想象集体**犯罪**——
那么这一点是否是真的，即没有任何人对集体犯罪担责？在这样的语境
下，"责任"概念意味着什么呢？

的确，如果没有人必须为集体犯罪**担责**，如果没有人问这一个众所
周知的问题——"你的兄弟亚伯在何处？"那么任何人都不应该为此负
责任。对于希特勒及其支持者而言，这个问题是一个事后（posteriori）
被提出的问题，那些幸存下来的主要罪犯必须回答这个问题。就其他一
些刽子手而言，这一问题从来就没有被问过。

然而就像上述所指出的区分那样，"没有人对集体犯罪担责"这一
说法是真的，其唯一的前提是在共时性模型的框架内来看待"责任"。
如果我们切换到一个历时性的模型，那么"责任"就显现为新的意义。

集体罪行从来都不是由特定群体的所有成员共谋的，或是在同样的
程度上，由所有的行动者犯下的罪行。

让我们首先考察一下第一个陈述。如果我们假定所有复杂社会中道
德品行是存在的，而且我们应该假定这样的存在，那么我们**知道**，即使
在经验的证据都难以获得的地方，有些人也总是**怀疑**某些规范的有效
性。凡是在这些质疑发生的地方，这一事实，即**任何规范都与一种或另
一种行动不相关**，也会受到质疑。从道德品行的角度看，我们不仅提出

了某些规范难以确证，而且我们提出了某些规范的确证难以看得见。由于这里分析的是现代世界，公平地说，受支持的传统规范和所提出的新规范，均与**普遍**价值和普遍的（抽象的）规范相关联，或与之相和谐。从我们的观点来看，即便不存在规范性基础上拒绝集体犯罪的那些人，集体罪行也**从来不是共谋犯下的**，甚至在那些行动**已经构成犯罪**的地方也不是共谋犯下的。诸如此类的人通常会被边缘化，有时会受到惩罚，而且几乎总是在"集体犯罪"的社会中受到孤立。以同样的方式，他们必须对不成为罪犯而担责，就好像他们是罪犯一样。有时，集体罪行中的非参与者也会受到惩罚（在斯大林的统治下，常常出现非参与者的自愿死亡）。有时，它仅仅意味着决心去做自己认为是善或高贵的事情。这两类人都把握其机遇，他们都担责——为善而担责。然而在集体罪行中承担善的责任**并不像**我们在共时模型中遭遇的那样（按照我们世界规范的形式来正确处世），是一种相同的承担善的责任的形式。这一责任是一种被视为踩在脚下的善。它是一种使善复活的责任，它是一种为世界而担当的责任。正是这一理由，我将这一责任称为世界–历史的责任。"重大的责任"和"**世界–历史的责任**"可以相互重叠，虽然它们形成了两种明显不同的"历时性"责任。

现在我们仔细地看一下第二种观点——并非所有人都在同样的程度上共谋集体犯罪。道德规范是与其应用共生的；非道德规范也如此。有些人并不完全愿意充分采用恶的准则。他们在倾听其道德意义和道德感（这些并不是主要的原则）时给出了例外。其他人通过放任他们最坏的趋向而作恶多端。纵然被视为整体上的集体犯罪被归咎于某个特殊的人群，但他们也不可能被同样、同等程度地归咎于这个群体内的单个行动者。我已经将这一责任归因于行为的意愿特征（"我做了此事"；"我就是做该事的那个人"）。每个人都通过意愿行动而从事他或她的事。只有你作为一个人所做的事情才会完全地归属于你。与此相反，人们可能争辩说，在一个集体犯罪的氛围中，更多的是一种幸运而非意愿决定的结果，无论一个人是否变成了杀手、杀人的帮凶，或简单地被视为一个死亡的见证者。但这是一种错误的、不相关的争辩，原因有二：其一，

【80】

无论是否是偶然的，抑或是深思熟虑而做出的决定性的结果，做好事（或不让做好事）只能归因于真正做该事的人（不属于真的没有做该事的人）。其二，如果我们把所有有关行动者的特性视为**始终**是"道德不相关的"，那么不参与集体犯罪可以被**纯粹地**视为某种幸运或机遇，而且从来就不是这种情况。**位置**责任（positional responsibility）（"责任A"）存在于所有这样的罪行归咎于"集体行动者"的情形下，也就是说，归咎于一群人。位置责任的担当（领导人的角色）来源于选择，而且一个人要对这一选择负责。最后，集体犯罪是被发动**起来的**。无论是否知道这个始作俑者，抓住他或发现他，或不知道他，这都不重要。如果根本就没有"发起"，而且没有始作俑者，那么就不存在集体犯罪，即使回溯性地看也是如此。

【81】

在集体行动者中占据权力位置的那些人，特别是那些集体犯罪的始作俑者，他们所"冒的风险"与那些反对如此犯罪的人在程度上是一样的。在这样做的时候，他们同样也得担责——为恶而担责。存在着使恶复活的责任，而且这是为世界而担当的责任。正因为如此，我也将此种责任，即为恶而担的责任（responsibility-for-Evil）称之为"世界–历史的责任"。为恶而承担的"重大的责任"（通过恶的准则的行动），以及为恶而承担"世界–历史"之责（集体犯罪的始作俑者）可能相互重叠，但仍然存在着两种明显不同的"历时性的"责任。

谁对集体的犯罪负责？谁都不负责吗？**所有人都负责**，然而每个人所担当的责任在程度上并不相同。集体犯罪的始作俑者为恶承担着"世界–历史的责任"；他们的跟随者依据自己的、个性的、意愿的行动而不同程度地担责，每一个人都为他自己或她自己的行动而担责。不参与犯罪行动的人并不为这种罪行而担责，① 但仍是有责任的。但少数为善而承担世界–历史之责的那些人，以及那些在黑暗时代不允许道德之光被彻底吞噬的人，可以为在他们之后即将到来的世界担负起这样的永恒的

---

① 我将这一区别归功于雅斯贝尔斯，他提出了如下问题：德国人是否作为整体为纳粹罪行负责。雅斯贝尔斯的回答是，实际的罪犯要为此负责，且其他每个人是有责任的，但不负责。

使命，也就是说，因为他们的缘故，纵然旁观者的轻微犯罪也是可以原谅并被遗忘的。如果不是因为这样的人为他们自己和其他人而经受磨炼和苦难，那么我们如何能知道是什么样的人才能下决心去追求善？

第五章　后果问题

【82】一方面是共时性的（synchronic）和历时性的（diachronic）责任模式之间的区分，另一方面是责任 A 与责任 X 之间的区分，由于这两种区分揭示了责任的质和量的某些方面——当然不是所有方面，它们就成为做出道德判断的指导方针。显然，那些自愿担当特定职责角色（position）的人和那些"抓住机会"规避这种职责的人，或者否认他们的世界一切传统规范的人，无论如何，他们比其他人负有更大的责任。然而这一关联甚至要比它看上去更复杂一些。为了理解这一问题的复杂性，我们需要对道德哲学中的某些传统问题进行仔细考察。一个人是否要为一种行动后果负责和在多大程度上负责，无法预料的行动后果是减弱还是加重了对行动者的道德判断，行动者是否先于行动对可能的后果进行了评估，个人是否能提出指导方针和原则——对这些原则和方针的遵守或许能够保证好的结果或者至少是可以接受的结果。这些问题尽管有区别，但都是相互联系的，它们的共同特征是具有特定来源的**暂时性**，我将称之为"凝固的暂时性"（congealed temporality）。行动是决策的结果，决策是深思熟虑的结果，特定类别的深思熟虑是我们性格特征的结果，等等。然而此处这种正处于考虑之中的暂时性，将这一**过程**（flow）与单纯的时间因素结合在一起，**即行动的绝对当下**（absolute present of the action）。行动从一开始就影响着这个世界（如果这种开端能被追踪到的话），并且这种对世界的影响一直持续到它的终结，直至这一行动全部完成（同样，如果这种终结也可以被追踪到的话）。这种【83】影响一直存在，在行动者可控或不可控的情况下加速或者延缓、增加或者减少，并一直存在于行动过程的始终。所谓的"后果"这一术语是将这一稳定的过程凝固为一个所谓的"最终结果"的状态。然后，这一"最终结果"被追溯到特定的行动，也即"正在进行的行动"的凝固的

绝对当下——而且在两个凝固的"环节"之间的**因果**顺序就被建立了。因此最终结果(凝固的未来)与行动(凝固的绝对当下)是联系在一起的,因为后者是作为前者的**充足理由**而存在的。

如果没有这一凝固的暂时性的范畴和因果程序,那么就根本不会考虑任何有关后果的特定责任。一旦我们对凝固的绝对当下加以"去凝固化"(uncongeal)或者"去同质化"(dehomogenize),以便在性格、故意、决断、选择、行动等诸如此类之间进行区分的话,那么我们就在进行道德判断中引入了对意图的评估。通常,我们都会执行这两种判断程序,因为我们从凝固的暂时性的判断立场转向对绝对当下的"去同质化",仅仅是为了由此再转回凝固的暂时性的判断立场。公正的道德判断源自判断立场之间的不断转换,因为我们不能同时对绝对当下加以凝固和去凝固化。凝固化的**未来**也可以在对一些持续循环行动进行结果评估的某个过程中得以去同质化,因为这些行动早已经被凝固在最终结果里。我们这样做的意图是对成分(factors)而非对行动者进行评估,这些因素也导致了行动最终结果的产生。因此我们必须对最终结果进行剖析,分析其复杂性,并将它置于多样的因果链条之中;但话又说回来,我们又必须返回并以凝固化的形式看待最终结果,否则,我们将不再面对特定行动的最终结果。如果没有这一"反复的"模式,那么我们的道德判断就不可能是**公正的**。显然,同时对结果进行凝固、去凝固化或去同质化是不可能的。那么,对绝对当下加以凝固与对最终结果加以去凝固化之间有什么区别呢?第一步必然是依据**自由**规定责任的**质**,第二步是依据**因果性**规定责任的**量**。好心办坏事与蓄意害人的错误行动是不可同日而语的。然而如果伴随前者而来的是毁灭性的危害,伴随后者的是微不足道的危害,那么前者中的责任的度(量)也要大于后者。反之亦然(好的结果可以分别源自善的意图和恶的意图)。

【84】

我将行动视为凝固的绝对的现在时,将某个行动后果视为凝固化的最终结果,也就是将来时的一种别称。然而责任可以被视为对结果的担责,并且人们可以为后果负责,这种负责可以是预期性的,也可以是回溯性的。在两种情况下,我们都做出了判断,但性质却不同。

　　如果某种行动的凝固化的最终结果是过去时的，那么基于后果立场所做出的道德判断就是**回溯性的**（就哪些后果可以被看作最终结果而言，虽然这还是一个判断的问题）。这是"密涅瓦的猫头鹰（owl of Minerva）"的立场：后果早已被设定。我们无须再考虑最终结果的真实性，因为我们熟知其真实性，对于其他人而言也是如此。对我的行动后果负全责可以概述如下："这是我行动的结果，任何责难由我承担"；或者"这是我行动的结果，我享有所有的赞誉。"这样的说法表明，我们直面**这些行动**，即**意愿行动**。因此"谁做的?"这一问题应该用下述直接的方式来回答——"我做的"或"你做的"。

　　如果某种行动的凝固化的最终结果只能诉诸将来时，那么基于后果所做出的道德判断就是**预期性的**。换言之，最终结果还未被设定。我们对它一无所知，因为未来是不可知的，而这也正是我们要试图估量它的原因。行动者总是试图在开始一种行动之前就在脑海中勾勒出其可能的后果。对可能和不可能后果的估计就包含在这一深思熟虑的行动中。对这些后果承担责任可以概述如下："我已考虑到我的行动所能预见的后果，因此我会抓住机会去这样做。"因此行动者同时做出了**现实**和**理论**上的判断。现实判断是基于结果而做出的（正如回溯性的判断那样）；理论判断则是基于形势和行动所引发的因果链条而做出的。理论判断可以被证明是错误的，而不需要现实判断也同样是错误的，反之亦然。由此，如果做出判断的人和被判断的人对预期结果的评价是一样的话，那么**使某人**对行动的预期后果**承担责任**也可以解释如下："由于你已经认识到（或没有认识到）你的行动的预期后果，因此你所做的是正确的（或错误的）。" 【85】

　　但如果这一评价并不为大家所认可，那会怎样呢?

　　不管判断是回溯性的还是预期性的，我们必须而且确实对最终结果做出了评价。我们对一个人行动的最终结果的评价取决于我们对这个结果的评价是好的还是坏的。同样，站在被评判的行动者的立场上，在试图决定是否冒险实施某种在最大概率上产生某种独特结果的行动的时候，首先必须知道这一行动的结果是（我们）想要的还是不想要的。我们以什么标准为基础来评价这一结果呢？这样的评价是否具有客观的标准呢？这样的标准是成功的还是失败的呢？但有人也许会问："对什么来说是成功的呢？""对谁来说是成功的呢？"同样，"对什么来说是失败的呢？""对谁来说是失败的呢？"成功和失败都可能是无关道德的（adiaphoric）。如果 X 是成功的作家，Y 是失败的作家，那么 X 和 Y 是不是应该因自己相应的成功和失败的作品而受到**道德上的**信任或不信任呢？或者，涉及另一个方面，一个成功的暴君，同时也是杀人如麻的刽子手，他是不是应该受到道德上的尊重呢？显然，存在着这样的行动，成功但却受到道德的谴责，失败但却受到道德赞扬的形式。"好的结果"和"坏的结果"确实分别与"成功"和"失败"存在某些关联，但"好的结果"也不是自动地与成功联系在一起的，"坏的结果"也不一定自动地与失败联系在一起的。

存在着不同类型的"善的价值"（Güterwerte）。同样，存在着具有**负面**价值内涵的（Unwerte）事态和结果。这是亚里士多德伦理学的起点。对特定（而非全部）善的价值在量或质上的增加是行动的结果，并且行动者由于在这一点上的成功而得到信赖。但道德信任只能来自对特定价值的提升，也即那些可以通过道德的（美德的）活动得到加强、保持活力和实现的东西。显然，这是一个循环论证。亚里士多德没有陷入这一困境，因为他可以而且也的确恰当地认为，由道德行动所提升的善的价值对于**每个人**来说都是善的。与至善（国家的善）紧密相连的善（goods）对每一个人而言都是善。提升这样的善行在道德上应加以肯定。因此提升这些善行的成就就是完美的成就，好的最终结果就是好的后果。但这一循环论证真的已经通过这种思考被完全克服了吗？对亚里士多德来说确实如此；对于我们来说却并非如此。亚里士多德列出了主[86]要美德的完整目录：践行这些美德的人一定能提升善的价值。对于那些成功提升善的价值的行动者而言，没有必要对其自身行动或者其他人行动的最终结果进行评估，以便了解什么是正确的，或者去做正确的事情。预先评价的最终结果与如下的美德联系在一起，即能够提升国家的善及其自身幸福的实践。当然即使此处的预期性判断也提出了问题。我们开始行动前，需要对其可预见的结果进行估计。我们对理论上恰当地运用自己的理性负有道德上的责任。对事实和情况的无知容易使我们误入歧途。真知是善行的前提。我们提前知道什么是好的结果什么是坏的结果，而且我们大家都知道这一点。对我们所有人来说，什么结果是好的，什么结果是坏的，这是一样的。

当然在古代，后果评估上的异议并非不为人知。对希腊人而言是好的结果，对于特洛伊人来说则是坏的结果。然而这一事实本身并没有造成道德问题。在给定的共同体内部假定关于主要善的（major good）价值所达成的一致，足以解决这一问题。如果出现不同意见，除一个之外，其他的都可能且已经被哲学家作为"纯粹意见"而加以解决了。的确，欧里庇得斯（Euripides）曾不止一次地将其作为一个问题提出来，然而罗马关于斯多葛派的小加图（Cato the Stoic）① 的谚语（"胜利取悦诸神，但失败取悦了小加图"[victrix causa diis placuit sed victa Catoni]）告诉我们的却是一个完全不同的故事。但是价值多元主义被看作"堕落"的表现，是对团体纽带的侵蚀，而不是正常的、受人欢迎的事物状态的标志。

在现代，朝向价值相对主义的决定性转向已经出现。正是针对这一转向，康德对道德判断和道德深思中后果观点的消除做出了反应。然而纵使这一转向，关于某些善的价值（Güterwerte）的共识也并没有完全消失。它仍然出现在日常的常识见解中，当人们按照"理性合理性"（rationality of reason）来行动的时候它也会出现，也就是说，出现在按照理所当然的规范和规则来行动时。既然这一点在今天仍是正确的，那么将最终结果赋予行动者这一传统方式就保留了下来。在某些或多或少精确界定的框架中，我们仍然在后果的"好的"或者"坏的"性质上达成了一致。如果事件的最终结果不是集群特有的（group-specific），就拿一场丛林大火来说，共识会自然而然地自动达成。丛林大火是"坏

---

① 小加图（95—46BC），以区别他的祖父——老加图。罗马政治家、军人、斯多葛派的追随者。他因传奇般的坚忍和固执而闻名（特别是他与盖乌斯·尤利乌斯·恺撒长期的不和）。他不受贿、诚实，厌恶当时普遍的政治腐败。支持元老会共和派，反对恺撒，因共和军战败而自杀。这句谚语将小加图提高到了与诸神平等的位置。——译者注

的"结果，而且纵火者要承担责任，这是没有任何问题的。这个人能够
而且应该已经认识到了这一行动可以预见的（可能的或很可能的）后
【87】 果。此处，责任的程度取决于凝固化的最终结果和行动的"去同质化"
的一般过程。这一过程涉及的问题如下："这是蓄意纵火行动，还是由
于疏忽造成的呢？""可预见与不可预见的后果的相对比例如何？"生命
的获救在群体中总被看作好的最终结果和值得赞扬的，正如对丛林大火
需加以谴责一样。如果好的结果是有意为之，"使某人承担责任"就带
有极大的赞许；如果坏的结果是有意为之，"使某人承担责任"则带有
强烈的谴责。然而对于不是有意为之的结果，赞许和谴责都相应地减少
了。下面这个最经常和最激烈争论的例子不应在抽象的结构层面进行讨
论——如果某人的行动产生了好的结果，但她或他最初的意图却与结果
相反，那么她或他是否可以相应地受到赞扬；或者如果他或她的意图是
纯洁的、好的，那么他或者她是否要适当地为坏的结果接受谴责。此处
涉及很多变量，以至于任何回答都将是以偏概全的、不合理的。在所有
例子中只有一种关系是有效的。如果意图是纯粹的、好的，结果却是坏
的、但却是无法预见的，那么这一结果可以算到行动者的头上，但只能
在行动者自己主动承担的情况下才可以。然而，即使这种自责也是有争
议的，原因是它是由**非理性的**犯罪感构成的。

如上所述，尽管价值相对主义的转向并没有使后果归因的传统方式
过时，但它确实使这一过程越来越成问题。从道德观点来看，从后果视
角做出的道德评价必然是成问题的，甚至是有害的。哪个结果更好一
些：使我和我的家庭免于麻烦，还是对别人施以援手？哪个结果更好一
些：通过经商致富，还是从事我所为之献身的事业但安于贫困？哪个结
果**更好**一些：通过撒谎使自己免遭厄运，还是不撒谎但却招致死亡？哪
个结果**更好**一些：在权力的阶梯上爬得很高以便控制他者，还是停留在
受控的位置上？哪个结果**更好**一些：帮助少数人的同时损害其他人，还
是既不帮助他人也不对任何人造成伤害？在一个共识不再存在的世界
中，如果道德判断是基于对后果的评估，岂非**万事**皆被禁止？岂非**任何**
结果将不再因为是"适合我们的"而被看作"好的"？岂非**任何**种类的

成功将不再被看作对行动者的肯定？显然，康德有诸多理由，通过将道德从令人怀疑的后果标准中分离出来以此"净化"道德。

至此，我们已经讨论了单一行动的单一后果，自始至终都假设我们 **【88】** 能够将好的和坏的后果区分开来。我曾经补充到，就我们可以对于"善的价值"和最终结果的好与坏意见不一致而言，将单一后果归咎于单个的行动者不仅是复杂的，而且是完全不相关的。在这一困惑之中出现了两种解决方案。第一，我们可以寻求一个评价最终结果的普遍标准。第二，我们可以通过使一般的、普遍的后果成为行动准则（maxim）的组成部分，而将后果问题由"行为 A—后果 X"的传统模式转换到"所有的行为 A—所有的后果 X"的模式。这恰恰是康德所做的。如果你这样做，你就能期望你的行动准则成为普遍的（道德）法则，那么你的行动准则就已设定了至高的、实体的善（substantive good）。一旦你在你作为本体存在（noumenal）的能力范围内，进入自由的因果关系之中，那么你就是那至高的实体的善的原因。如果每个人在其作为本体存在的能力范围内都按照普遍准则（通过自由的因果关系）来行动，那么结果将是至高的、实体的善（最好的可能世界），这也是人们能想象到的唯一普遍的、绝对的好的后果。然而康德完全清楚，通过将后果问题转回到准则领域，他将传统的后果问题（"行为 A—后果 X"）从道德哲学中排除。然而有些新康德主义者并没有意识到这一点。在此，我特别想到了辛格（Singer 的大胆尝试。辛格使康德更接近伦理现实，通过提出自己著名的"一般化原则"（generalization principle），淡化了康德意义上的解决方案，而这也可以被重新表述为**后果**原则。一般化原则基于如下建议，即在任何情况下，我们希望其他人（在同样情况下）怎样做，我们就怎样做。后果原则（作为一般化原则中的一个构想）基于如下建议，即在开始一个行动之前，我们应该问自己，"如果每个人都这样做会怎样？"如果我们希望自己行动的预期结果能够成为现实（作为每个人的行动结果），那么我们的行动就是善的；如果我们谴责这一预期结果，那么我们就绝对不能这样做。

我们都知道，道德选择总是处于情境中。康德的建议是忽视道德选

择的情境性，因为在他的系统中不存在任何道德选择。我们能够使道德

【89】 准则一般化（或者普遍化），但是我们既不能使某一情境中的道德选择
或行动一般化，也不能使其普遍化，而辛格则认为是可以的。就拿康德
对孔西得朗（Considerant）挑战所做出的非常著名但又极具争议的回应
为例。即使一个想要成为杀人犯的人在我们的房子周围追着其受害者来
回跑，在对他撒谎和说出真相（他正在追的那个人就在我们的房子里）
之间我们**别无选择**。我们并没有考虑在这种或者相似的情况下，每个人
都应该怎样做，然后我们就做出了选择，因为我们必须是诚实的，而**不
管情境**如何。康德并不认为情境选择应该被一般化（或普遍化），但他
认为不管情境如何，普遍准则都应该被遵循。

我们能够对康德提出反驳，我们仍然可以选择，因为我们能够在**两
个普遍准则**之间进行选择，并且我们的行动不是被第一个准则就是被第
二个准则所指引。我们可以选择"说出真相"这一准则，也可以选择
"挽救无辜的生命"这一准则。当然康德肯定会拒绝这一解释，因为这
些准则并非处于同一个普遍性水平之上。即使我们希望每个人都应该挽
救生命，但如果没有实现这一目标，也并不意味着逻辑上的矛盾，就像
撒谎所导致的结果那样。为给"挽救无辜的生命"这一准则提供坚实的
例子，我们必须首先拒绝非矛盾的论证。即使我们确实拒绝了这一论
证，正如我们所做的那样，也并不能回避或者简单地抛弃引入这一论证
的**康德的理性**。在遵循"说出真相"这一准则的时候，我们清楚地知道
做什么和怎么做。在遵循"挽救无辜的生命"这一准则的时候，我们同
样知道**做什么**，但与此同时却**不知道怎么做**。"怎么做"就是情境性的；
我们应该对一个行动"怎么做"和"怎么做最好"有所打算，但假设选
择存在于根据"说出真相"这一准则所做出的行动，与根据"挽救无辜
生命"的准则所做出的行动之间。倾向于第一种行动还是第二种行动，
我们的选择**真正**能被"一般准则"所指导吗？我们能真正宣称，在这种
或者相似的情况下**每个人都应该这样做吗？**

如果我通过撒谎挽救了一个无辜的生命，那么我能真正地说"我这
样做，因为我希望每个人都应该这样做"吗？假设其他人选择保持沉默

将会怎样？甚至有的人选择与想要成为杀人犯的人进行**搏斗**而挽救了一个无辜的生命又会怎样？既然准则并没有解决"怎么做"这一问题，在准则指导下所做出的行动就可以是**不同种类的**。我无法宣称每个人都应该这样做，仅能确定的是，每个人都应该按照"挽救无辜的生命"这一准则来行动。我不能建议，为了挽救人的生命，每个人都应该撒谎。我唯一能断言的是，在这种情况下，撒谎是被**允许的**，而这远非是一个建议。

现在让我们看几个不太极端的例子。一个人推断他此前支持的一个 【90】
注定要失败的事业，也是一个坏的事业。那么选择就存在于两个准则之间（对于一个人的行动而言）："没有人应该坚持一个坏的事业"和"谁也不应该放弃一条正在下沉的船"。但不管他坚守这一事业还是放弃这一事业，也不能希望每个人都这样做。首先，并不是每个人都会认可他的想法，认为这个事业曾经是（或是）坏的。其次，放弃了注定要失败的事业的人也可能会感到一种道德责任——不要去给那些仍然在坚持的人以压力。在"任何女人都不应该忍受侮辱"这一准则的指导下，一个女人决定离开她的丈夫，但她不能期望在相同情况下每个女人都应该这样做。例如，有些女人能够留下来并且"教育"她们的丈夫。而且不存在完全相同的两种情况。更进一步说，许多不同的因素可以在此得到同等考虑。正在走向离婚的那些女人，将看着自己的孩子听凭粗鲁的丈夫的摆布。其他一些人将不得不面临这一可能性，或至少有这种可能，即她们的丈夫或许会自杀。在情境选择中，必须考虑到很可能的（probable）和可能的（possible）结果。

情境选择（并且所有具体的道德选择都是情境性的）是非常复杂的。有时我们面临**两种**我们认为有效的道德准则，而且是同等有效的，但无论如何都不能在不违背其中任何一个准则的情况下行动。这就是**悲剧性的道德冲突**的情形。**在准则本身之间**并不存在冲突（或矛盾）。冲突仅仅存在于对行动的选择之中。康德仅仅考虑到了准则而非行动本身，所以他能合理地断言不存在道德冲突（道德选择）。但是，一旦我们在行动选择（情境选择）中认可一个一般化的原则，我们就不再能够规避道德冲突问题。在道德冲突的情况下，我们通常以什么为基础做出决定呢？有时我们听从自己的道德感，然后就更偏爱某种准则。有时我们考虑我们行动可能的、很有可能的和可预见的后果。如果两个准则之于我们的道德感而言具有同等分量，我们通常更倾向于选择那些从道德视角看结果更充满希望的行动。孔西得朗的例子是很极端的，因为我们的道德感和后果问题更倾向于接受挽救无辜的生命这一准则。在此还有更为矛盾和更加困难的决定有待做出。

【91】　　我们可以宣称自己的行动**准则**具有普遍性（或一般性），但是对于行动本身而言却并非如此。我将其称之为**道德困境**。我们的每一次行动都忠于普遍准则，我们的行动在道德上是被**允许的**。然而它并不必然是强制性的。其他人可以按照其他的普遍准则来行动，并且这一行为也同样得到道德允许，也不必然是强制性的。只有当选择是在下述两种行为之间进行时——根据道德准则或规范来实施的行为和根据非道德的或超道德的"小聪明"（仅仅是私利、不正当的满足等诸如此类的）所实施的行为时，我们才能合理地运用"一般化原则"：我们的行为应以下述方式展开，即在这种或相似的情况下任何人都应该这样做。康德主义的每一个例子几乎都出自这一清单。任何人都不应该撒谎（出于个人私利或自我满足的理由），任何人都不应该去杀人（出于个人私利或自我满足），任何人都不应该欺骗顾客，任何人都不应该贪污钱财，等等。道德冲突在这所有事例中的确都缺席了，因为这不存在**道德选择**。但此处我们是否还真的需要"一般化原则"去发现一个可靠的指导方针呢？我认为旧有的绝对命令完全可以作为这样的指导方针。如果我们面临选择的性质不是**道德上的**（在遵循道德准则和规范与遵循小聪明的准则之间的选择），**那么这一情形就无关乎道德**，尽管选择是情境性的。如果某人有一个富有的父亲，并且他迫不及待地想继承遗产，那么他依据**情境选择**来衡量杀死父亲正反两方面的后果，这将是很滑稽的。一个继承者出于没有耐心等待继承的原因而杀死他或她的父亲这一问题，根本就不该被考虑，因为杀害父母这样的罪过本就不该发生。选择的情境性从道德冲突中获得其相关性，但是正是道德冲突的出现使得一般化

（generalization）变得不相关。正是意识到"道德困境"，歌德才断言行动者总是有罪的，只有旁观者是无辜的。正是意识到了道德困境，我才极力强调道德自律不可能是绝对的。

然而后果问题已然重新出现在我们对情境选择的讨论中。如果我们的行为能够被不止一个普遍的（或一般的）准则或道德规范所指引，而又必须选择其中之一，那么在给出这一倾向时，我们有时也考虑到了可以预见的后果。然而我们试图提前估计的这一后果，这也是**单一**行动的**单一后果**，而非我们选择的一般化所暗含的**一般后果**。所有这些都不能证明辛格所提出的所谓的"后果原则"的不相关性。下面我将转向这一问题。

后果原则如下所述："如果每个人所做的都一样将会怎样？"既然这一"原则"仅仅是一般化原则的一种表述方式，那么就其一般运用而言，一些怀疑就不无道理。如果我们只考虑到普遍的道德准则，那么"后果原则"就仅仅是对绝对命令的一种重新表述（你不能期望每个人都应该撒谎，或者每个人都应该杀人，或每个人都应该贪污钱财，等等）。如果我们考虑到情境行动，此时行动准则是从相互竞争且同样普遍的（或一般的）准则中选择出来的，那么"后果原则"就成为一个不可靠、不可信、相当成问题的指导原则。如果每一个无辜的受害者都获救了，那么这可以被认为是**好的结果**；如果为了实现好的目的使撒谎成为强制性的，那么这可以被认为是**坏的结果**（目的证明手段的正当性）。这并不是否认考虑行动可能的一般后果的可取性（"如果每个人做的都一样"）。然而考虑到一个因素与将这一因素作为行动的指导原则，这是完全不同的两件事情。① 如果没有人发动战争，那么战争将不存在。然而它并不意味着如果我的祖国受到他国侵犯我们不应该去保卫它。当

【92】

---

① 罗伯特·诺齐克（在《哲学解释》一书中）为"将善最大化并不等同于将导致的结果的善最大化"这一建议提出了一个非常好的例证。诺齐克指出，"处于选择情境中的不同行为将经常包括不同的动词，即对于不同的最终状态有不同的关系，而非同样的动词性（verblike）关系对应不同的最终状态。例如，一个人将使某事物得到发展，另一个人将去阻止，一个是原因，另一个是允许其发生。既然这些不同的行动关系将在最终状态中包含与其他人的不同程度的一致性，那么行动的善就不必直接随着它们结果的善而变动"。因此诺齐克做出了将故意的目的论和道义论的方面结合起来的诉求，道义论的方面是处于主导地位的。我的观点与此相似，尽管我的哲学用语不尽相同。

然人们可以以如下方式进行反思——"如果没有人保卫我的祖国将会怎样?"那么此决定依赖于对"没有人"的界定(此处是指"每个人")以及对情境的界定。这一情形或许可以用尽可能最为宽泛的术语来进行界定("我处在是否选择参加战争的情境之中"),或用更为具体的术语进行界定("我处在是否选择参加一场正义的、保卫性战争的情境之中"),或用完全具体的术语进行界定("制造业需要我的专长,但我志愿参加正义战争,并上前线")。**对这一情境的界定越具体,我能够依赖的后果原则就会越少**,这是因为下述这一简单理由:它是**独一无二的**,而且不能从一般化的原则中演绎出来。这一简短题外话的要点还是道德困境:行动准则能够而且应该具有普遍(或一般)有效性,但是行动却不能也不应该如此。所有行动都处于具体情境中。在将一个行动付诸实施前,人们必须对情境的特性有所认识,而且将所有特性包含在思考过程中。显然单个行动的预期后果是包含在这一过程中的因素之一,而且是很重要的一个因素。然而后果原则不是一个欺骗性的原则,且可以得到有限的使用。界定我们所处情境的危险总是存在的,如此一来,我们倾向于选择那些要求最少的行动。后果原则可以帮我们验证,我们对情境的界定是否选择要求最少的行动这一**无意识趋向的结果**。诸如此【93】类的验证绝非易事,但对于道德决断而言,没有什么是万无一失的。

　　仅在一类情境行动中,可以证明后果原则是值得信赖的指导原则。也就是当**行动自身**是不关乎道德的(adiaphora),但是**情境**却要求将这样的行动**悬置**(suspension)起来。这一情境需通过**共同目标**来界定(达成共同的善或规避共同的灾难),而且这个共同目标同时是每个人的目标。例如,在水资源短缺的情况下,节约饮用水和基础卫生用水是所有人的共同目标,也是每个人的个人目标。就其本身而言,浇灌草坪和为游泳池注水没有任何错,这种行动无关乎道德。但是在水资源短缺的情况下,每个人都必须要问:"如果我们所有的人都把水用于非必要目的,那将会怎样?"后果是完全可以预测到的;每个人对这样的后果也非常熟悉。还有一个与之类似的情形:在某个特定工厂中工作的所有人都同意继续罢工,且拉起了一条警戒线。越过这条警戒线的人应该首先问一下自己，"如果每个人都这样做将会怎样？"（那就是继续工作，这一行动本身无关乎道德）。但在诸如此类的情况中，如果对目标的评价无法达成一致，即使行动本身在道德上是中立的，那么这一后果原则也不能成为可信赖的指导原则。上述第一个例子更具说服力，因为几乎没有人会将游泳看得比至关重要的供水还重要。漠视反对走私的税收制度和法律与刚才给出的第二个例子更为接近，尽管在此也必须考虑到另一种类型（最终的法律惩罚）的后果。

从所有这些一开始就预设的事例中我们只能得出如下结论：后果原则无法通过将某些后果归因于那些做出这些行动的人，而为做出判断这一道德难题提供解决方案。毋宁说它规避了问题本身，或者我们返回到康德主义，无视行动的情境性和情境选择，而且以一种非康德主义的方式把"后果"称为道德准则的普遍性（或一般性），或者我们毫不犹豫地阐述情境选择这一问题，并直面"道德困境"和单一（个人的）后果问题，那么这些问题是任何"后果原则"都无法认真处理的。

* * *

在绕了一大圈之后，让我们返回到起点。如果关于主要善的价值的 【94】
一致意见并不存在，如果对于某些人来说的好结果而对其他人来说却是坏结果，那么除非我们首先对后果做出判断，否则我们如何才能站在其行动后果的立场上对行动者做出哪怕是相对有效的道德判断呢？最后，对后果做出判断相当于对价值做出判断——**它是价值判断**。回溯性判断为真的，预期性判断也为真。如果在我开始行动前就考虑到可以预见的后果，那么我就必须首先确定这些结果里面哪些是好的，哪些是更好的，哪些是最坏的，等等。通常我们对价值是坚信不疑的，而且有些价值在我们看来是理所当然的，正如其他人也会将某些价值同样看作理所当然。那么我必须对我的价值做出判断吗？如果是这样的话，我应该怎么做，且在什么基础上能这样做呢？

这些以及与之类似的问题被提了出来，但是却没有在一般伦理学的框架内做出回答。这些回答仅仅只能在道德哲学框架中做出尝试。然而有必要重新提出我们面对的这些重要问题，而且我已经说过，在价值多元主义中存在**两种**解决方案。第一，我们可以为评估最终结果寻求一个普遍标准，实质性的或程序上的标准。第二，我们可以将后果问题从"行为 A—结果 X"的传统模式转换到"所有的行为 A—所有的后果 X"。我已经得出结论，指出第二种解决方案并不可行。如果我们没有完全放弃后果立场，那么我们将面临无法解决的理论难题。这让我们选择了第一种解决方案。要么我们为评价最终结果设定某些普遍标准（以便做出价值判断），要么我们应该跟随康德的思路，放弃共同的道德感。非此即彼，**没有中间道路** (Tertium non datur)。

既然我已经有意将实质性的或程序上的普遍性 (universals) 问题搁置起来，那么在似乎与道德后果相关的所有问题中就只剩下一个问题需要解决了。这一点颇有误导性。我们把后果归咎于行动者中所面临的困难，在预见后果时所面临的困难，这些都不仅仅源于价值多元主义。一个社会越是静止的、越是传统的，其对后果的预见就越简单；一个社会变得越活跃，越以未来为导向、越是后传统的 (post-traditional)，其对后果的预见就越困难。当然，即使是在传统社会中也存在无法预见的后果。的确，除了可预见的情况（如水资源短缺）之外，未来将是充满惊【95】奇和不确定性的社会形势。即使人们对结果的估计达成一致，仍会对行动产生分歧。那么问题是，行动是否促成了这些结果，是促进它们还是阻碍它们。

整个欧洲历史一直是相当有活力的，甚至在以过去为导向的观点占主导地位的时候也是如此，完全地重复从未出现过。欧洲史逐渐摆脱了它曾经的重复性因素。文艺复兴时期，至少在意大利和西欧，新的生活方式和人类交往模式出现并得到快速发展。道德议题变成了如何感知时代的变化，以及如何行动才不至于带来与这个变化的时代所期待的相反的结果。莎士比亚笔下的男女英雄们为了这一特殊论题而不断斗争，有时以悲剧性的结果收场，有时则是以满意的结果收场。马克斯·韦伯曾经针对命定论的教条为我们做出了最为睿智的分析，但他并没有提出下面这个问题，即人们**为什么**这么容易被引诱而接受这一毫无价值的世界观。在我看来，正是人们对行动（现实准则指引下做出的行动）后果预测的不可能性的认识，对加尔文主义的出现发挥了很大作用。我们的命运是被拯救还是被毁灭是由上帝预先决定的，**与我们的行动无关**，这一观念正是我们必须将自己成功置于所有的现实准则之下的原因。不能质问也不能验证这些准则，这一观念肯定已经表达并强化着大多数人的生活经验。自此以后，西方社会经历了持续的变化，而且这种变化一直以前所未有的速度发生着。预见行动后果已经成为一个永远完不成的工作。赫贝尔（Hebbel）的戏剧《玛丽亚·玛格达莲娜》　（*Maria Magdalena*）以主人公安东（Master Anton）的话结尾："我不再理解这个世界！"老的一代无法理解新的一代，朋友无法理解敌人，甚至朋友之间也是无法理解的。有道德的行动者的立场在古代悲剧中从未被塑造为注定要失败的，因为时间正是由这个人认可的。然而文艺复兴以降，道德之所以被描述为注定的失败恰恰也是这个原因，因为它仅仅受制于具体规范。在《尤里乌斯·恺撒》　（*Julius Caesar*）中的布鲁特斯（Brutus）的道德是不合时宜的，但是，盛行于蒙塔古（Montague）和凯普莱特（Capulet）家族对现实规范的盲从也是不合时宜的。为达到令人满意的结果，有道德的行动者必须具有"历史意识"，但当历史事件简单地破坏了道德家的规范时，厄运就是自我强加的。正如黑格尔所做的那样，如果我们相信历史是由理性支配的，那么我们或许会同意他的观点，即"世界历史中的个人"而非道德家，将自己的主体性与**世界** 【96】（Weltlauf）的客观需要对立起来，从而获得了罪有应得的厄运。然而恰恰是本世纪的这个**世界**为我们上了令人震惊的一课，这足以使我们拒绝黑格尔的解决方案。

黑格尔有足够的勇气断言，善可以是恶的结果。他也有足够的勇气断言，好的道德品行可以是恶的，如果它阻碍了历史进步的话。这些以及类似的陈述，只有首先被明确规定时我们才能对其加以驳斥。如果我们认为历史进步毫无疑问是善的，如果我们进一步认为任何种类的社会因素的发展都可以被称作进步的话（当然我并不认同这个概念），此时且只有此时，我们可以得出如下结论，即进步或许确实可以通过恶来达到。即使如此，不论是否赞成黑格尔"恶可以推动社会进步"这一观点，它也有赖于对"恶"的界定。

如果**不受**绝对命令支配的所有行为都是恶的话，那么时至今日的所有进步形式都是通过恶来推动的。然而于我而言，如果作为对恶的定义来说，这显然是太过宽泛了，因为由利益或欲望激发的行为是价值中立的（adiaphoric）。无论如何，即使我们赞成这样的观点，即特定种类的恶确实能推动进步，但是我们并不接受"**善可以通过恶来推动**"这一观点。这只能在一种情况下发生，即如果我们将进步的结果等同于善的结果，这是评价的问题。黑格尔的观点也将此引向了另外一种解释。由道德视角出发而展开的行动，通常会被那些仅仅赞成现实规范的行动作为恶的而加以拒绝，反之亦然。但是这样说的同时，我们必须采取一种不同于评价的最终结果（历史进步的结果）的标准来评价行动者。我们必须能够断言，这些人的行动虽然在他们那个时代被看作恶的而加以排斥，但实际上是善的，不仅仅是因为它们推动了社会进步，或至少是部分地推动了社会进步，而且即使不考虑这样的效果，它们也是善的。更进一步说，即使道德指引下的行动产生了坏的结果这一陈述是真的，这也并不意味着善的行动导致恶的结果。最后，什么是坏的结果，什么不是坏的结果，再次面临争议。挫败可以是好的结果，也可以是坏的结果：由特定种类的、坚强的道德努力所支撑但却失败了的那些事业，并没有淡出我们的历史记忆。谁知道历史的最终结果呢？历史是否有任何的最终结果呢？道德越是历史化，就会有越多的善和恶出现在普遍的

【97】"世界进程"中，我们就越不知道什么才是最终结果。我们对于历史舞台上出现的行动是全然无知的，而这恰恰是黑格尔观念中的行动类型。

所有这些有争议的问题表明，将行动后果置于历史舞台来思考，比之置于任何其他的生活领域将会造成更多的困难。由于直接的政治行动是由多因素催生的，所以这些行动的后果是如此重大，因为参与直接的政治行动的任何人都被定义为"掌权者"，所以这些行动的责任总是责任 A。恰恰因为上述两点，**某些有约束力的原则应该在这个"历史舞台"中被分享**，而且这些原则都不是随意被选择的。唯一可以作为对所有一切都有道德约束力而被推荐的原则，是那些可以作为一般政治行动

的道德准则的原则，即**只有民主原则这一条**。对可以预见的后果应该有所考虑，但只限于在那些善的原则所允许的最终应用的范围内。道德的时代性并没有减轻行动者所承担的试图控制可预见后果的责任。既然大多数后果变得愈发不可预见，那么依赖坚实的、正确的行动原则就愈发明智，这不应该被任何对遥远未来的推测所否定。毕竟，抓住机遇就是朝向未知的一跃。如果不是在民主原则的指导下，那么它就是完全朝向黑暗的一跃，也许这种黑暗将被证明是终极黑暗。

第六章　道德权威

【98】　　我们的每一次行为都是在道德考量的指引下进行的，我们对他人的行动、他人的性格、自己的行动、自己的性格、自己的冲动，甚至自己的思想做出判断，也都是在道德考量的指引下进行的，我们将自身以及他者都置于**道德权威**的支配下。不同类型的权威——政治的、社会的、法律的、职业的等等并不一定同时具有或不具有道德权威。当然也存在一些实施的行动和做出的判断不诉诸任何权威——道德的或非道德的权威。在此，我将仅限于讨论道德权威以及在道德权威指导下所做出的行动和判断的某些方面。

　　就规范（Norms）和规则（rules）命令或者建议我们做什么和避免做什么而言，它们本身是道德权威的载体。然而只有当规范和规则**结合在一起**的时候，才能发挥它们的功能。而且有意义的世界观、先验的力量、传统、其他人类体制或者理性自身，使规范和规则合法化和权威化，它们才能结合在一起。如果行动者的规范世界受到威胁的话，那么他们总是如此行事，即通过阐述、遵循和传授这些规范和规则，从而使其"活起来"。如果所有的规范和规则都是传统的，那么权威就是理所当然的；但总是在**某人**（或者某物）的名义下的规范和规则才结合在一起。此处的"某人"必须是当下的、活的、能思考的、能干预的、能行动的。死去的神没有任何权威，只有活着的神才有。因此规范和规则之所以具有权威，是它们被规范执行者所持有——偶尔还是超人——这些人将它们结合在一起。所有的神都运用权威，但并不是所有的神都运用
【99】道德权威。"以谁的名义？"那一著名问题可以被分为三个不同的问题："我们以哪群人或神的名义进行言说？""确实存在被某些群体（我们正是以这些群体的名义进行言说）所践行或掌握的道德规范和规则吗？""基于我们是否属于那些群体，或者我们是否已选择了这些权威或者被

他们所选择，我们才被授予言说、行动和判断我们的行动方式的权利，这种授权来源于践行这些规范和规则的群体或命令遵守这些规范和规则的神明？"①

如果人们在没有任何选择或者双重性质的反思的情况下，就服从所属群体或者共同体的每一条具体规范，那么道德权威就完全是**外在的**。"外在的"这一术语不是指内在化的缺乏，而是指**规范的权威性内容的来源**。由于规范一般都是由共同体将其确定化和具体化的，所以个人都是从外在渠道获得他的或她的所有规范内容，而无须为这一内容增加任何东西，也无须从中抽取出任何东西。你想要什么就得付出什么（What you take, you give.）。这里还未提出"以谁的名义？"这一问题。每一个单元都是总体中的单一情形。每个人都以共同体的名义言说，个人是该共同体的一个代表。因此道德判断就栖居在**他者的眼中**。这一陈述看似是隐喻的，实则不然。这些目光伴随你所有的行动和活动；它们停留在你身上，注视着你的一举一动。你处于这种注视的范围内，正如他人也在你的注视范围内一样。如果你做了不应该做的事，如果你未能做你应该做的事，他者的眼神就会使你感到**羞愧**。羞愧是最折磨人和最令人感到羞辱的感觉之一。当你感到羞愧的时候，很想逃开，躲到地下，消失——所有这一切都是为了**使自己摆脱这种注视**。羞愧是一种情感（就像生气、恐惧、厌恶），也是我们能想到的唯一与生俱来的道德感觉。正如我在其他地方已经论述过的（如《羞愧的力量》[The Power of Shame]一书）那样，我们有理由假定这种羞愧不像大多数其他感情一样，不是本能"完成行为"的剩余。我们可以在人类自我驯化（self-domestication）的过程中找到这种情感的起源。无论如何，羞愧作为经验的人类普遍性，是在外在判断权威（他者的目光）的肯定和否定中的自我介入。与有羞愧的情感相伴随的是脸红这一面部表情，这仍可以在

---

① 利奥塔在对卡西纳华（Cashinahua）的陈述进行重新考察的例子（例如，在《歧义》中）中指出了授权的最为简单的例子，且仅仅是传统的例子。卡西纳华作为言说者本人，将卡西纳华的故事讲述给卡西纳华的听众（听演讲者）。所有的卡西纳华都**有权**将卡西纳华的规范（通过故事加以合法化的）呈现或再呈现给所有其他的卡西纳华。因此权威、听众和权威的持有者是一致的。

婴儿身上观察到这一纯粹形式，并且有时甚至在他者已将自身屈从于完全内在化的外在权威的情况下观察到。羞愧的情感通常会在社会化过程中经历修正。然而在最后的例子中，这一被修正过的羞愧感与纯粹的、与生俱来的、赤裸裸的羞愧情感一样，在外在判断权威赞同或者不赞成中保持了同样的自我介入。就他者的认同而言，不管是所有他者还是部分他者的认同，都是自我建构的支柱之一，我们尽可能地规避羞愧。这一情感主要通过对**有代表性的**他者的选择而得以修正，尽管并不完全是这样。如今，不是随便什么人（一般性的他者）都可以使一个道德健全的人感到羞愧，只有特定的人（有代表性的他者）才可以。这就是将一个道德健全的人置于某些人的注视之下却不会感到羞愧的原因，因为这些人的权威已经被其在道德基础上加以拒斥了。不能感受到羞愧的人必然**在道德上是疯狂的**；每个人都能使其感到羞愧的人，这个人必是**幼稚的**；如果某个人由于非道德权威而完全或者在很大程度上感到羞愧，那么这个人必是**道德上无能的**。所有这三种人格类型都与恶密切相关，但是每一种都是与不同类型的恶密切相关。道德上疯狂的人是残暴的人（一个如卡利班［Caliban］)①那样丑陋而凶残的人），道德上幼稚的人具有极易被影响的危险，而道德上无能的人是权迷心窍的人（或者是这种人的仆人），并且如果这种人够世故的话，那么他们会是理性的恶魔。后面我会再回到这一特殊问题。

　　道德立场是实践理性的立场。只要所有的具体规范被视为理所当然的并由此是内在化的，那么实践理性仍然是概要性的（in nuce）。这意味着实践的理解和理论的理解还未曾被区分开来，并且它们中的任何一个都不能被称作"合乎理性的"，因为它们仅仅是**被动的**。在此被动性并不是在认识论的意义上使用的。由于人的行动总是意愿的，而且人的理解、感知和言语总是有目的的，所以"被动性"这一术语仅指一种"习以为常的态度"。通过理解**什么**是规范的预期，他者是如何做到这些预期，我们已然**知道**什么是好的行动，我们必须做什么才能实现这些预

---

　　① 卡利班，莎士比亚剧本《暴风雨》中半人半兽的怪物，意指丑恶而凶残的人。——译者注

期。显然在此我们涉及的是一种理想类型。很难想象这样一种状态，即具体规范可以覆盖所有可以想象得到的情形中的每一种可能的应用类型。即使所有的规范和规则都被认为是理所当然的，它们的应用仍然可以预先假定理论理性和实践理性的激化作用，以及理性的实践应用和理论应用之间的一些不同之处。如果规范和规则的应用不再是特殊事件，而成为行动者将规范和规则应用于许多连续场合的常规**任务**，那么实践理性的出现就可以被证明是恰当的（正如道德的出现那样）。由此可见，行动者被**授权**为合理应用规范的行动主体（agent），而且必须决定何种（理所当然的）规范运用于何种情况，以及如**何使**其得到**最好的**运用。【101】因此实践理性表现为**实践智慧**（phronesis）。人们应该以实践智慧的方式来行事，这是一条规范（行动中的好的实践判断意味着规范的应用）。然而实践智慧本身是**内在的**而非外在的代理（agency），是内在的而非外在的权威。如果主要规范及其层级结构**被认为**是理所当然的话，那么实践理性就变成与实践智慧相同的了。然而对现代性而言却并非如此，即使亚里士多德如此重视实践智慧，当时的情况也并非完全如此。即便如此，我们也不应该像许多当代思想家所做的那样，急于做出结论，认为实践智慧就其作为实践理性的代理这一角色而言已经失去了相关性。在将规范作为有效的而接受，并将其结合在一起后，这些规范必须仍被应用，而且正如很久以前主要传统规范的运用那样，实践智慧的运用也需要同样的方式和程度。

在传统社会中，道德行为的内在权威也并不局限于规范的应用。不管我们是查看《旧约全书》、古希腊悲剧和古希腊哲学的叙述，还是基督教圣徒的故事，以及只要提及我们最为熟知的那些文本，我们都会不可避免地遇到**分外之事**。分外之事是实践智慧的对立面。伊斯美妮（Ismene）而非安提戈涅（Antigone）① 是实践智慧的承担者。尽管我们可以正确地断言，分外之事被古希腊人看作**傲睨**神明，但对于古希伯来人、罗马人或基督徒来说却并非如此。不是外在权威而是内在权威产生

---

① 伊斯美妮与安提戈涅均是希腊神话中底比斯王俄狄浦斯之女，前者是俄狄浦斯与亲生母亲所生，后者是一个悲剧性的人物。——译者注

了超道德行动的决心（否则将不包含任何超道德行动）。更进一步说，在高度文明的传统社会，规范、美德和价值都或多或少**存在解释的可能性**。哲学伦理学提供了多种不同的有关规范-价值-美德的阐释，正如某些"道德宗教"所做的那样。即使每个人都能接受勇气、虔诚、节制、智慧和正义这些**主要美德**，幸福这种**至善**，等等，但也仍然存在如下（从道德上来看是至关重要的）问题：**什么是真正的**勇气，什么不是；**什么构成了幸福**，什么又不是幸福的要素。显然，解释的理性与实践智慧无关，因为我们必须确定真正的勇气是**什么才能变得**勇敢，以便因时因地勇敢地**行动**。亚里士多德在其理论"**中道**"（mesotes）中提供了独创性的美德-规范的解释与实践智慧的结合。但他很快又补充道，这仅在有限范围内适用。如果我们简要地看一下内在权威的三种不同行为的话，那么就会发现实践理性在两种情况下调动起不同种类的理论推理（实践智慧和解释）；而在第三种行为中不存在理论理性中介的情况下，

【102】 内在权威独自监控着行动，这就是超道德行动（supererogation）的例子。

我们以相同程度介入到了内在权威和外在权威之中。对内在道德权威的介入被称作**良心**（conscience）。良心是与羞愧类似的一种**感情**，但与羞愧相比，它与情绪化性情和引导性感觉（orientative feeling）的关系更为密切。这是有道理的。"良心"这一术语与**知识**（con-scientia）相关，表明讨论中的道德情感被赋予了理性。对外在权威的介入在本质上是**反应式**的，因为它是在对"他者的眼神"的赞成或否定的反应中出现的。当**预见**到否定的时候，我们能感到羞愧这一事实，但并没有将羞愧与其他反应式的感觉（情感）区分开来。幻想（想象）可以同样激发出性欲、生气、恐惧、厌恶、愉悦和悲伤的情感。然而良心并不是可见的，它是内在的**声音**。它对我们言说，警告我们，给我们提供建议；它奖励和惩罚我们。在它的警告和建议中，良心是一种引导性的感觉。我们的良心逐字逐句地对我们言说，如果我们听而不闻，就会感到**痛苦**，而且这种痛苦相较于肉体上的疼痛是更加折磨人的一种痛苦。另一方面，如果我们留意到自己的良心，听从它，我们就会感受到**愉悦**、满足、幸福、平静、安宁等等。就良心在具体性质不同的各种情感中显露

自身而言，它确实是一种"情绪化性情"。良心的这一复杂特性表明，它**不像**羞愧那样是一种与生俱来的情感或经验的人的普遍性。作为一种认知情感，作为对实践理性（内在的道德权威）的介入，良心与道德和实践理性自身同时出现。

这里，道德被界定为个人与正当行为的规范和规则的实践关系。追随黑格尔的思路，我将正当行为的规范和规则称为**伦理**（Sittlichkeit），将个人的实践态度称为**道德品行**（morality）。这里我们比黑格尔走得更远。这一关系（伦理）的客观方面已经被界定为外在道德权威，与之相反，由道德态度所激发的实践理性则被界定为内在道德权威。更进一步说，羞愧被界定为对外在道德权威的介入，良心是对内在道德权威的介入。既然道德是道德品行与**伦理**的**关系**，那么道德考虑、道德原则和观念、道德情感——简言之，"道德观点"中起作用的所有要素——在直接的行动或判断（言语行为）中都诉诸**两种权威**。外在权威和内在权威之间的平衡是变化的。任何一方都可能占据上风。二者关系的结构也是变化的。但是**只有**在不得不诉诸两种权威时，我们才能够合法地讨论"道德观点"、道德、伦理（或者我们用来命名这一现象的任何其他名 【103】称）。或者历史地看待这一问题，如果实践理性仅仅是概要性的，权威就完全是外在的；**这里还没有**一个道德观点。并且，如果实践理性是唯一的权威，由于人们在其考量、行动和判断中不曾诉诸任何外在的道德权威，那么**就再也不存在任何道德观点了**。没有主观成分的话（道德品行），任何道德观点都无法存在，然而纯粹的主体性（subjectivity）不可能是道德的。

如前所述，在传统社会中，内在的道德指引大体上局限于规范的应用、超道德行动及对规范的解释上。由此，内在权威（实践理性）及对这一权威的介入（良心）是增补性的，因为它们是对外在权威运作的补充。我将根据在介入实践理性中的作用的不同，将良心分别称为作为规范应用的行动者的**可应用的良心**，作为超道德行动的行动者的**扩展性的良心**，作为规范解释和再解释的行动者的**解释性的良心**（interpretive conscience）。在所有这三种情况中实践理性和良心是**互补的**。实践理性越多地运用规范解释的权威，在权威他者和非权威他者之间的区别就会越详尽。那些在道德事务中持有"纯粹意见"（mere opinion）的人将不再被看作外在权威的承担者；只有那些拥有真正实践知识的人才被公认为有权威的。非权威他者关注的眼神并不能使具有解释性良心的人感到羞愧。此人会将内在声音的赞同和不赞同的考虑并列起来，并会留意到前者的建议。苏格拉底宣称，阿尼图斯（Anytos）和梅勒托斯（Meletos）或许会杀害他，但是他们对他却造不成任何伤害。的确，阿尼图斯、梅勒托斯，还有相信他们的指控的任何雅典人，都不能通过任何未能引发苏格拉底**良心**的抗议行动而使其感到羞愧。但作为"真正道德知识"拥有者的权威他者，其注视总是能够使具有良心的人感到羞愧。这里，外在权威的注视和内在权威的声音强化了彼此。通常解释性的良心接受了完全由外在权威所产生的某些基本规范（正如苏格拉底接受了雅典法律的权威那样），甚至解释性的良心对这些规范的正确解释和错误解释做出区分。拥有解释性良心的人不会屈从于所有的规制，然而他们也会屈

【104】 从于很多规制，并且完全意识到了这一点。当然他们的道德自律只是相对的，但正如我们熟知的那样，情况总是如此。正是对这种相对性的意识和确认，将解释性良心与其他种类的良心区别开来。具有这种解释性良心的人，甚至不需要试图从诸如理性或本性这样的非道德的"终极基础"中推论出他们的道德规范。他们并没有声称任何具有道德成分的事件都必须从头进行彻底思考。增补性的良心（complementary conscience）并不需要为规范的基础创造绝对安全的程序。由于预见到我的思想轨迹的最终结果，所以我希望在此说明，在我看来除了解释性的良心之外，任何其他类型的（后续的）良心都不会更微妙或者拥有更大程度上的真正的道德自律。在最好的情况下，微妙和自律出现在后面的良心形式中的程度与出现在解释性的良心中的程度上是一样的；而在最坏的情况下，这些特质出现的程度较低，甚至根本就不会出现。然而由于传统主义的断裂和固定的价值体系，在关于至高无上的价值、规范、美德所达成的最初的一致可能是理所当然的情况下，解释性的良心现在就不再依赖于坚实的伦理框架。显然，传统主义并不是一下子就消失的。甚至毫

无反思的羞愧形式盛行于现代社会的窠臼并不仅仅存在于人类社会的童年。关于良心的这三种前现代类型仍是显而易见的。然而就这一点而言，各种道德态度的共存并不是最为令人感兴趣的。这一缓慢但不断加速的道德**结构**的转型是我们最为关注的。

如果良心是解释性的，那么那些传承下来的检验和质疑规范与准则的程序，对我们而言已然是非常明显的了。当做出以下这些陈述时，如"这不是**真正的**勇气，但是那是**真正的**勇气""这不是**真正的**幸福，那才是**真正的**幸福""这不是国家利益，那才是国家利益"，我们应做出如下解读，即"这不是真的和善的，那才是真的和善的"。但是严格意义上的解释性的良心不是唯名论的（namonalist），或者很少如此；甚至"纯粹意见"被其作为"纯粹名称"而放弃了①。在大动荡的时代，新的价值和美德侵蚀着旧的价值和美德，直到达成一种"非此即彼"的情况（这是价值选择）。但即使此时，旧价值和新价值的持有者都会诉诸他们各自的共同体，或者有代表性的他者。他们将自己置于**他们自己的伦理**的规范世界中，有时是非常彻底的。当传统社会经历巨变时，就其公然宣称他者的规范、外围团体的规范是缺乏本质的"纯粹名称"而言，良心才变成唯名论。这说明，内在于群体的规范因其实质的具体性而被接 **【105】**受了。唯名论绝不会成为一般的态度，因为它绝不会超出群体内部的规范。更为确切地说，正在出现的新的价值体系阻碍而非推动了一般的唯名论，而旧有的垂死的价值体系却加强了它的权威。尽管相反的倾向不断出现，但自文艺复兴以来情况却并非如此。新世界在唯名论的星空下出现了。这是道德结构变化的第一个迹象。"X 不是一种价值而仅是一

---

① **现代人**将解释性良心的立场作为纯粹的唯名论来阐释，这是另外一回事。自 19 世纪以来，对苏格拉底的主流解释一直发生着巨大的变化。然而在文艺复兴时期，苏格拉底仍是被作为基督的异教徒（"神圣的苏格拉底，为我们祈祷"）来理解的。在现代，特别是在后滑铁卢时代，他成为与浮士德精神相生的一种精神。具有代表性的苏格拉底解释者，在理解双重权威这一断言中不存在任何困难。一方面，他被看作第一位"虚无主义者"，纯粹的否定主义者，"讥讽家"；另一方面，他又被看作"道德布道者"，并且他在第一种能力上被接受（克尔恺郭尔），而在第二种能力上被拒绝（尼采）。无论如何，甚至是那些持均衡观点的人，如黑格尔，也普遍地将苏格拉底说教的道德方面和个性都主体化了。根据对所有主体性的拒绝，或者根据对道德合理性的拒绝，有时是对二者的拒绝，人们拒绝苏格拉底并返回到前苏格拉底哲学或者返回到极具特性阐释的"本位主义"。

个名称"；或者"Y 不是一种价值而仅仅是一个名称"，诸如此类的断言更频繁地被提及、被强调。在这个时代，一种新的价值很快就会替代旧的价值（谦逊不再是一种价值，而骄傲却是一种价值）。然而这些替代品不一定是具有同样水平的具体性的价值或者美德。相反，实践理性驱使我们向着更高层面的抽象迈进，也就是向着普及阶段迈进。当外在权威和内在权威处于极度不平衡的状态时，这个过程就终结了。未经证实的价值和美德确实是具体的，或者如果它们恰巧是抽象的，也仍可以通过解释而得以具体化。它们被共同体和群体作为"伦理生活"的承载者而接受。新的、经过证实的美德和价值具有越来越少的具体性。如果它们变成完全抽象的，那么就会面临几种有分歧的解释。其中的一些美德和价值会被群体所接受；另外的一些则根本不会被任何现存的人类群体所接受。愈加抽象的价值断言，就其作为更为具体的价值和美德的被推荐的替代品的能力而言，它们更加适合，也会被社会群体的大多数成员所运用。作为合法的工具，它们支撑着那些新兴的、种类繁多的行动模式和利益；而就其作为具体道德规范的能力而言，其自身是无法通过道德审查的考验的。简言之，在规范和价值的名义下，旧的规范和价值被斥责为"纯粹的名称"，此时，规范和价值越是抽象，实践理性过程的结果就越急剧地变得**意识形态化**。理论上笨拙的马克思主义者建议，判断一个人的依据是他所做的，而非依据他所想做的和宣称要做的，这一建议确实切中了实际问题的要害。只要实践理性的价值和美德诉求才得到一个共同体"伦理生活"的支持，无论它们是不是理想化的、一尘不染的，那么在做某事和想要做某事，或者宣称要做同样的事之间就是
【106】 没有矛盾的。然而一旦具体的甚至普遍的、抽象的规范和美德被取消资格的话，且只有高度抽象、最终是普遍的价值和规范才能通过有效性的检验，那么做某事和想要做某事，或宣称要做同样的事之间的区别就极为显著了。形式主义、价值实体（substance）的衰微，允许同样的形式主张充满着各种实体，这一事实产生了一些虚假意识；也就是说，导致了**认识的匮乏**（lack），即缺乏对填充形式的本体的**具体**倾向的认识。我将在道德哲学框架内，针对这一困境提出自己的理论和实践的解决方案

的建议。现在我只是简单地说一下这个困境。

17 世纪时，现代哲学开始对这一挑战做出回应。如前所述，他们不再将伦理作为道德推理的终极基础，并且做出了一个由非道德的终极基础（理性或者自然）推出普遍道德原则，并且，有时也是某些抽象的道德价值的大胆尝试。尽管这一哲学建构是如此宏伟，但在这一巧妙推理的形式背后却潜伏着一种特殊类型的虚假意识。那些被假定源于非道德的终极基础的最初原则，事实上在哲学家将其从一种特殊类型的**伦理**中借用过来并在认知范围之外对其进行了抽象和分离之后，已被哲学家自身隐藏在了那些终极基础之后了。**在这些尝试中，外在权威好像是派生出来的，而事实上，对外在权威的某些诉求，首先已被看作理所当然。**这一过程的风险是显而易见的：这一抽象的、被分离的最终基础在性质上可能是道德的，也可能是非道德的。黑格尔认识到了这一危险，他在历史视域中复活了这一古老程序。但是他为了将规范选择这一程序应用于世界精神（"历史理性"的别称）的发展而付出了巨大的代价。为了将他那个时代理想化的伦理不仅看作理所当然，而且看作历史发展的最终结果，他将道德品行的立场还原到仅仅是偶然主体性的层面上。

在此，道德被界定为个人与恰当行为的规范与准则之间的实践关系。道德的第一次结构变化就是通过这一关系的主观方面的生成而实现的，就是通过权威分化为外在权威，通过介入到作为权威的结果的这两种形式（羞愧，良心）的分化而实现的。道德的第二次结构变化是由内在权威和外在权威不断增加的不平衡发展而来的。然而第二次变化并不是单向的。这一逐渐发展的不平衡可以具体化为两种不同的结构。内在【107】权威（良心）可以作为行动选择和人的行为判断的**终极裁决者**。它也可以作为这些事务中的**唯一裁决者**。尽管第二个结构的发展晚于第一个结构，但是在这一发展过程中，第一个结构并不过时，也没有被抛弃。至少这是我的期望，且是由于下述原因。然而内在权威作为实践决策和判断的终极裁决者而出现，可以看作道德进步的表现，因为至少这一结构的一个分支为道德进步做出了贡献，内在权威作为行动选择和行为判断的唯一裁决者代表着**道德退化**。它是现代性辩证法的一部分，它包含的道德矛盾既非价值矛盾，也不是抽象规范和具体规范之间的矛盾，而是**其内在道德结构的两种发展逻辑之间的**矛盾。现在我们必须来讨论一下这两种逻辑。

*　　　　　*　　　　　*

1. 在规范矛盾和价值矛盾的情况中，如果实践理性是做出最终的、有约束力的承诺的主体，那么实践理性（良心）是行动选择和人的行为判断的**终极裁决者**。在成为终极**裁决者**上，实践理性不能以实践智慧的**方式**发挥作用，因为它必须决定的不是规范的应用而是规范的有效性。它也不能作为解释性的良心而发挥作用，是由于如下相似的原因：它是必须确立的指导原则，而不是必须被重新解释的预先存在的规范或美德。在这一结构中，双重性质的反思并没有消失。事实恰好相反：一个人支持或者反对的价值越是普遍，双重性质的反思的准先验部分就越是显著。如果人们设定了普遍价值，并从这些价值的立场出发进行自我反思，那么这一反思所得到的感知的支撑就远逊于增补性良心的情形。

就这一层面而言，对价值和规范所做出的对话式的选择或者独白式的选择都不具有优先权。不管这一区分的重要性如何，也不管第一种选择或第二种选择将导致怎样的理论和实践意义，它与上面涉及问题的相关性不大。内在权威是终极裁决者，无论一个人是否就规范和价值的有效性诉求与相关的每个人都进行了讨论，还是根据理智直觉或推测就接受了一个准则，情况都同样如此。然而实践理性（良心）作为终极裁决者却**总是需要论证的**。即使决断是凭直觉做出的，且摆出接受新的价值【108】的姿态，一系列特殊的讨论支撑着这个选择，并且马上开始一场对话——不仅如此，从经过验证的规范和规则的立场看待那些未得到验证的传统规范和规则意味着争论的程序。人们既证明他们的价值选择是正当的，又证明他们的主张是正当的，即认为自身周遭的某些规范和规则（或者他们的先辈们的规范和规则）是无效的，是纯名称，是过去的幽灵，是幻想和不合理的限制。这种证明是直接指向他者、为了他者、反对他者，但又总是处于与他者的相互联系之中。

乍一看，良心作为终极裁决者的运作貌似是**解构性的**，且在一定程度上确实如此。这一终极**裁决者**提出禁令，消除禁令标志，并取消封锁。迄今受制于道德审查的行为被宣称为价值中立。"这样做有什么错呢？""那样做有什么错呢？"——这是解构主义运作的典型问题。而答案通常是"这样做没什么错"。然而良心作为终极裁决者，也是**建构性**的，正如它是解构性的一样。首先，它产生新的、高度抽象的规范，并建构起**有约束力的**普遍价值和规范。这里，解构的姿态同时是建构的姿态，并且体价值被解构了，更加抽象和普遍的价值则经历了建构。这一点可以用下面的表述为例：将行动 X 视为某种罪行，这与人权是相互矛盾的。

作为终极裁决者的良心代表了抽象的和普遍的**禁忌**，如果可以得到验证的话，它将会消除大量的具体**禁忌**。与一般的禁忌相比，具体禁忌剥掉了作为社会压迫和心理压制的仆人的外衣。这一简短论述将足以表明，良心的解释性、应用性运作在新的框架中是如何保存并被极度修正的。关于普遍性的**意识形态**应用的解释，前面我曾经列出了一些概略的论述。除了这一意识形态运用之外，对普遍性的解释或者对高度抽象的规范的解释需要思想上的巨大努力，也需要大量的知识，即使后者不是必需的。做出这一思想上的努力的意愿，必须在个人身上体现出来，由此新的结构就可以成为一个**道德**结构。在民主的法律体系中，新的（抽象的、普遍的）规范的重新具体化本身是部分的、而非完整的解决方案。**然而如果**这一重新具体化无法实现或是不充分，那么建构与解构之间的平衡就面临着被颠覆的巨大危险。应用仍然需要实践智慧，但是它 【109】需要的不仅是上述事物且远大于它。除非在我们的决定中有某种赖以依靠的支柱，否则我们开始的行动是否与普遍性相协调或相矛盾，都是很难做出决定的。道德哲学可以提供几种不同种类的支柱，但是却很少被运用，或者很少得到一贯的运用。在决断的过程中，个人背负着过重的道德责任，在保持决断权力的同时卸下负担，或者在卸下负担的同时卸下决断权力，对个人更有吸引力。正如我们很快要看到的，这两种态度是互补的。

实践理性（良心）作为行动选择和人的行为判断的**终极裁决者**，会以多种形式呈现。我们不能仅通过区分这一新的道德结构中的主要理想类型，就能针对现象的多样性做到完全的公正，然而可以这样说，大体上出现了三种**基本**态度。我将它们称之为**坏的良心**（bad conscience）、**法的良心**（legislative conscience）、**怀疑的良心**（sceptical conscience）。正如马克斯·韦伯所分析的，新教（特别是加尔文教徒）伦理塑造了"坏的良心"的原型。这里，对道德品行（对个人，主观判断）的过分强调，**通过在私人领域和私密领域中**对这些新价值和规范的**具体化**而加以平衡，即在工作（**职业**）领域和**性**领域（包括色情领域）。"法的良心"强调的是规范和价值的抽象性和普遍性，并将其在**政治**领域和**法律**领域具体化。当对涉及判断的**公共**领域和**私人**领域，且主要是涉及行动选择的私人领域内的普遍宽容的建构性价值进行阐述时，"怀疑的良心"更多强调的是解构。在此令人震惊的是，根据**领域的**具体化（私人的、公共的、私密的）对同样的道德结构进行的划分，相对于增补性良心的划分而言，这是一种新现象。正如我们从马克斯·韦伯那里所获知的，政治领域或公共领域以及其中所发生的行动对于"坏的良心"的知识而言不存在任何道德相关性，而法的良心和怀疑的良心则忙于消除性禁忌的特殊主义，以及通过宗教、艺术和相似的模式所设立的禁忌的特殊主义。

＊　　　　＊　　　　＊

2. 实践理性（良心）作为行动选择和人的行为判断的**唯一裁决者**，换言之，现代性的第二个道德结构表现为两种相互支持、相互强化的态度的结合。一方面，这种结合摆脱了道德责任，但保留了**裁决**的权力；另一方面，它一并摆脱了道德责任和**裁决**的权力。如果每一个有约束力的规范和规则都被解构了，而新的规范和规则还没有建构起来，那么实践理性就成为**唯一的**裁决者，因此那时将**不存在任何仍然有效的外在道德权威**。不会留下任何被无条件地接受的价值或规范；不会留下任何**具有约束力的**价值和规范。因此如果主体放任自己，那么对于个人而言没有什么是有约束力的，一切都是被允许的。个人**决定的**一切都是令人满意的，或者好**就是**好。有人或许会反对在这一语境中使用"实践理性"或"良心"这样的术语，但是这一反对是没有基础的。人们并没有说，

"我认识到我和这个世界或许会消失，因为我不能不在意规范"。人们宁愿说，"我认识到我和这个世界或许会消失，而**这就是规范**（这是好的）"。诸如"我感兴趣的一切都是好的""我为你设定的目标将会使你变得伟大，所以，一切实现这一目标的手段都是好的"这样的断言深植于同样的结构中，并遵循着完全一样的逻辑。

"我所认定为正确的一切都是正确的"这一假定是**自我授权**的假定。如果一个人问，"在谁的名义下你声称你所做的和做出判断的方式都是正确的？"答案或许是这样的："以我自己的名义"，或者"我究竟为什么要在意授权呢？"良心的声音总是会建议，你要对你自己负责，但是却从不建议你**独自**为自己负责。只要外在的道德权威存在，即使这一权威仅仅通过唯一的、被人作为具有无条件的约束力而接受的道德规范或价值而得以表征的，那么"对自己负责"就等同于回答如下这个问题："你是根据你已经接受的规范或认定为有约束力的规范而行动的吗？"如果我独自对自己负责，且不对任何外在道德权威负责，那么"对自己负责"非但不包含而是排除了**道德反思**。自我反思的先验（或者准先验的）方面已经消失，并且仅仅作为经验结果的成功或者失败而成为自我判断的唯一标准。因此**实践的和实用主义–工具主义的行动和判断融合在一起**。在逻辑上和经验上，实践理性作为行动选择和判断的唯一裁决者，它是解构的最终产品。个人主义在打破防护之堤和摆脱外在权威的痕迹方面恣意横行。然而在这样做时，它并没有从总体上消除权威，而是肯定了没有任何道德内容的新权威。

实践理性的逻辑是如何展开的，恰恰可以通过螺旋的形状得到最好的说明。一开始，实践理性是概要性的。外在权威是人们所遵从的具体【111】规范的总和。如果某人无法做到这一自我遵从，他者的目光就会使这个人感到羞愧。接下来，实践理性和良心出现了，而且与其一同出现的还有道德品行以及对权威的复制。双重性质的反思出现了，特别是在解释性良心的框架中。下一步解构的过程产生了。具体规范的理所当然的性质貌似消失了，高度抽象和普遍的规范和价值得以建立。自我反思的准先验方面已完全成型，而且实践理性高度依赖辩论的运用。最后，我们返回到第一个阶段，与最初存在的阶段相比，这一形式在结构上更高但在道德上却较低。外在的道德权威被解构了，恰如它是内在权威的道德部分一样。双重性质的反思再一次消失了。"他者"被自我（作为非道德权威）完全工具化，并且这个自我使自己完全服从于缺乏道德的外在权威。良心作为对内在权威（实践理性）的介入成为一种附带现象，他者的视角仅仅成为反映最终结果（成功或失败）的镜子和赤裸裸的权力的承载者，人往往以一种遮羞的方式受制于它。

　　作为行动选择和行为判断的唯一裁决者，我们可以区分出实践理性的四种主要类型：**自恋型的良心**（narcissistic conscience）、**私人的善于算计的良心**（private calculative conscience）、**公共的善于算计的良心**（public calculative conscience）和**善的良心**（good conscience）（我从尼采那里借用了最后一个术语）。如果一个人全神贯注于纯粹的经验的自我反思的话，良心将成为**自恋型的**。道德规范和价值都不能构成自我反思的立场；由自我反思所激发的全部解释性框架是外在于道德的（在心理分析的意义上，不是心理的就是社会的）。对自恋型人格的羞愧的危险性的迟钝，不应该通过性格的弱点，而应该通过态度本身的**结构**得以解释。**私人的善于算计的良心**代表了两种完全不同的成对的价值取向范畴的结合，即善/恶和成功/失败，成功是善的，失败则是恶。正是在这一情况下，**实际的后果**成为自我反思的（非道德的）标准。所有其他的标准都消失了。善的动机等同于善的算计，而"良心的苦闷"只有在算计被证明是坏的情况下才会被感觉到（而且结果是失败而非成功）。与
【112】 自恋型的良心相比，且与良心作为唯一裁决者的其他情形非常相似，私人的善于算计的良心对于羞愧具有高度的、几乎是歇斯底里的敏感。具有私人的善于算计的良心的人，当他面对错误的算计和失败时经常会自杀，而非将自己暴露于他者的目光之下。**公共的善于算计的良心**代表着另外两种完全不同的成对的价值取向范畴的结合，这里它是在善/恶和有益的/有害的之间。对于国家、个人、阶级和政党而言，有益的就是好的。领导者、独裁者或者源于其他的任何精英人物为其他人（相关人群）**界定**了什么是有益的，并且预先假定了"有益性"是由恰当的算计

所决定的。因为"有用"被定义为"好"，盲目服从社会权威，这个算计的源头被认为是美德，而不服从是恶习。任何被假定为导向令人满意的最终结果的每一种手段都必须被看作"善行"。然而并不需要对**真正的**成功的确认，因为它与私人善于算计的良心相连。对老谋深算（Great Calculator）者失去信心本身就是令人羞愧的。他者的目光是赤裸裸的权力的表达，也是共同运用赤裸裸的权力的表现，因此羞愧与恐惧混合在一起，包括对惩罚的恐惧和对背离的恐惧。**善的良心**作为虚无主义的完成和颠倒是**神化**的最后一个筹码。如果既不存在神也不存在规范，那么我就是神。如果其他人仅仅被作为自我达到充分的自我实现的手段的话，那么善的良心就是私人的。这里自我将自己解释为超人。但是这个（大写的）自我-神（Ego-god）缺乏上帝的主要特质——不朽。巨大的恐惧，对死亡的恐惧，潜伏在神化的伪装背后。必死的命运，这一自我神化的自我的"极大的羞愧"是无法克服的。然而善的良心很少是私人的。超人需要其追随者，追随者的目光重新确认了他的"神性"。这些追随者仅仅是超人的镜像。这些人盲目地服从超人。他的认可就是他们的荣誉，他的反对就是他们的羞愧。并且当他强制他者盲目服从他的时候，他也依赖于这一服从。那些既不害怕他，也不会因他而感到羞愧的人就会威胁到超人并使其感到羞辱。

＊　　　　＊　　　　＊

在这两个结构之间，在作为终极裁决者的实践理性和作为唯一裁决者的实践理性之间，并不存在**道德**选择，因为只有两个不同的**道德**选项才代表一个道德选择。就道德结构而言，**我们没有道德选择**。恪守将实践理性作为行动选择和行为判断的终极裁决者的承诺是唯一向我们敞开的**道德**承诺。并且我指的是道德的**承诺**。我们不能确保道德发展的下一【113】阶段，也即我们的阶段，按照定义，它"高于"此前的每一个或任何一个阶段。现代道德结构不是单向的，而是多向的。行动者的承诺决定了哪种趋势将占主导地位。除非我称之为"作为终极裁决者的良心"这一结构在伦理世界中**被具体化**，除非它被伦理世界（复数的）的居民变成"理所当然的"，否则内在于这个结构中的危险就无法克服。

第七章　对单个事件做出的公正判断

【114】　　　　我已经将"形式正义概念"包含在了经验的道德普遍性中。"人的境况"的第一个（抽象的）组成部分被认为是社会规则取代了本能规则。只要有人类生活的地方就有规范和规则。规范和规则构成了社会集群，并且必须持续一致地将构成既定社会集群的规范和规则应用于这个集群的每一个成员。倘若是不一致或非连续的应用的话，那么**不公正**就出现了，而不管有关的规范和规则是否具有道德起源。道德的出现带来了对正义的新解释：单个的人或整个人群可以拒绝那些不公正的"理所当然的"的规范和规则，与此同时，他们也可以将那些对他们而言更为公正，或稍加公正的规范和规则称为是有效可替代的规范和规则。我将这种正义界定为"动态正义"。动态正义本身并不是人类经验的普遍性，而"形式正义概念"则是——虽然是以一种被修正过的形式，但是动态正义也必须遵循内在于"形式正义概念"的模式。

　　　　正义和非正义的每一个问题都含有道德因素，而且这些问题在本质上基本是社会的和政治的。我已经在我的专著《超越正义》（*Beyond Justice*）中对它们进行过讨论。在"一般伦理学"的框架内，我希望能集中关注关于正义的一个特殊问题，即对单个事件做出的公正的（和不公正的）判断。

　　　　"公正"（在形式正义概念的意义上）表明了一种美德，而"不公正"则表明一种恶习，因为非正义**伤害**了那些不能得到他们所正当希望得到的东西（根据规范和规则）的人。规则的不公正行为构成了对社会的公开冒犯，并且增加了社会再度堕落到混乱状态或者绝对专制的危险

【115】（尽管我们可以在此补充一点"除非可供选择的规范和规则能够且被遵守"）。

　　　　如果我们的思想中只存在一种行动的道德内容，那么**判断**的过程就

包含着紧密相连的两个方面。如果我开始一个行动，那么我必须运用好的判断去决定如何才能将规范应用于当前的现实状况，或者决定是规则X还是规则Y适用于这一状况。当然，如果这一状况是"显而易见"的话，判断过程可以完全是"本能的"且不引人注意的。判断的另一方面包括对**其他人**的道德美德（merit）或道德优异（excellence）的裁决和对这些人是否遵循，或最终违背了规范这一事实的判断，无论他们遵循了这些规则还是未能遵循这些规则。判断的这两个方面尽管是相互联系的，但也可以被分离开来，事实上，它们经常是个别地和社会地被分离开来。有些人在他们必须对自己的行动做出决定的情况下，不是一个好的判断者，而当评价他人的行动时，他又是一个好的判断者，**反之亦然**。并不是每个人都有权对他人的行动做出判断。如果人们做出了正如言语行为——他们无权做出的判断，那么通常他们都会受到社会的制裁。**如果做出判断本身就意味着运用社会制裁的话**，那么情况更是如此。如果人们有权做出包括社会制裁在内的判断（就像言语行为），那么他们就被界定为**社会权威**。在特定情况下（例如在某些部落社会中），"社会权威"等同于整个成年人群。再举一个现代的例子，天主教的牧师仅对于天主教徒来说才是社会权威，因为，前者做出的判断仅对于后者具有社会制裁。法律制裁是由法律权威依据判断所做出的一种制裁。如果法律权威和其他社会权威之间的区别是显而易见的，当然情况往往并非如此，那么法律权威将无权执行制裁，但前提是判断并不是由法律权威而是其他权威做出的，反之，如果判断是由法律权威做出的话，那么其他社会权威也无权去执行制裁（即使他们有义务告知法律权威在何种情况下可以执行法律制裁）。最后，法律规定的社会制裁**只能由**法律权威**来执行**，其他任何权威从来都没有这种权力。然而法律不能阻止我们做出一个判断。在这个意义上，公共舆论有权做出这样的断言："法律证明A是无辜的"，或者"被法庭（法律）释放的B是有罪的"。但是公众当然是无权释放前者或者监禁后者的。

一切都是显而易见的。人们认为，一切仅是用来支撑下述这一初步 **【116】**
陈述，即判断的两个方面能够且一般是相互分离的。重要的是，使这一初步陈述实体化以便证明本章的目标是合理的，在这一章中我将讨论限定在对单个事件所做出的公正判断上，以便对判断的第二个方面进行分析。即使在大多数情况下，在未对其他行动者的行动和做法举止做出好的判断的情况下，一个正确的道德决断是不可能的，即使在对他者做出判断的同时就包含着对自己道德承诺部分的判断，即使执行社会制裁需要我们的直接行动——纵然这些事实无疑都是正确的，那么也可以单独处理**对他者进行判断**的问题。如果我们确实单独处理它的话，那么这就不单纯是出于方法论的考虑，或者更准确地说，是因为这些考虑都具有真实性的特质。

对**判断第二个方面**的讨论将集中在**判断的行为**上。此时我所感兴趣的并不是判断中包含何种社会制裁，或者判断是否包含着社会制裁。我们不是在**道德**判断和**法律**判断之间做出区分，因为我们完全是从前者的视角来看待后者的。

在对单个人做出判断时，有可能存在也有可能不存在**公开做出的对比或者等级划分**。（我们总是**暗地里做出比较和等级划分**。）如果**并没有做出公开的对比或者等级划分**，并且判断是以**肯定的**方式做出的话，那么应该说我们并没有谴责这一判断是"不公正"的，即使我们认为它是假的（因为它过于肯定）。如果被判断为是优秀的，那么情况总是这样；如果人们针对行动做出了道德判断，或者针对性格做出了判断，那么在不同程度上这一情况也是真的。如果一个父亲声称他孩子的绘画作品很优秀，我们或许可以礼貌地反驳那些我们认为是属于父母自欺欺人的说法，但是我们并没有将他的断言看作不公正的行为。然而如果这个父亲过多地赞誉自己孩子的绘画作品，同时却贬低了其他孩子的绘画作品，而在我们看来，其他孩子的绘画作品也是不错的话，那么我们就毫不犹豫地将他及其行为看作不公正的。如果某人以一种与某个人优点不成比例的方式赞扬其性格（在我们看来），而且是在没有进行公开对比的情况下做出的，那么我们就将这个判断称作是错误的（虚假的），但不是不公正的。然而如果认为否定的判断是错误的（虚假的），且**没有公开的比较**，那么否定的判断就被认为是不公正的。断言自己孩子的绘画作品（在我们看来还是很有技巧的）是垃圾的父亲，也被看作**不公正的**，因为他没有诉诸任何公开比较和等级的划分。如果当着我们的面嘲笑某个人的性格，那么我们认为这个嘲笑者是"不公正的"（如果我们认为这个判断是虚假的），而不管被侮辱的人是否已被公开或者不公开地与【117】他人进行过对比。我们将这一区别看作理所当然，以至于我们甚至从来没有质疑过为什么如此。未经过公开对比和等级划分就做出的肯定判断**不会伤害到**任何人，也没有冒犯社会规范和规则。如果在未经公开对比和等级划分的情况下，每个人所做出的判断都比实际情况更加肯定的话，那么这既不会引发混乱，也不会出现暴政。而且未经公开对比而做出的过于肯定的判断，与群体内部的关于**仁慈**的道德美德是一致的。最后，他们**承认**一种人格（personality），而在现代性中"承认一种人格"已成为群体内部的道德规范。然而未经公开对比而做出的肯定判断的特殊地位，仅仅无条件地属于**静态正义**的领域。如果某人拒斥了某些不公正的（错误的）规范和规则，那么针对根据这些规范和规则开展的行动或个人品格而做出的**某些肯定判断可以被合法地看作不公正的**。

通常，我们在事后对行动进行判断，但是有时我们也会对那些还未发生的事情做出判断（如果一个人的动机已经展示给我们的话）。我们对一个人的判断是基于他已经做出的行动，而且我们通过这个判断假定，同一个人会在未来做出同样的行动。

我们知道，"行动 X 是公正的"或"某人 A 是公正的"这样的陈述，是由事实陈述推出的评价性陈述。对于"A 的判断是公正的"这一陈述而言也是如此。对 A 的判断是事实。在做出"A 做出了一个公正的判断"这一结论之前必须事先知道，这一判断是否属于这种情况。但是"A 做出了一个公正判断"这一结论显然仅仅是一个评价性陈述。它也包括做出评价所依据的那些事实陈述。事实陈述由关于**环境**的陈述所组成，而判断（被我们评价为公正的或不公正的）就是在这一环境中或针对环境做出的。我们必须记住一点，如果评价一个判断是公正的或不公正的，那么我们必须弄清楚的是，事实陈述**并不包含**有关最初判断的**动机**的陈述。更为简洁地说，如果我声称"A 做出的判断是不公正的"，那么我必须首先确定 A 是否已经做出了判断；其次，哪些事实构成了判断的基础；再次，在哪些规范和规则的指导下做出的判断；最后，那些规范是否适用于讨论中的情况（"环境"这一术语包含了所有这些考虑）。即便如此，我也无须确定 A 是否真的想做出一个不公正的判断，或者这个公正或不公正的判断是否由内心的善良、嫉妒、自我利益或对正义的追求所激发。在与许茨（Schutz）的讨论中，"为了"和"因为"的动机在此并没有得到考虑。我没有必要知道是什么促使 A 做出了判断，以便针对 A 的判断做出**公正的**判断。显然，我也可以声称，"A 出于嫉妒做出了不公正判断"，或者"A 出于自身利益做出了公正的判断"。但在这里，我是对这个人的品格做出不公正或公正的判断，而非**针对他对单个事件所做出的判断**。而且为了对一个人做出公正的判断，除了需要对环境比较熟悉和认识到我必须尽自己的最大努力正确掌握所有事实是我的义务之外，我无须知道这个做出最初判断的人是**如何**理解那些特定环境的（不管他的理解是正确的还是错误的）。不管 A 是由于对事实的错误理解而做出不公正的判断，还是由于有些事实是错误的，在有可能做出"A 的判断是正确的或者错误的"（公正或不公正的别称）这个判断之前，这不是必须解决的事情。当然人们也可以声称，"A 之所以做出不公正的判断是由于他的不知情导致的"，或者"A 只能本能地做出一个公正的判断，因为他是愚钝的"，但是这样的判断也是对品格的判断，而非对于 A 在特定（单一）情况下所做出的特殊判断的判断。（"如果 A 被妥善告知实情的话，那么他将会做出一个公正判断"，这个陈述是对品格的判断。）所有这些都与亚里士多德已经讨论过的事实有关，即一个人不能因为做出了不公正的行为或做出了不公正的判决而被称为"不公正的"。显然这一区分也适用于 B 这个人，而 B 针对 A 的判断做出了判断（因为，如果这个人是不公正的，那么其判断也是不公正的；或者如果这个人是公正的，那么其判断也是公正的）。

现在让我们来讨论一下 A 的判断（最初的判断）。让我们假定，A 针对道德优点或者缺点做出了判断。在这种情况下的判断应该受到正义观念的调节，"对每个人的判断都是根据他或她的优点"。既然我们将分析限定**在判断的行为上**，那么上述提到的正义观念调节我们的方式如下："对每个人的判断，都应该根据他或者她的优点。"① 判断是评价性行动，它应该由事实陈述推断出来，并且应该（在这一情况下）采取下述形式："这一行为是值得称赞的（或多或少值得称赞）或者是邪恶的（或多或少是邪恶的）。"那么需要了解的事实是什么呢？因为亚里士多德已经对其进行过列举，所以我将仅做一简短论述。人们必须了解规范 【119】和规则（不管行为 X 根据这些规范是否值得称赞）；人们必须了解行动发生的情境；人们必须了解行动者是为了谁，或者为了反对谁才采取的行动，知道行动发生的时间和地点，还有一些其他因素。所有这些知识都应该为真。为了将这一行动置于优点/缺点连续统一体的两个极端点之上，把握动机（"为了"或"因为"的动机）的真知就不是必要的。尽管如此，为了做出公正的对比和排名，为了对情况的"或多或少的"方面做出公正的判断（或多或少的邪恶行为，"模棱两可"的行为），依然有必要了解行动者的动机，以及他们在实施这个被判断的行动时所知道的和不知道的。在做出初始（最初）判断（在这个情况下，是针对优点和缺点的区分）与针对初始判断的**正义**所做出的二次判断之间进行区分，这是非常重要的。我们每次做出"A 的判断是**不公正的**（或者公正的）"这个判断时，我们都假定 A 是从虚假的（或真实的）事实陈述中推导出评价性陈述的。A 已经针对其行动做出判断的行动者的动机，**包含**在应该正确获知的一系列事实之中。因此，如果我断言，对正义 A 的判断是不公正的，那么我可以提出如下理由，不公正评价起因于对**被告动机**的错误陈述。然而**我的**陈述是脱离**我的**知识或对**正义 A 的动机**的无知而做出的，这一点无关紧要。

为了做出公正的初步判决，必须要对行动者进行听证，并对其行为做出判决。公正的判断以与那些行为被判断的人沟通为前提。如果有可能进行面对面的会面，那么听证必须是直接的。参与者（实施了相关行

---

① 不管哪一种正义观念调节着我们的行动，判断的逻辑都是一样的。如果正义的调节性观念是"对每一个都是一样的"，那么**就根本无须做出任何判断了**。如果已经做出了最初判断的话，那么就能做出二次判断了。但接下来，判断的**事实**就因其是"不公正的"而加以拒绝了。

动的人）必须有机会证明其行动的合理性，并对其进行解释。在这个辩护和解释的过程中，他们必须能够自由地诉诸任何东西（环境的力量、信息的缺乏、动机等等）。如果面对面的相遇是不可能的，那么做出最初判断的人必须在心理上将自己置于与被判断者完全相同的情境中。此外，他必须设法找出可能影响此人的任何其他动机。另一方面，这个人（通过初始判断的人）必须倾听所有处于或可能处于判断位置的其他人的意见。与他们所有人的人际互动几乎是不可能的，但是与其中的部分

【120】 人互动又几乎是可能的。"举行听证会"的意思是，咨询其他处于判断位置的人，看看他们会在这个特定的案件中做出什么样的判断。这两场"听证会"虽然都是必不可少的，但却完全不同。对个别的人应作第一次审理，对一般的人应作第二次审理。因此那些在第二次听审中被咨询的人（在现实中或在想象中）不能提及他们自己的动机、环境等，因为由第二次听审所决定的只是在预期状态下的第二次判断。如果我对判决的案件给予了全面的考虑，那么我的主要判断应该是公正的，因此预期通过我的主要判断的次要判断应该是"A 的判断是公正的"，并且陈述应该是真实的。后一项附带条件是最重要的。"A 的判断是公正的"这句话可以是真的也可以是假的。关于静态正义，我们可以假设，如果每个人实际上或事实上声称"A 的判断是公正的"，那么这个陈述是正确的。然而，在动态正义的条件下，却不能做出同样的假设。①

第一次听证会总是严格执行的。很明显，那些被评判的行动者的辩解和解释都不能从表面上看。为了强调什么是显而易见的，必须平等地考虑证人的证词（尽管也以批判的方式）。同样在静态的情况下，司法执行的"第二次听证会"并非如此严格地进行，这并不意味着主法官必须不加鉴别地聆听所有的具体的建议，但它确实意味着所有可能的二次审判官员的预期（相同的位置）判断被不加批判地接受。在动态正义的条件下，情况则并非如此。在那里，第二次听证会也是至关重要的，因

---

① 在纯粹的静态正义模式中，我们将所有的规范和规则都看作理所当然。这个一致性被动态正义作为一个虚假一致性而加以揭示。甚至这些作为"理智合理性"承担者的人也能够得出如下结论。在自由和平等的条件下，人们将同意他们的判断，他们不能事先假定在当前的情况下，人们也会这样做。

为你所寻求的"所有"预期的判断（"A 的主要判断是公正的"）只包括那些与你有共同价值观、准则和原则的人。而这"全部"可能确实只是极少数。那么，你预期所有那些不认同你的价值观、准则和原则的人会判断（或可能判断）你的判断行为为"A 的主要判断是不公正的"，而你确信这个预期的判断是错误的。

并非每一个最初判断行为（针对优点/缺点、卓越和缺乏卓越而言）都是一个**建议**。就针对单个行为（单个行动者或者集体行动者）的优缺点所做出的判断而言，建议或许采取下述形式："你做得很好，再做一次"，或者"你不应该这样做，以后切不可再这样做了"，或者"你应该做得更好，所以下次要做得好一些"。然而"在这种情况下，你已经竭尽全力了"与"在这种情况下，你的行动是可能做出的好行动之一"这两个判断并不是建议，尽管它们是肯定的判断（"你的行动"获得了称 【121】赞，值得表扬）。

由于初始判断的任务是考虑动机和情境，所以诸如此类的判断行为通常并不包含建议。如果判断行为同时是建议，但是也**只有**在此，判断对于**所有**在同样的或者相似位置的行动者（单个行动者或者集体行动者）来说才具有相关性，即使我们是针对单个事件所做出的这个判断。（例如，"你做得很无礼，不要再这样做了。每个人都应该尊重他的父亲"；或者，"你做得很勇敢，以后还要如此。所有的士兵都应该勇敢地行动。"）即使那些判断并不是针对那些行为正在被判断、被对比或者进行等级划分的人而做出的，然而他们的判断或许包含或许不包含建议。在对虚构的角色进行判断时，人们可以做出同样的区分。例如，在讨论莎士比亚的角色贡纳莉（Goneril）和吕甘（Regan）时，我们能够公正地做出如下判断："他们不应该如他们所做的那样去做。"然后补充道，"任何人都不应该像他们那样做"。然而在对哈姆雷特做出判断时，我们或许公正地说，"在这种情况下，他尽其所能地去做了"，尽管我们不能建议每个人都应该以同样的方式行事。然而相对于初始判断，判断的二次行为**总是**建议。这句话是不证自明的，因为它是根据迄今为止关于对判决做出的判决所做的一切陈述而得出的。如下所述是不可能的，

131 ·

即"在这种情况下，你能做到的最好的事就是做出一个不公正的判决"：不公正的判决绝不是"最好的"（即使在相对意义上来说也不是）；任何人都不应该做出一个不公正的判决。

我曾经坚持认为，针对一个判决的正义或者非正义而做出的二次判决排除了对品性（character）的判决。我也曾经提出，在初始（最初的）判决中（当行动的优点或者缺点将被确定时）必须考虑到动机，并且由此对品性的判决必须进入判决程序。但即便如此，对单个行动所做出的判决不应该**基于**品性判决（后者只能增加或者减少判决的严肃性）。正是为了**好的**正义感才去确定品性判决应该修正（增加或者减少）针对单个行动所做出的判决的严肃性的恰当**程度**。根据定义看，基于品性判决而做出的判决是**不公正的**，因为这一程序与形式**正义概念相矛盾**。然【122】而反过来说就不为真了。在某些单个行动中，道德犯罪的程度和类别完全证明了对品性的全面的否定判决，正如单个超义务行动，或（尽管并不总是这样）可以证明对品性做出的最终肯定判决。人是如此的与众不同，他们不能作为一个整体进行对比或者划分等级。然而形式正义概念命令我们去对比或者划分等级。在规范和规则的指导下，行动是可以比较的。而且以**行动**、甚至**单个行动**为基础的品性也是可以对比的（如"好的""不太好的""坏的""邪恶的"）。如果品性判决是在心理的或者精神的禀赋、品性特征和动机的基础上做出的话，那么具体行动就可以由此获得**解释**（或者我们推测它们能够得以解释），作为整体的品性判决就可以进入初始判决（在这个或那个方向上改变它）。即使如此，当处于判决中的行为与性无关时，却将行动者的性习惯包含在评价中，或剖析其灵魂，考察他所有的观点，这将不但是对其个性的冒犯，也将是完全不公正的。福柯强烈而正确地强调了这一点。

如果判决行为包含了建议而非"不要再这样做"，那么对被判决行为进行**纠正**的要求甚至是命令，也已经包含在这一判决行为中。针对单个行动的单个行动者的要求或命令可概括如下："每一个应该做得比他/她现在所做得要更好的人，都**被建议**纠正其所作所为"，并且"每一个做了他/她不应该做的事的人，都**应该**纠正其所作所为"。纠正，不管以何种形式发生，都是对**社会正义**的恢复。它遵守理性，那些不能被纠正的行动总被看作**最大的恶**。如果无法纠正的行动被认为是最为严重的罪行，那么就可以认为，在初始判决中就考虑到了行为结果。哈特（Hart）① 在其著作《惩罚与责任》（*Punishment and Responsibility*）中恰如其分地指出，"对行动负责"这一表达代表了"对行动结果负责"。重复他的例子，X 不为**传播流言蜚语**负责，而是要为对 Y 的**品性**的**诽谤**负责；或者，X 不为**杀害** Y 负责，而要为 Y 的**死亡**负责。换言之，对行为的纠正相当于对行为结果的纠正，因为恰恰这一点恢复了社会正义。当然什么样的行动（行动结果）能够被纠正，而什么样的行动不能被纠正，这是由行动发生的社会规范和规则所决定的。如果 X 造成了 Y 的死亡，但是造成 Y 的死亡可以通过行动发生于其中的社会规范和规则而得以纠正（通过 X 被流放，通过 X 向 Y 的亲属支付赔偿，或者诸如此类的），那么杀害 Y 显然并不被看作最为严重的罪行之一。死刑（通过法 【123】 律权威或者任何其他的社会权威加以执行）是对"一个人做出了无法纠正的行为（或者在现在，或者在将来）"这一事实的表达，而且因此也是对"只有剥夺这个人活着的权利社会正义才能得以恢复"这一信念的表达。

由于"对行为的纠正"等同于对行为结果的纠正（必须根据规范和规则做出），因此包含在初始判决中的纠正的建议或者命令与**改变品性**的意图没有任何关系。这样的一个意图仅仅**暗含**在如下建议中："将来你应该做得更好""你不应该再这样做了"。

在此可以得出某些结论。包含在"你不应该再这样做了"这一判决中的建议是一个**道德**建议，因为它意味着，"**不管社会惩罚如何，你都不应该再这样做了**"。对于"你不应该再这样做，**因为**如果你这样做的话将再次受到惩罚"这样的陈述来说，显然与"你不应该再这样做"这一**建议**不同，毋宁说这是一个**威胁**。因此**改变品性**的意图只能通过诸如

---

① 赫伯特·哈特（Herbert Hart, 1907—1992），英国著名法哲学家、新分析法学派的重要代表人物。哈特是英国牛津大学著名的法理学教授，长期从事法理学的教学和研究工作，是西方 20 世纪 70 年代形成的新分析法学派的创始人，也是二战后西方法学界最有影响的人物之一。——译者注

"不管社会惩罚如何，都不要这样做"这样纯粹的道德建议来表达，并且这是一个恰恰在下述意义上对改变一个人的品性的隐晦建议："不要这样做，出于**不这样做的优点**，出于不这样做所传达出的美德，出于做其他的事的优点或者美德"，然而诸如此类的话语都不暗含着威胁。将纠正的需要或者命令（与改变品性的意图毫无关系）与意在改变品性的纯粹道德建议混淆起来，而"不管社会惩罚如何"，这绝不仅仅是逻辑上的错误，也构成了道德伤害。

*　　　　*　　　　*

我们有**权**评判（他者）吗？是谁或者是什么赋予我们评判他者的权利？在只是讨论静态正义的纯粹模型时，我们可以将这些问题看作无关紧要的而加以抛弃。但动态正义一经出现，并且自此以后，这样的问题就被提出来，而且对它们的回答一直是极为重要的。评判的权利问题与责备、责难、谴责的权利问题是并行不悖的，而且事实上两者是相当的。这与从未受到过质疑的"赞扬的权利"极为不同。相应地，在什么【124】情况下"评判的权利"代表了责备、责难、谴责的权利。更进一步说，因为本章讨论的是针对单个事件做出的公正判决，所以在静态正义和动态正义的条件下，我将仅在确实针对单个事件做出了否定判决（责备、责难、谴责）的情况中来讨论"判决的权利"。显然，我们是否拥有判决的权利这一问题，并不包含我们是否有权做出**不公正的**判决，因为任何人都无**权**这样做（因为这与形式正义概念相矛盾，因此是不能"正确完成"的）。在没有权利这样做的情况下，我们却做了，这又是另外一回事。我们是否有权判决（他者）这一问题采取了"我们**究竟**有没有判决**他人**的权利？"的形式。换言之，问题是我们是否有权**对他者做出公正评判**。同样的问题也可以做出如下解读："尽管我们确实有权对他者做出公正判决，但由于我们本性内在的不完善（和作恶多端），我们却很少，而且也没有一致地这样做；由此，完全不做出判断是更值得称赞的。"第二个构想并没有对我们做出公正判决的**权利**提出质疑，而仅仅对我们这样做的**能力**，或者连续而一致地这样做提出了疑问。

如果每个人都不断地提出这个问题，而且这一问题经常是以肯定的方式得以回答的话（"事实上，任何人都无权判决他者"），那么任何社会都无法存在。然而如果没有人提出这一问题，也从未有人做出如下回答："在**这个特殊情况**下，我无权判决他者"，或者"在**这一特殊的方面**，我不能判决他者，尽管我有权做出公正的判决"的话，那么良心（适当的实践理性及其包含的内容）就无法存在。在这两种方案中，"我"代表着"作为个人的我"和"作为共同体 X 的成员的我"。在纯粹静态正义的情况下，判决的权利被分配给了某个社会群体、地位或者等级，而这正是这一问题从未被提起的原因。这种分配以一种"准自然的"（"理所当然的"）方式发生得越少，起码"判决的权利"就越多地由实践理性（良心）来共同决定。

判决的权利是由实践理性（良心）共同决定的，这意味着什么呢？这样的共同决定是如何体现的呢？

在对他者行为做出判决之前，或者在对品性做出任何判决之前，提出这样的问题本身就等同于"我们首先必须对自身做出公正判决"这一**纯粹的道德**建议。建议之所以是纯粹道德的，是因为给出这个建议与"社会惩罚无关"。也就是说，我们是否拥有做出判决的权利这一问题，检验并质疑着初始判决作为（特定的）**初始**判决的有效性。因为我们是否有权做出判决这一问题，只有在判决是针对优缺点做出的情况下才会出现，① 它意味着下述（道德）建议："在将要对他者的优缺点做出判决的任何时候，我们必须首先确定，在这一特殊情况下，我们是否有权做出这样的判决。"我们可以通过将初始判决转换为二次判决来做到这一点，在此之前对我们自身做出了初始判决。我们必须通过初始好的判决确定，我们已有的行为是否在类型和严重性上类似于我们即将判决的行为。如果我们已经有更严重的类似行为，那么我们就没有做出判决的权利。如果我们已经具有同等严重性的类似行为，而且**如果**我们已经纠正了自己的错误、缺点、罪行或者诸如此类的话，那么我们就有权做出 【125】

———————

① 在对不具有道德含义的"优秀"（或者是优秀的缺乏）做出判断的时候，对于我们判断的权威可以提出相似的（尽管并不是同一的）问题（如果我对数学一无所知，那么我在这一领域就没有权威，无法成为一个优秀的判断者）。

判决。如果我（作为个人）对**集体主体**做出判决，那么我必须对我所在的**集体主体**做出**同样的**判决（自我判决）。如果我作为成员的集体主体已有同样的行为，或者更为严重的类似行为，或者具有同样严重性的类似行为，但之后却没有被纠正，那么我（作为个人）就无权对任何集体主体的行为做出判决，除非受疑的行为发生之时，我已针对我作为成员的集体主体的行为做出了**同样的**判决，这是第一种情况；在第二种情况下这是回溯性的。显然，同样或类似的行为发生在我作为成员的共同体**中的时候**，如果我做出了这样的判决，而且我是缺乏活力的人或者是个小人物，那么对共同体做出的（自我）判决在两种情况下都是回溯性的。

这表明，我们是否拥有在特定情况下做出判决权利这一问题，是在**形式正义概念**的指导下决定的。除此之外别无他法，形式正义概念就是正义的准则。在做出任何初始判决之前首先要做一个初步的"自我判决"，这一道德建议告诫我们，在规范和规则的运用中要坚持一致性的规范。

同意这一点，拒绝做出判决就是可能的，这不仅是因为一个人**无权做出判决**，也是因为这个人坚信在某些方面，他或者她不能**是他者的法官**。X 可以拒绝对 Y 的行为做出判决，不是因为 X 已经有了同等程度或者更为严重的类似行为，而是因为 X **不知道在 Y 的处境中他/她会怎么做**。形式正义概念在此并不适用（所以，我们并不讨论判决的权利）。拒绝对 Y 的行为做出判决的 X 的初始判决，是针对**品性**所做出的自我判决。然而我已经论述到，任何初始判决都不应该建立在品性判决的基础上。由于这个原因，基于对品性做出的自我判决的考虑，保留做出判决的决定并没有取消判决的**权利**。未曾放弃判决权利的每一个人都拥有做出判决的权利，因为他们拥有共同体的成员资格，而共同体的规范和规则适用于每一个人，当然也包括这个人。每个人都以其作为规范和规则的体现或**承载者**（repository）的能力来进行判决。恰恰就是因为判决的权利被归因于作为其共同体的规范和规则的**承载者**的个人，所一个人**作为**单个人，当他以同样的方式或者比将要加以评判的那个人在更大程度

【126】

上违背规范和规则的话，那么他可以放弃判决的权利。现在，这个人就不能作为特殊规则或者相关规则的体现或承载者而做出判决。

如果动态正义仅仅使某些价值（规范）的**解释**而非价值（规范）本身失效的话，那么至少在理论上就很容易确定谁拥有判决的权利，谁已经放弃了这一权利。如果做出判决的人和被判决的人遵守**不同的规范**，那么问题会变得更加复杂；这两个人**不是同一个**规范体系的体现或者承载者。在何种情况下，我们如何才能断定属于现实的或者想象的共同体的人有权对那些遵守**不同共同体**规范和规则的人做出判决呢？这样的权利必须建立在下述**信念**的基础上，即做出判决的团体所遵从的规范和规则优于（更好、更公平、更公正）被判决的团体所遵从的规范和规则。人类共同体和文化的传统的、准自然的"民族优越感"正是基于上述信念。因为只要"其他"文化的规范和规则被看作低等的（野蛮的、有偏见的、邪恶的、无情的），那么遵守这些规范的人无疑会被判决为野蛮的、有偏见的、邪恶的和无情的，并遭到拒绝。只有当一种文化的规范体系正处于失效的过程中，并且可选择的规范体系的概念使两种文化中的判断和被判断的"正当性"**相对化**时，这种准自然的优越感才会消失。在这一情况下，只有我们属于具有理想的（想象的）规范的共同体的成员资格，才确立了我们对其他文化中的成员做出判断的权利，后者本身被假定为符合理想群体的想象的规范。正是从"法的良心"的立场，而且仅仅是从这一立场出发，人们可以提出这样的诉求，即每一个人作为"人类"（humankind）的承载者，应该拥有对其他每个人做出判决的权利。

至此我已经相当详细地对我们是否拥有、何时拥有、为什么拥有针【127】对行动做出道德判断的权利进行了讨论。但我仍未真正涉及我们是否拥有对**道德品性**做出判决的权利这一问题。我们知道，我们有权做出诸如"X 的行为是一个道德错误，一种冒犯、侵犯、罪行（crime）、罪过（sin）"的判决。但我们是否有权断言"X 是邪恶的、是个流氓、是个恶棍、是个罪犯、是恶的化身"呢？

在某些基督教传统精神中，我们可以说"任何人都无权做出判决；

我们都是有罪的人，并且只有上帝可以做出判决"。显然这一言之凿凿的立场并没有涉及判决**行为**的问题。给出下面这样的建议将是**非道德的**（和非基督教的）：杀害无辜者（或者举一个严格的宗教的事例，亵渎神明）不应该受到审判。如果单个行为并没有得到审判，那么**原谅**的命令就是毫无意义的。我仅能原谅一种**冒犯**，并且如果行为的性质由判决确定为并不存在冒犯的话，那么也就没有什么是要原谅的。我们不应该对我们的同类做出判决这一建议，这指的是对**道德品性的判断**，或者至少指的是**对道德品性做出的终极判断**。① 如果由于下述众所周知的、简单的理由而认为我们不应该对道德品性做出任何判断，那么这是无法想象的，其理由如下：尽管对单个行为做出的初始判决不能**基于**品性判断，但是在做出这样的判断的过程中，对道德品性的判断是一个共同要素。另外对**道德**品性的判断应该以我们做出判断的那个人的前期**行动**为基础。因此如果对道德品性的判断是不被允许的，那么对单个行为的判决就不能被合理做出。尽管如此，正如我曾经建议的那样，我们不应该针对道德品性做出判断，这一禁令可以解释如下：我们不应该针对品性做出**终极**判断，并且我们切不可对任何其他人做出**最终裁决**，因为我们所有人都是有罪的，即使这些罪恶在程度上有所不同。只有那个不知道何为罪恶的人才能做出最终裁决。

如果我们坚信将做出最终的判决，而且做出终极裁决的这个人不仅将提升正义的东西，而且将消除恶，迫使它们处于永远的诅咒中，那么这一建议就不仅是正确的而且是人道的。但如果并不是所有人都相信这个神圣的法官，并且只有其中一部分信任他的人确信他将必然做出这一判决，那么这将留给我们去裁决。我们仍然没有权利完全放弃内在于【128】"我们不应该针对道德品性做出判断"这一禁令中的道德教训，因为我

---

① 对品性的判断是伦理学和文化史中最为吸引人的话题之一。怎样和以什么形式对品性的判断是被允许的、值得建议的或者可以避免的，这是与日常生活中经常被讨论的为数不多的伦理问题相关的问题，而且在不同文化中，答案也是各不相同的。什么使一个人成为一个好的（或者坏的）品性判断者，是另一个问题，但也是非常重要的一个问题。不幸的是，这一研究框架并没有包含对这些问题的讨论。我也将补充一点，在这一工作上小说家比理论家做得更好。

们应该对**最终**裁决保持谨慎。然而在某些情况下，这也是不可避免的。我们仅仅是人，并且没有任何人是毫无过错的。当我们对无法纠正的罪行进行审判的时候，我们的审判就是最终裁决，但却不一定是对罪犯的道德品性做出的最终（终极）裁决。对于那些并不应该得到这种结果的人，我们仍然能感到一丝同情，因为这件事关系到我们自己的人性。然而如果恶行不仅超出了可以纠正的范围，而且完全是由特定的人做出的，那么对这个人的道德品性做出最终判决就不仅是一种权利，而且是一种绝对的责任。如果上帝并不是终极裁决者，那么我们就必须是终极裁决者，因为正义是必须被执行的。

对品性的终极裁决是对作为人类一员的每个人做出的。这正是没有人能够成为道德品性的**终极裁决者**的原因，不管是作为单个的人还是作为特定共同体的成员。也只有"我们人类"能够如此裁决。对品性做出终极裁决不是**谴责**（condemnation），而是**诅咒**（damnation），或者用一个非专业术语来表示，就是从人类中**驱逐**出去。任何人都不得给予被逐出的人以任何同情；我们的人性和尊严决不给予这样的人以任何同情。

据我所知，唯有汉娜·阿伦特带着这一主题所要求的高度的道德严肃性对这一问题进行了探讨，并且在其充满争议的著作《艾希曼在耶路撒冷》（*Eichmann in Jerusalem*）中她有很大的决心对此一探究竟。阿伦特想要确定，**在谁的名义下**，诸如艾希曼这样的人，可以被驱逐出人类，**谁**有权可以对其品性做出**终极**判决，在什么基础上我们可以宣称任何人都**不应该**给予他任何同情或怜悯，因为他是恶的化身。当我将一个作为恶的化身的人驱逐出人类时，我既不是作为单个的行动者，也不是作为单个人类共同体的代表，而仅仅是作为人类的代表而做出的。如果上帝没有做出终极裁决，那么只有人类可以这样做。终极的神性的惩罚是从正当的序列中**被永远驱逐出去**，也从那些至少在其他世界中，至少在永久的意义上仍能够偿还道德债务，并被正当的同路人所重新接纳的所有有罪之人的群体中驱逐出去。同样的，对人（humankind）的终极惩罚是**永远和永恒地将其驱逐出人类**（human race）。阿伦特甚至提出

【129】 了驱逐的**公式**："**任何人即人类中的任何一员都不期望与你分享这个世界。**"① 然而在我看来，阿伦特的下述论断是不正确的："这是你必须被绞死的原因，而且是唯一原因。"之所以不正确，是曾经对一大群人犯下卑劣罪行的人，仅凭这群人中的幸存者的决定就可以被**正当地**处以死刑。做出终极裁决的权利（从人类中驱逐出去）和处以死刑的权利并非一致。然而除却这个不一致外，驱逐的公式还是成立的。这个陈述也就是裁决（"**人类中的任何一员都不**期望与你分享这个世界"），不仅涉及活着的人，而且涉及尚未出生的人，涉及所有未来的人类成员。死刑仅是将某个人从活着的人类成员中排除出去（至少它没有排除下述可能性，即后代可以与被诅咒的人的记忆以一种可以调和的方式共同存在），然而驱逐则将这个人永远地从人类中排除了。

如果我们即使是粗略地看一下阿伦特的这一驱逐公式的话，那么马上就会意识到，通过人类权威对一个人做出终极裁决的权利，**不是**真实的（存在的）权利，**仅仅是对这一权利的诉求**。没有什么共同的（存在的）人类规范赋予任何人将恶驱逐出人类的权利。即使我们放弃了下述彻底不相关的事实，即大多数人甚至都不知道艾希曼是谁，而此时我们假定每一个人都知道他所做的事，那么也很难说，在这一情况下**全体**人类都同意将其驱逐出去。实际上，很多人都知道谁是艾希曼，也知道他做过什么，却也愿意与他分享这个世界，他们之中很多人完全未卷入他的罪行。

当然也存在另一种实现驱逐公式的途径。我们应该将其看作有关于**人类理念**的一个公式，它建议**遵循人类理念**的人类成员不应该与恶的化身分享这个世界，"人类中的任何一员都不期望与你分享这个世界"这一公式，也赞成这一解释。

如果我们不赞同"'极端的恶'（radical evil）存在于'人之本性'中"这一信念，更不要说赞同存在于那些已成为恶的化身的人的本性之中，那么对恶的全部责任就存在于那些已变得恶的行动者中了，并且他们应该被驱逐出人类。正如此前提到的，这些人对恶承担着"世界历史

---

① Hannah Arendt, *Eichmann in Jerusalem*, New York: Viking Press, 1964, p. 256.

的"责任。汉娜·阿伦特的公式就基于这一假设。至今论述到的一切都 【130】是如此。然而如果恶并不存在于"人之本性"之中,那么恶的来源何在?恶仍然是可以消除的吗?我将在本书的最后一章回答这一问题。

第八章　认知、思考、感觉、行动

【131】　　"美德是可教的。"自从第一个道德哲学家提出第一个前提后，这个前提经历了多次的修正和限定，但是从未被彻底放弃。然而美德又不是**完全**可教的，它仅在一定程度上是可教的，而且仅在某些情况下是可教的，并不是每个人都可以被教到相同的程度。尽管如此它仍是**可以教**的。如果美德既不是可教的，也不是自我占有的（self-appropriated），那么道德哲学将没有任何意义。如果人们相信这些人无论如何都不会留意这一建议，即使是以很细微的方式也不会采纳这一建议，那么用实践目的来思考道德并对人们如何行动提出建议将是徒劳的，甚至是彻底毫无意义的行动。那些**知道**何为善的人也会**行善**，这是一个完全成熟的道德理性主义的蓝图。苏格拉底据此提出的第二个前提是对第一个前提的最强有力的可能解释。最无力的可能的解释将被错误地解读为："那些不知何为善的人将不能行善。"这一无力的理论构想是道德哲学的共同特征。无疑人们可以盲目地表现出好的行为，但这几乎是偶然的。然而尽管这样的意外事件可能会是现代小说家所关心的事，但是道德哲学家对此却毫无兴趣。

　　善的知识是如何传授的，它如何能够被占有？假设规范和规则都是理所当然的，那么对这一问题的回答就是简单而直接的。正是成年人来教婴儿分辨好坏。语言传达着知识；对于"榜样"来说也是如此。成年人解释、规定、建议、命令；婴儿则理解和模仿。成年人恐吓；婴儿则学着规避。当婴儿学着按照"理所当然"的规范和规则来行动和判断的

【132】时候，他就在一个反复试验的过程中学会了正确行事。**辨别的能力**作为一种内在特质，被假定为出现在每一个"社会化"过程中。人们并不需要为"理性"多说什么，以假定每个人都是生来具有理性的。"理性"是一个复杂的哲学范畴，而且需要一些规定，以便将其作为人类中每一

个健全代表的属性。我将理性界定为根据价值取向的范畴做出辨别的能力（好的/坏的，善的/恶的，神圣的/世俗的，真的/假的，美的/丑的，有用的/有害的，愉快的/不愉快的，成功的/失败的，以及诸如此类的能力）。我将实践理性界定为根据价值取向范畴的**层级**体系做出辨别的能力（"善为先"）。"传授"道德意味着给第二种辨别能力"赋予内容"。学习道德意味着将那种内容内在化。

尽管存在着理论和哲学上的差异，但在我的概念和主要以阿佩尔和哈贝马斯为代表的"交往理性"哲学的概念之间具有**基本的一致**。当这些哲学建议每一个言语行为都对我们规范的**正当性**提出了诉求时，那么正像我所做的那样，他们坚持认为实践理性是一个经验的普遍性，并且构成了辨别的能力。如果我们不能在正确和错误（好和坏，善和恶）之间进行区分的话，那么我们就不能设定我们规范的正当性。

理性（作为辨别能力）**不是思想的或者精神的能力**。当言及理性时，我并非意指相对于知性（Verstand）和判断力（Urteilskraft）及诸如此类而言的理性（Vernunft）。当我们学着做出辨别，当我们变得精通于辨别的时候，在这个过程中我们所做的就是调动起几种不同的智力，如逻辑思考、解决问题、应用性（决定的）判断和想象力。我们同样调动起诸如恐惧、厌恶、生气、愉悦和悲伤等情感，特别是我们独有的内在的"道德情感"、羞愧的情感。此外，我们的**导向性的**情感（"肯定的"情感和"否定的"情感，如信任与怀疑，信任与不信任）和导向性的**情感倾向**（吸引与规避，同情与反感，爱与恨）都出现在"反复实验"的过程中，并成为辨别能力的内在因素。如果规范和规则不再被看作理所当然，那么额外的能力就被"调动"起来，如纯粹思辨能力、反思性判断、理论推理。复杂的情感（最重要的是良心，还有奉献、热情或激情）同样参与了辨别的过程。

一个人知道什么是正确的和错误的（好的和坏的），因为他学过这 【133】
个。但一个人如何才能知道他所认为是好的就一定**是好的**呢？这一问题不需要通过**概念澄清**来回答。有意义的世界观，特别是神话，包含着关于一般规范秩序的建立和某些特定的具体规范和规则的建立的**叙述**。规

143 ·

范秩序的**起源**切中了规范秩序的**合法性**。你**将自己的信念授予合法性的源泉，并且这就是你如何知道你所认为是好的就真的是好的的原因**。信仰与知识并不矛盾，而且相互支持。即使对这一问题（"我们如何知道我们认为是好的就一定**是**好的"这一问题）进行了概念澄清，但情况仍然如此。如果在同样的文化中，不同的答案都可以回答这一问题，那么情况仍不会发生变化。能够而且确实经历了变化的是**合法性的源泉**。尽管马克斯·韦伯并非唯一、甚至是首要地考虑到道德规范，但是他却为这一问题提供了一条非常重要的线索。有两个与道德规范相关的合法性的基本来源：一方面是传统，另一方面是理性。换言之，人们可以断言，"我知道我所认为是好的就是好的（正确的），因为……"，此后就是向先辈们寻求参考，"造物的神话"，神圣的契约，等等。人们可以同样断言，"我知道我所认为是好的就是好的，因为理性（下述理由）已经证明它是好的"，等等。也有一些规范合法性的子情况（subcase）：如通过个人魅力或者情感获得合法性。使用"子情况"这一术语，我并不意指通过个人魅力或情感获得的合法性就不重要。在规范急剧变化的时代，这些合法性的形式甚至能够占据主导地位。这恰恰是当规范合法性的传统形式和理性形式进入危机时期时所发生的。但无论如何，哪里存在关于善的知识，哪里也就存在这一**信念**——我所认为是好的就是好的。

在这一点上，还有三点需进一步讨论。

第一，（道德）规范合法化的代理（agency）或实例的主要类型与道德权威的两种类型（外在的和内在的）**并不是重合的**。的确，如果传统而且传统自身就能保证善恶知识的真理性，那么道德权威就是外在的。然而即使个人魅力保证了这一知识的真理性，但道德权威也可以是完全外在的。如果理性或推理自己就能保证我们知识（关于善和恶）的真理性，那么道德权威就是内在的或部分是内在的。然而如果我们知识的真理性是由洞察力、直觉或启示来保证的话，那么道德权威也可以是内在的。

第二，我曾经指出，理性是经验的人类普遍性，而且我曾将理性界

【134】

定为根据价值取向范畴进行辨别的能力。我也曾将实践理性界定为根据价值取向范畴的层级体系进行辨别的能力（"善为先"）。现在如果理性自己就可以使道德规范合法化，那么它不是另一种能力或者才能，而是正在发挥作用的同样的辨别能力。**理性的态度**正发生着急剧的变化。辨别将不再等同于观察，而是等同于法律建构。我将这两种不同的理性态度称为"理性合理性"（rationality of reason）与"理智合理性"（rationality of intellect）。"理智合理性"相当于道德理性主义。必须铭记的是，对于道德规范而言，**理性没有取得**合法性来源的**资格**，只有**实践理性才可以**。换言之，**善**，而非其他肯定的评价性导向范畴，必须成为合法化过程的指导思想。

第三，如果我们可以接受规范合法化过程中的差异，那么交往理性的理论就会立即面临如下批评：从言语行为理论推演出交往理性的断言是**不合法的**。言说者宣称在其所有言语行动中的规范都具有正当性，这无论如何都与规范合法化的源泉无关。交往理性的理论在宣称我们的规范具有正当性时假定，我们断言，在有关规范有效性的话语中我们做好了使我们的规范性诉求成为善的准备。然而情况绝非如此。如果我们在言语行为中宣称的规范所具有的正当性是由传统、个人魅力、神圣权威或洞察力（启示）所保证，那么规范性断言就排除而非包含着使我们的规范接受话语检验的可能性，甚至"理想的言语情境"的假定也不能在这两个概念之间进行调和。言语行为理论**只有在这一特定情况下**才支撑着交往理性的理论，此时，"理智合理性"被看作规范合法化的唯一的源泉，或者至少是最主要的源泉。换言之，针对规范有效性的合理论证所做的准备，是有效性诉求被这样的程序重新恢复的**前提条件**。

＊　　　　＊　　　　＊

我们并不思考我们已经了解的东西。相反，我们认真思考那些我们不了解的东西，尽管我们可以**一并**思考那些不了解的东西和了解的东西。只要（或至于）道德规范和规则是"理所当然的"，那么我们思考【135】它们就是**被禁止的**，因为我们必须了解它们，而且知道它们就是"好的"。诸如"这为什么是这样的？""为什么这是对的？""为什么应该是这样?"孩子们的这些问题对于放弃这些问题的成年人而言是令人恼火的。作为一种选择，成年人或许会通过重复规范合法化的神话对这些问题做出回应，这些神话被假定可以使规范的"这个样子"合法化。孩子学着去认知。也就是说，孩子认识到对规范进行思考是未完成的，是被禁止并最终被消除的。然而人们经常被允许**与道德规范一并进行思考**，并且在很多情况下这甚至是强制性的。与道德规范一并进行的**思考和沉思**可以受到高度尊重（正如在哈希德犹太人之中那样）。除此之外，好的规范必须被应用在具体情况中，并且这一事实本身就需要反思。人们必须确定哪些规范适用于这种情况，哪些规范适用于另外的情况。人们必须确定一种行动的可能后果。人们必须考虑到自己的品性，以便达到更好的自知。公正的判决暗含着阐释，并且这还是一个思考的问题。在这些和相似的情形下，**思考**是与道德规范一并进行的，而不仅仅只对其加以思考。简言之，在所有这些情形中，思考是**运用理论理性**为实践理性服务的。理论理性在**探索**，而实践理性在认知。实践理性自身进行的这一"探索"完全发生于**道德理性主义**的情况下——思考的过程。反过来讲，我们只是在思考过程——而且更重要的是，这一过程中以及随后而来的知识中的情感参与——有能力使规范有效或者无效的情况下才偶遇道德理性主义。如前所述，**解释性的良心**已然是那种道德理性主义的源泉和结果。思考在实践理性中的积极角色并没有取消理论理性服务于实践理性的激活作用，然而思考过程本身产生了分歧。就规范必须通过理性来使其有效或者无效而言，理论理性与实践理性**融合在了一起**。就形势、品性特征和后果必须被考虑到而言，理论理性继续为服务于实践理性而自我运作。然而并不是所有种类的与理论理性的运用有关的思考过程都可以与实践理性融合在一起，并且不是所有的过程都可以服务于后者。亚里士多德区分出几种不同类型的思考。然而他强调，只有其中 **【136】** 的两种具有**道德**相关性，即实践智慧（phronesis）和智慧（wisdom），因为在道德事务中做出行动和判断时，只有这两种可以被激发起来。当讨论道德时，注意下面这一点具有非常重要的意义：亚里士多德对基本的道德范畴（美德、幸福、好的生活）做出了重新解释，并由此引出了与实践智慧和智慧不同的精神能力。在他之前的苏格拉底和柏拉图也是这样做的，在此我们只是简单提一下这些哲学家。我们与亚里士多德的观点并非不一致，如果我们在他的列表中加上第三种具有基本道德相关性的思考的话，而且恰恰在此，实践理性和理论理性完全融合在一起，这就是关于规范有效性的辩证推理。当然人们可以接受亚里士多德的建议，**心灵**（nous）、知识（epistheme）① 和技术的实践智慧（对至高原则、科学思考、技术问题的解决分别进行的思考）都是外在于"实践理性"的。

上面所列出的三种类型的思考中，只有**一种**可以被冠之以"生成性的"（generative）。智慧和实践智慧都不能**产生**道德规范。如果我们可以假定存在着某种单一的精神"力量"、能力、才能、态度确实可以生成道德规范，那么就思考而言，只有**辩证理性**才可以担此重任。实践智慧的运用预先假定，我们已然**知晓**什么是真的和真正的美德。在行善和做出公正判决的过程中，智慧预先假定了大量的**经验**。换言之，它预先假定了关于善的"基本知识"（如"知道是什么"和"知道怎么做"）。紧随道德的第一个结构变化而来的是辩证推理的不间断发生，在现代性中这一点尤其如此。不管在这一话语中是否有很多参与者，或是否这种推理是在单个人的头脑中做出的（这"合二为一"的过程是阿伦特所提出的），一个或者另一个道德规范是如何通过这一推理类型而生效的，这一点是很容易理解的。然而生成性的思考发生在某些规范被看作理所当然的"道德环境"之中。如果没有背景共识我们就无法进行合理的论证。但是如果包含在这一背景共识中的规范还未由理性产生的话，那么我们有可能知道它们是正确的和善的吗？如果它们不是正确的和善的话，那么我们整个的论证就已误入歧途了。如果我们从一开始就尽量形成一些道德规范，而不预先假定任何价值和规范的有效性，那么我们确实就不知道这些新形成的规范是否可以被合法地称为"善的"，除非我们假定"某物"，某个非理性的力量首先促使理性朝着善的方向发展。

---

① 此处应为 episteme，是亚里士多德划分知识的五种形式之一，episteme 代表的是理论知识或科学知识。——译者注

因此真正具有生成性的并不是理性本身，而是这个默默地引导理性朝善的方向发展的"某物"——冲动、内驱力、感觉、思想。

【137】　当理性在很大程度上破坏了作为道德合法性"保证"的传统和神圣使命，此时这个以及类似的问题就出现了。传统规范在这些叙述中根深蒂固，并与这些叙述一并得到了调和。道德规范的**起源**是众所周知的。然而，如果传统的、神圣的律令不被信任，那么我们就必须对这样的**规范世界的起源**重新做出解释，并且它必须得到合理的解释。并不是所有的规范都可以被解释为是由理性生成的，或者是由理性独自生成的。如果它们是由理性生成的，那么它们将是完全合理的，但是它们并不是如此生成的。这一问题及与其相似的问题已经引发了各种各样的解决方案。然而所有这些解决方案都明确指出了"人的本性"的一个或者另一个构成要素作为规范生成的主要代理。正是围绕着诸如此类的问题，"生成性情感"理论才得以构建。有些作者将规范生成的能力归之于情感和理性；另外一些人则把这种能力仅仅归之于一种或另一种情感。这一问题最终将变得清晰。"生成性情感"这一观念所具有的含义早已大大超出了它最初应该解决的问题的范围。

现在我愿意返回到这一不言自明的真理上，即人们必须知道什么是善，以便践行善。不管道德问题是否在日常环境或哲学话语中被讨论，这一基本的自明之理必须被预先假定。同样必须被预先假定的是，人们能够在价值取向范畴之间做出区分。还必须在上述两种之外加上第三种同样的一般知识：有些人从来都不知道何为善，尽管他们具有依据价值取向范畴区分善/恶的能力，也有一些人能够恰当地做出区分——他们非常明确地知道什么是善的行动和善的行为，却并没有参与这一区分。因此"是什么**妨碍**了那些知道什么是善的人去践行善？"这一问题就出现了。在此提出了第二个问题——"是什么妨碍了人们去知晓何为善，尽管他们能够做出这样的区分"。

通常，第一个问题有四个答案：

1. 无法掌控的与生俱来的或后天获得的倾向、感情等诸如此类的；
2. 由于劣等教育所带来的坏习惯；

3. 对事物的无知而非关于善的知识使此人误入歧途；

4. 此人故意违反规范，妨碍了他或她去践行善。

第二个问题也有四个典型的答案：

【138】

1. 这个人较低的社会地位（如身为奴隶），及由此导致没有能力去理解什么是真正的善；

2. 与生俱来的或后天获得的倾向、感情等诸如此类的；

3. 错误的想法，尽管人们一直在寻求却无法找到善，或者仅仅接受了关于善和恶的观点；

4. 有意地拒绝对善的探求和在善恶之间进行区分（一种精神上的**狂妄**），这一拒绝妨碍人们理解何为善。

现在，如果我们对这一情形做出充分估计，那么它将立即变得很清晰。某种有**漏洞的推理**和作为道德上坏的或恶的主要来源的某些**坏的倾向和情感**的症候群，就出现在对这两个问题的回答中。相反，我们通常假定恰当的想法会使规范变得正确，也是我们践行早已熟知的善的可靠指南。我们通常也做出这样的假定，一旦我们知道何为善，某些倾向或情感就能够强化我们正确辨别的能力，并促成正确的行动。

我已经在反思性的理性和生成性的理性之间做出了区分，或更准确地说，是对理性的反思性运用和生成性运用进行了区分。我指出，"实践智慧"或"智慧"代表了理性的反思性运用，而"辩证理性"代表了对理性的生成性运用。针对理性和理性自身就可以生成所有的道德规范这一论断我也提出了许多疑问，并对其他人的质疑做出了回应。我没有深入探究这一问题，然而我提到了用"生成性情感"理论代替"生成性理性"理论的尝试，或至少让前者来补充后者。

在前现代的道德理论中，情感通常**并不**被看作"生成性的"，不管这些理论在本质上是否是理性主义的。在这些理论中，即使认为"善的真知"是以一种狂喜的状态和作为启示神秘的洞见来把握，但并不是这种狂喜和洞见真正**生成**规范并因此使其合法化。更确切地说，神圣权威在这一状态中揭示了自身及其对人们的命令。处于迷狂、洞见、直觉状态中的人，或是处于梦幻中的人（如雅各），正是被揭示的真理的来源。

【139】　　所有的情感通常被划分为两类，一是增进善的，一是阻止或者妨碍人们寻找或者践行善的。的确，哲学以一种富有人类学、认识论、本体论和心理学意义的复杂方式来讨论情感。然而在如此简短的论述中，我不得不放弃对这些问题的探讨。对于现在的目的而言，涉及最简单、最细微的解释就足够了，如"好的道德情感比理性能更好地激发好的道德行动"，或者"激情和欲望要为恶的持存负责"，或者"人们之所以犯错，是因为他们受到强烈的激情和欲望的驱使"，或者"道德情感是高尚的美德"。

　　迄今为止，我已经详细地讨论了两种"道德情感"——羞愧和良心，将它们假定为"生成性情感"是不恰当的。羞愧包含在道德判断的外在权威中，是被作为典型的反应性-反思性情感来讨论的。良心包含在道德判断（实践理性）的内在权威中，是被作为规范生成的**参与者**，而非作为一个独立的代理来讨论的。

　　对于理性作为唯一的规范生成的代理，我已提出了一些质疑。对于情感而言，我有同样的疑虑。既然没有情感就没有思想，没有思想就没有情感（我们不考虑驱力和情感的内在方面，因为这与正在讨论的问题不相关），那么于我而言，规范生成的思想与规范生成的情感之间的区分就是武断。此处明显的异议是，人们着重强调的不是思想方面就是情感方面，并且从"薄弱的方面"进行抽象——认为这种区分从根本上说是不恰当的。但是由于几个原因，这一"让步"仍是不充分的。一开始我就提到没有信念就没有（关于善的）知识。当理性被看是规范生成的主要代理时，我们的信念就仅归属于理性。我也曾提到，如果更高等级的共识——至少一种价值、一个规范——不曾在论证程序之前就必须在信念上被接受的话，那么道德规范就无法在论证过程中获得有效性。显而易见的是，在这些情形中并不是信念生成规范。更进一步说，实践理性——根据价值取向范畴（善为先）的层级体系进行区分的能力——**道德感**。当我们认识到何为善或者何处可以寻找到善的时候，这一能力就被激发出来。"善的道德感"**在实践中**得到发展，正如其他所有种类的观念一样。如果诗并不存在，并且一个人在实践中也未曾聆听过诗，那么"诗意的感觉"就无法得到发展。如果这些条件都具备了，那么一个【140】人就可以很容易地在"好"的诗和"不好"的诗之间做出区分。同样，如果不被道德"所环绕"，那么一个人也不可能发展出"道德感"。但是如果这一前提条件得以满足的话，"好的道德感"就可以帮助一个人做出前所未有的善举，并参与到生成新规范的过程中，当然这样的规范不是自我生成的。

什么样的情感类型可以被视为构成道德的**本源呢**？是那些**完全呈现**出来、很容易就被察觉到的情感，还是那些在最高程度上被道德誉为"情感美德"的情感。**愉快**和**不愉快**（痛苦）的情感是前者的好例子，而**爱**及所有那些与爱相关的情感（移情、同情、怜悯、仁慈）是后者的好例子。每一个人都希望寻找快乐、规避痛苦，并且，由于每个人都这样做，所以道德就可以从这样的基本情感中生发出来。这是哲学的"倒置"（handstand）的一个典型案例。因为我们为之感到高兴和不高兴的事情，不能通过这种愉快和痛苦的情感而**得以解释**——至少不经过大量的细致入微的探寻和思索是无法得以解释的。将爱和所有与爱相关的情感归类为"生成性情感"是一种更为单纯、更充满希望的做法，也是与日常经验更为密切的一种做法，但是这在哲学上仍然存在一些缺陷。在此，我并不想对这样的哲学缺陷展开讨论。相反，我更愿意为下面这个假设提出充分的理由：生成性情感理论揭示和表达了道德情感和非道德情感中的新因素；它们为在现代性中对道德情感和非道德情感的特定区分做出了贡献，并且也为日益增加的**道德心理化**做出了贡献。道德心理化的发展趋势在 20 世纪走向高潮。我将依次阐明这一假设中的三个方面。

我们没有必要跟随心理还原主义的脚步进入下述观念：在现代早期，相对于痛苦和愉快而言，情感和激情在产生新的价值和规范的过程中日益凸显出来。苏格拉底通过助产士的明喻提出了合乎逻辑的言语的凭证。每个人都被假定孕育着善的真知，并且合乎逻辑的言语在产生这一智慧结晶（brainchild）的过程中起到了辅助作用。在这个概念中，亢奋的情感或激情在使生产成为可能的过程中，或者甚至是加速其生产的

【141】过程中并不是必需的。然而一旦良心成为合法的，我们就不能再预先假定每个人都孕育着善的知识。我们只能预先假定，每个人都拥有追寻善的能力。合乎逻辑的言语不再足够强大地去"激发"这一能力，只有情感可以做到这一点。正如赫希曼（Hirschmann）所指出的，正是这种洞察力使得这一"对抗性冲动"（countervailing impulse）的知名理论远远超出了学术界而被接受。引用斯宾诺莎的简明表述——任何冲动都无法取消，除非有更强烈的对抗性冲动——就足够了。斯宾诺莎是**狭义的**道德理性主义者。

当然，"对抗性激情"理论不仅是新的，而且揭示了一个新出现的现象。声称爱或者某一版本的爱生成了"善"的理论也是如此。归之于移情、同情、仁慈等的规范生成的能力，将一个新的因素引入了道德理论。这一概念与下述传统禁令仅有微弱的联系，即你应该爱你的邻居甚至爱你的敌人，因为如果爱相当于遵循一个神圣戒律的话，那么爱的情感就不能产生这样的戒律。并非仅由于理论一致性的原因才使得某些道德情感的生成性力量的观念获得了包容。"人的本性"的原子论视域，在认识论和契约理论等相似的理论中取得了进展，与现代性初期大多数有感知力的居民的经历也非常吻合。单个的人成为社会大厦的"基本组成部分"。不管一个人是立足于"事实"而工作，还是构建了乌托邦，从这一假定的"基本组成部分"——**个人的心理构造**出发，都是合乎常理的。什么样的内在冲动和情感将个人联系起来——人与人之间的凝聚力是什么，是什么将单个人联系在一起并一致行动，提出这样的问题具有同样的合理性。可以这样说，爱和其他所有与爱相关的道德情感，在我们的心理构造中对这样一个位置而言是"自然的竞争者"，特别是爱的**道德意义**（和所有其他的"同情"的感情）在现代人的生活经历中获得了很大的动力。传统共同体的不稳定和最终崩溃将个人从具体规范的持久压力下解放了出来，但与此同时使这些人承担起选择的重担。与这个重担一同出现的是**偶然性**的情感，其结果就是持续的焦虑。为缓解由这些偶然的情感和焦虑所带来的沮丧，单个人不得不经常重新确认在他的或者她的自我性（ipseity）中**作为人**的资格。传统设定的个人义务越

少，个人的帮助就会越多地依赖情感和倾向。个人救助产生于移情、感
情、同情，简言之，产生于爱。在自我性中，人需要被爱，尽管爱并不
起因于"自我性"（就像崇敬起因于主人、贵族、父亲那样）。你的偶然
性的个性必须得到认可，而与你的地位无关，并且是得到那些爱你的
人、同情你的人的认可；在情况变得更糟时，得到那些能够给予你怜悯
和同情的人的认可。正是这一特殊的生活经验，使得情感气质、感情和
倾向在一个前所未闻的程度上被"道德化"了。正是这一特殊的生活经
验为"生成性情感"理论提供了动力。甚至弗洛伊德也坚持这一传统。
他的"爱欲"和"死亡本能"（Thanatos）① 对于规范世界而言也是"生
成的冲动"。超我被假定恰恰是从这些冲动中产生的。

如前所述，"道德感"的理论表达并强化了情感的分化。感情、情
感、激情和心情都变成"流行的了"。只要在一定程度上某些情感被看
作"有道德的"，那么感情和情感观念也可以成为双重性质的反思的参
考点。人们在自身中"发现"了情感的不同侧面，培育了这些情感，因
此也创造了这些情感。如果公共的道德激情（热情）和个人的道德情感
结合在一起的话，那么它们就能够导致道德热情的繁荣。美德自身能够
成为第一序列的**情感问题**。一方面它向被选择观念的充满激情的自我放
逐，另一方面，浪漫的爱，情感主义和对内在性的培育，为走向现代的
情感文化铺就了道路。

如果公共的激情和私人的情感不伴随着以论证为基础的批判性推理
的话，那么它们在道德上都是矛盾的。如果从表面价值来看的话，"生
成性情感"理论可以为重大发展扫清道路，尽管它们并不能为这一发展
承担责任。如果归属于某个理念的公共激情**本身**是有道德的，那么**理念**
自身是否达到了道德的规范标准这一问题就只能交给背景来解决了。最
终这一问题将不再被提及。在这一氛围之下，任何原因、任何目标或任
何手段都是可以的。如果内在于"善良的心"的个人情感本身是有道德

---

① 在希腊神话中，桑纳托斯（Thanatos）是掌管死亡的神，他拥有银色的头发及眼睛。
无论在多遥远的地方，他都可以夺去任何人的生命。弗洛伊德用"Thanatos"指代"死亡本能"
（死亡冲动）。——译者注

的话，那么"善良的"这一形容词最终也将被抛弃。有这样的一颗心就足够了。被情感、激情和感情所充斥，或许可以成为优越性的标志。对自我的"敏感性"的培育本身成为目的。情感的唯美主义者、自我陶醉者、毫无理性的狂热者变得可以接受，而且有时还被看作情感世界的主角。

【143】　作为**情感道德化**开端的东西，**凭借自身的力量**，继续作为**美德的情感**而受到推崇。看来我们将最终以**道德的心理化**而结束。这一令人讨厌的发展的最新阶段就是伴随着**科学话语对灵魂的殖民化**而出现的。我将在下一章详细讨论这一特殊问题，目前简短的论述就足够了。"情感道德化"意味着赋予某些情感、感觉或冲动生成道德规范的力量。然而规范一旦生成，就具有它们自身的权威。尽管情感被假定为规范合法化的源泉，但是规范凭借自身的力量结合在一起。这不仅在"道德感"（moral sense）理论中如此，而且在那些规范被假定为由愉悦和不愉悦（痛苦）的基本感觉所生成的哲学中也是如此。休谟从"愉悦"和"痛苦"中演绎出了"正义"和"仁慈"的美德，而且他毫不怀疑一个人**应该是公正的、仁慈的**。"道德心理化"意味着用**心理原因解释**道德规范和美德以及人类的善和恶。道德，包括道德规范都变成**副现象**。既然"健康"是好的，"生病"是坏的，那么罪行就成为"心理失序"，惩罚被"治愈"的目标所代替。选择、道德自律由此被否定，人被看作机器——在无法运转的情况下，就由专业的机械师，也就是心理学家来修理。

＊　　　　＊　　　　＊

为达至善，人们必须知道什么是善。在一个多元主义的道德世界中，不止存在一种好的行动方式和生存方式。然而我们必须有共同分享的某些道德规范，否则我们就无法在与那些与我们的生存方式和行动方式不同的人的关系中分辨出什么是好的、什么是坏的。如果以如此一般的术语提出的话，那么规范如何产生的问题就是一个历史的问题。我已经对这一问题给出了自己的答案；其他人可以提出自己的答案。即便如此，重要的不是回答这一基本问题，而是回答另外一个问题，即"此时此地，我们如何才能生成对每个人来说都有效的道德规范呢？进一步说，我们如何以自己独特的生活方式，并为了这一方式生成道德规范，而在这样的生活方式中所有其他人都将这些规范视为**可行的**？"显然，只有道德哲学有能力回答这一问题。一般伦理学的理论只能描述这一问题的轮廓。

在现代世界中，感性和理性较之以前更少地被看作**是**相互分离的，因为实际上，事实较之以前，它们在较小的程度上被分离。这听起来是【144】矛盾但实际上并不矛盾。此时我们注意到，从理论的视角看，这就是理性和情感彼此并列的程度较以前尤甚的原因。这一趋势可以逆转吗？主体性，个人在他的或者她的单一的总体性和自体性中，仅被看作一个副现象，作为道德机器的一个零件，或者作为言语的绝对表征来看待，这是不可避免的吗？或者作为一种选择，主体间的规范被放弃，道德律令和正义仅被看作"外在性"、空洞的体制、是破坏了表达性、敏感性或者愉悦的压抑的主体（agent），这样的情况会继续发展吗？更明确地说，我们所有的能力和感性的自我发展与表达的观念、规范在言语（论辩）中的合理建构的观念，能够在道德哲学中得到**调和**，并一直如此吗？

第九章 对恰当行为规范的划分

如果那些遵从部落、城邦国家、帝国、民族国家的相同的社会-政治规则的人并不同时遵从**完全相同的道德规范和规则**的话，那么就可以对伦理的划分进行合理讨论了。一直存在着对伦理的划分，并且不管它是否可以想象，它都一直存在着，各种形式的道德划分的消亡对我而言并不是令人满意的。在讨论这一问题时，我将简单提及下述问题："何种类型的伦理划分在传统社会中占据主导地位？""何种类型的伦理划分在现代（西方）社会中占据主导地位？""何种类型的伦理划分是可取的？""为什么消除这个划分是不可取的（尽管不是不可能的）？"只有前两个问题可以在一般伦理学的框架内得到完全解决。

我接受卢曼对传统社会和后传统社会的区分。传统社会以劳动的层级分工为特征，后传统社会以劳动的功能分工为特征。在传统社会中，个人的层级地位决定了其执行的社会功能；然而在功能主义社会中，恰恰是个人执行的功能决定了相对于阶层分化而言的个人地位。对劳动的道德划分的模式所发生的变化表明了这一转换，同时是这一转换的动力。

对劳动的性别划分先于社会分层，尽管作为一个规则来说，阶层分化的社会增加了性别不平等问题，并因此放大了劳动的性别划分。与此相反，劳动的功能划分具有减少劳动的性别划分的潜能。在其他条件都能满足的情况下，这一潜能就可以实现。

为了能够走得更远，我必须在这一点上对第二章的某些结论给予总结。在传统社会中，道德规范、美德和规则既按照阶层分化的线索进行划分，又根据每一社会阶层中的两种性别进行划分。最崇高的美德和规范调节着上层某个社会阶层或者多个阶层的行为。上层社会阶层（或者多个阶层）的美德和规范被**看作**最高的、最好的，**因为**它们是这个上层社会阶层的美德和规范，是统治层面上的美德和规范。而且这些"高贵的"美德确实是最好的，至少在下述这个程度上是最好的，即人们越自由，价值选择和"承担责任"的可能性就越大。然而"主奴辩证法"①在道德分层中具有特殊重要性，首先是因为除了希腊民主的这个插曲之外，**正义感**（道德感的分支情况之一）一般会在较低阶层中更为发达（而且在女性之于男性的关系中，正义感在女性中会更发达），并且这种正义感成为危机时代社会变革和道德模式变革的催化剂。如果这种情况发生了，精英阶层归之于较低阶层的某些美德就将通过解放行为而获得高尚的地位。被萨特称作"恶的极端化"（radicalization of evil）的现象在几个历史时期中都是普遍现象。曾被认为"低等"的品性特征为人们所接受，并自由而有尊严地实践着，它们相应成为"崇高的"和"高贵的"。犹太裔的奴隶在与埃及统治者的斗争中反败为胜；基督教的受压迫者在与罗马统治者的斗争中也是如此。这是自我选择的一种姿态，正是这一解放的行为，将一种新的美德等级体系引入了世界。然而直到阶层分化时代的终结和现代性的到来，同一个循环又重新开始了，因为尽管价值和规范发生了变化，社会分层和性别分层还是被强化了。

尽管"阶层分化的社会"这一术语很贴切，然而它或许模糊了对劳动进行道德划分的模式和方法之间的某些重要的差别，这是事实。我们可以大体上（也只能是大体上）在美德导向和命令导向的道德文化之间做出区分。②显然，在美德导向的道德文化中存在命令式的规范，正如在命令导向的文化中也存在卓越的道德美德一样。除了这一点，区别仍然存在。如果美德规范是至高无上的，那么对劳动的道德划分更倾向于是无所不包的。即使在自由民的美德和奴隶的美德之间，在最高阶层成员和最低阶层成员、无法触及的人、武士和商人的美德之间存在任何的

---

① 黑格尔在《精神现象学》著名的《主人与奴隶》一章中，从工作（劳动）的视角，而非从正义感的视角讨论了主奴辩证法。我并未对黑格尔路径的相关性提出疑问，我也未由于几个原因追随他。最具决定性的原因是，黑格尔的模式没有也不能够包含男人-女人之间的关系。

② 帕斯卡尔浓墨重彩地强调了这一区分。在其《思想录》中，他经常返回到这一争论，即《旧约全书》优越于希腊-拉丁哲学，因为犹太人遵守法律而非简单的美德规范。当然在这一观念中并没有什么新东西，法律（犹太律法），特别是**十诫**（Decalogue），优于其他所有的法律。帕斯卡尔观点中比较有意思的特征是对两种文化的区分。

共同特征的话，那么这种特征也是很少的。如果命令性规范是至高无上的（而不管它们是禁止性的还是肯定的），正如在古代犹太和基督教的道德文化中那样，或者就像在罗马帝国中以一种完全不同的方式作为法律体系规范化的结果那样，那么就总是存在着不同社会阶层成员、两性成员都必须而且是同等程度遵守的共同的规范和标准。这一事实并没有取消对劳动的道德划分，然而它可以清除掉某些棱角，因为它使所有社会阶层的成员和两性成员都诉诸同样的规范。尤其他允许最低社会阶层的成员和女性拒绝将他们的道德降为"低劣的"或"下等的"事物。①

【147】

在阶层分化的社会中，道德是具有两副面孔的现象。就对劳动的道德划分表达、强化和合法化了对劳动的社会划分和性别划分而言，道德是控制手段。就正义（一种特殊种类的道德感）为拒斥和反抗提供了想象的工具而言，道德是解放的手段。更进一步说，遵守道德规范和规则的过程，可能会羞辱也可能会提升（人的境界），可能压制了均衡的欲望和难以驾驭的激情，可能打压了个性也可能发展了个性，可能导向心甘情愿地接受坏的生活，也可能使生活成为真正的好生活。在此，个人与既定的恰当规范和规则之间的关系变得无比重要。对伦理规范和规则的盲目遵从，与无条件地接受道德分层是相伴而生的，然而具有道德立场的人能够以一种诸如质疑、甚至是拒绝道德分层的方式，对道德规范做出阐释，最初是针对其当前形势，并最终针对其所有的形式和模式。

---

① 这一情境恰恰是尼采作为**怨恨**的道德的制度化所提及的情境（在《论道德的系谱》《善恶的彼岸》等其他地方）。对尼采而言，怨恨并不是妒忌，与在经常反复的憎恨中消除沮丧的冲动也并不等同，有时是有效的，有时是无效的。**平等**是制度化的怨恨，是从任何视角出发，不管是道德的、宗教的或者政治的，将不同的与独一无二的人类品质**平等化**的需要，它充满着怨恨。尼采并不是第一个也不是唯一一个将怨恨精确描述为平等主义的核心的人；在这一问题上，他是唯一一个最为直言不讳的人。克尔恺郭尔在《现时代》中曾将平等等同于怨恨，马克思在《巴黎手稿》中指出，平等主义就是概括言之的嫉妒（而实际上就是怨恨）。然而如果存在着用来践行的自由的不平等和机遇的不平等，那么只要是这种情况，就不能在怨恨的基础上被构想或者描述对平等的需要，并且这并不因为可能与我自己的道德品味相冲突，或与其他任何人的品味相冲突，而是因为原则。简而言之，如果存在自由和行使自由的机会的不平等，那么要求平等与要求使一切独特或不同的东西平等是毫无关系的。恰恰相反，它必须提供一个更广阔的领域，让这种独特性出现——对每个人都是如此。然而，只要对平等的要求不涉及为每个人开辟更大的自由和生活机会领域，而是涉及以任何其他标准使独特的人平等以消除差别，那么它们确实体现了怨恨。

欧里庇得斯悲剧中的女英雄也从道德视角对男性美德和习惯规范提出了挑战，尽管这一挑战并不完全是从这个视角提出的。"世界主义的"观念，作为一种道德相对主义的最初表现，恰如其在罗马出现那样，被深植于某些斯多葛派哲学和伊壁鸠鲁学派哲学中，这两种哲学对于个人主义的道德主义具有很强的倾向性。然而当实践理性（良心）成为人的行为判断的终极裁决者的时候，这一方向上决定性的一步发生在现代性中。这决定性的一步表明，根据阶层分化所做出的道德划分已经进入了权力下放的阶段。

建立在阶层分化基础上的道德划分的权力下放是一个长期的过程，并且传统道德分层的某些痕迹仍依稀可辨。道德社会学能够并确实对两种并存的、对恰当行为规范的划分这一存在了几个世纪之久的微妙问题进行了讨论。这里我无法具体探讨这一问题。我将仅限于简单地勾勒一【148】下对恰当行为规范的新的划分的理想类型，特别是针对围绕它而展开的一些理论探讨。

*   *   *

那些利用了马克斯·韦伯的遗产，但却不是"马克斯·韦伯主义的"理论家之间存在着普遍的一致，认为**领域划分**是现代世界的主要特征，也是发生在现代道德中的巨大变化的主要来源。尽管总的说来，人们能够赞同这一结论，但是小心谨慎是必需的。我已经反复指出，在所有的人类社会中总存在两个不同的领域，用我的术语来说，一个是"自在的对象化领域"，一个是"自为的对象化领域"。第一个领域内的规范和规则调节着行动模式、言语和日常行动模式，并且是异质的；而第二个领域内的规范和规则所调节的实践被认为与第一个领域所调节的普遍实践不同且高于前者，并构成了一个同质的媒介。第二个领域中的规范和规则，在社会再生产中发挥着不可或缺的作用，它们证明现存的社会秩序并使之合法化，使人的生活充满意义。大体上说，"自为的对象化领域"，正如它最初所表现的那样，可以被界定为"宗教领域"，但只有当我们在最广泛的可能意义上阐释"宗教"这一术语时，才能如此。这是因为，不管是否有恰当的制度化，是否获得承认或者具有成员资格（如入会或者传教士），这一领域包含了创造美的事物的过程、生产实践、理论思考模式、内在知识的议题、宏大叙事（master narrative）等等。在某些传统社会中，领域划分甚至走得更远，即与其他两个领域不同的第三个领域，不包括日常制度（政治、法律、再生产以及其他制度）。有时，"自为的对象化领域"被区分为许多分支领域。然而**所有领域**的规范和规则，同时是伦理规范和规则，即它们被认为是道德的，或至少包含着强烈的道德方面。这样，所有领域的人类实践都服从伦理判断。简言之，所有领域都包含着**共同的民族精神**（common ethos）。甚至在希腊城邦国家，特别是在那些领域分化极为广泛的民主国家，这些领域仍通过共同的民族精神联系起来。亚里士多德已然能够区分**技艺**（techné）和**实现**（energeia）（后者既可以作为**实践**也可以作为**理论**），好人和好公民，家庭经济和"政治"经济，这无疑是对**领域**分化的说明。但亚里士多德仍然基于道德基础断然拒绝为了利益而借钱，他仍然在伦理基础上对文学类型（悲剧和喜剧）进行划分，他仍然坚持认为最好的国家是能够促进完全德性的国家，他仍然将**沉思生活**（bios theoreticos）与崇高美德联系起来。

【149】

不是伽利略（Galileo）而是马基雅维利（Machiavelli）应被看作现代科学之父，这一观点作为近来讨论的结果，已然出现并被广泛接受。因此，政治科学可能早于自然科学。的确，马基雅维利的天赋主要不是体现在他对非道德甚至是不道德政治的拥护上（曾一直有这样的论断错误地理解其作品），而是体现在他从没有道德偏好的理论视角来**理解**政治行为和政治制度的主张上。这里我指的是**道德偏好**，而不是**价值偏**好。然而政治学对道德偏好的放弃相当于对**跨领域的民族精神**（trans-spheric ethos）的拒斥。政治学不仅被作为一个特殊领域而建立；它也宣称，内在于这一领域的规范和规则不能服从于一般的民族精神，甚至有条件的服从也是不可能的，不管它是由命令性规范构成的，还是由美德规范构成的。正是科学作为一个**独立**领域的确立（独立于时代的民族精神）才促进了**其他**领域的划分，并给予认可和强化其他领域划分以动力。政治领域作为一个独立的领域被作为独立领域的政治科学（以一种前面提及的方式）所建构、所发现。马基雅维利并没有断言独立的政治领域不存在具有道德相关性或者道德起源的规范或规则，而是这些规范和日常主体间交往中所践行的道德规范和宗教规则是**不一致的**。而且马基雅维利也不主张，政治领域的规范和规则永远都是给定的，但它们有赖于一个特殊政治体的构建，并且特定的规则应用于获胜的政治权力，并且不同的规则适用于维持已经建立的政治秩序。政治需要政治美德，后者或许大体上与道德美德是一致的，但也有可能与道德美德不同，或有时是矛盾的。但恰恰是政治美德指引，也应该指引着政治行为。

马基雅维利为政治学所做的，正是曼德维尔（Mandeville）为经济学所做的。哲学背景、论证方式是不同的，然而结果是一样的，至少从此处所考察的这个问题的角度看是这样的。正如曼德维尔所认为的，经济学必须从一个去除了道德偏好的理论视角出发来理解经济行为和经济【150】制度。曼德维尔甚至走得更远——并且在我看来这一步走得有点太远了——他努力将经济学作为一个特殊的或者独立的领域来构建或发现：他指出，在经济学中被作为领域特定的**美德**的东西，实际上是共同的**恶**。简言之，康德充分意识到了内在地将领域划分作为起点的危险。因此，为了给实践理性（道德）的至高性提出充分的理由，并同时保存和强化科学的、政治的、法律的、宗教的、美学的、"日常的"领域划分，他反而对人类能力进行了划分。黑格尔宣称要在思想中表达历史的当代性，他尝试着一个完全过时的智力实验。当黑格尔返回到微小的领域区分时，他在如下情景中冒险复活了共同伦理的观念：他认为一种相当衰弱的精神将统一所有的领域。在"自为的对象化"（绝对精神）领域的分支中，科学显然是不在场的，黑格尔的科学改造了一般**知识**（episteme）的陈旧理想，这一事实通过其自身表述出来。从 20 世纪以来，这一过时的方式也可以被描述为**空想的**——对于那些认同胡塞尔的《欧洲科学的危机和超验现象学》中的担忧的人而言确实如此。当然我并不希望在此进一步强调这一点。

对哲学史的简单涉猎并不能取代对现代历史星丛（constellation）的详细分析。然而哲学准确地描述了从文艺复兴后期到 19 世纪中期这段时间内社会结构、实践和意象中的巨大变革作为这个世界特征的变革，开始将自己等同于转型过程中的"西方化"。在这一阶段所发生的是，道德或多或少地不再按照阶层分化的线索来划分，而是在不同领域中划分。为说明这一历史趋势，较强和较弱的理论解释被提出来。较强的理论解释断言，除宗教领域之外的每个领域都不存在道德内容。我如果认可这一说法的话，那么对恰当行为规范划分的观念将没有任何意义。我宁愿同意尼采的说法，认为我们已经迈入虚无主义的时代（被动的虚无主义）、堕落的时代；而且既然上帝已死，那么人们只能通过积极的虚无主义去克服堕落。我宁愿认可具有较弱解释力的理论版本，因为这一【151】理论认为，领域划分以及它们逐渐增加的独立性，在每一个领域内都带来了特定的伦理类型。在特殊领域内遵守的规范和规则，在其他领域内则无法遵守，并且即使在其他领域可以遵守，也不应该去遵守。

我将通过连续的两个步骤来讨论道德的领域分化。我将首先考察领域间的伦理划分。在此之后，我将同样讨论个人与道德领域划分的关系这一问题。分析的顺序与在第二章和第三章中的顺序一样。在第二章中，我讨论了伦理一般；在第三章中，我讨论了个人与伦理的关系，也即一般的道德和道德自律。接下来，我将这一讨论扩大到另一个领域，并且是由于下面这个充分的理由，即我们恰巧是生活在这一领域中。

* * *

同样的事实可以在不同理论的框架内组织起来，并且，通常可以在同样成功的程度上被组织起来。然而有时它们不能在同样成功的程度上得以组织，因为归属于被阐释事实的**意义**在本质上是不同的。某一理论的词汇已经表明了与某些解决方案的密切关系，据此人们可以给出一个特殊的含义。在这个讨论的始终，虽然我所提及的现象显然不**应该**被描述为"领域划分",但我还是提及了道德的领域划分。人们可以很容易记住同样的发展并且以"系统分化"的语言描述它,认为现代伦理是系统特定的。同样,人们可以对**制度**区分进行简单的讨论,并断言所有的制度,不管是大还是小,都"有"自己的伦理。① 尽管理论与具有创新精神的理论家一样多,并且可以很容易证明下面这一点:纯粹系统理论的理想类型和制度理论的理想类型是如何解决这一问题的。由于系统是自我生成和自我扩展,所以纯粹的系统理论将断言,系统规则自身就相当于每个系统内的道德行为规则。这些规则不能被那些保持系统运转的人改变或修正。角色扮演仅仅相当于对内在系统规则的遵从,此外别无其他。一个纯粹的"关于制度的理论"没有必要赋予自我以任何程度的自主权,但其将会在角色扮演的行为中寻求仪式的和表达的因素。卢曼将系统理论和制度理论结合在一起,他坚持认为,现代制度在本质上是功能性的,它调节或者监督着行为,而绝不是动机。

"领域"这一观念在传统上与"文化的"这一形容词术语联系在一【152】起。马克斯·韦伯讨论了"价值领域",并由此建议领域分化与主要文化价值的分化、内部实践的分化是相伴而生的。不管人们是否接受马克斯·韦伯式的理论,显而易见的是,一旦确定道德划分是发生在领域中,而不是发生在系统或制度中,那么就会更加强调自为的对象化领域的分化和有意义的世界观及文化的形象领域的分化。就所涉及的有意义的世界观和文化形象而言,我将更进一步并坚持认为,一个纯粹的系统

---

① 彼得·伯格(Peter Berger)和托马斯·卢克曼(Thomas Luckmann)(在《现实的社会建构》一书中)建议,所有的交互行动模式和行动模式都被看作制度,前提是它们在某类规则下被重复的话。例如,如果我在周五见了一次朋友,这就不是一个制度;如果我们每个周五都见面的话,这就是一个制度。我发现这一对制度是由什么构成的理解,太过宽泛以至于不具有理论上的有用性或自明性。如果我们接受了它,我们将被引导做出如下结论:日常生活中我们相互之间所有不同的接触,是如此多的微小制度(与我的父母共进早餐的"制度",将我的孩子送往学校的"制度",等等),因此我们所有的重复性而非交互行动都不能被看作制度。根据这一区别,如果我每天晚上都有规律地自己看电视,这并不能构成一个制度;但是如果整个家庭都有规律地一起看电视的话,这确实构成了一个制度。对我而言,这一区分是人为的。我将不会否认,新的制度有时是从偶然接触的有规律性重复中产生的,即使所有的制度都将通过这种方式产生(我对这一方式是非常怀疑的),上述定义仍然是太过宽泛了。

理论或者纯粹的制度理论，在解释力的维度内是比不上"领域"理论的。人们广泛同意，美学的、科学的、宗教的形象在现代性上已经分开了，并且，"有美感地做某事""科学地做某事""虔诚地做某事"，遵从的规则或规范在种类上是完全不同的。①

人们完全可以通过将这三种活动归之于三个有意义的世界观的特定领域及其内在实践来对这一事实做出解释。与此同时，用"科学体系"来代替"宗教体系"或者"美学体系"不仅仅是尴尬，即使"科学体系"在一个纯粹的系统理论中仍然具有意义。"制度美学"和"制度宗教"这些术语是空洞的概括，因为在宗教领域和美学领域内存在许多完全不同的制度，而且这样一个制度的主要特征绝不是它的"美学的"或者"宗教的"特征。甚至"制度艺术"这一术语（是比"制度美学"更为狭隘的一个术语），在我看来也是令人困惑的。如果"制度"被作为指引活动、参与和创造性的一种对象化来理解的话，那么"领域"这一概念上的术语也可以这样理解。然而"制度"这一术语也有否定的含义，我们或许轻蔑地称之为"制度化"的东西已堕落为另外的纯粹的生活行为。另外我们认为，"制度艺术" **不是艺术的**，而是商业的、官僚的等等。的确，艺术的许多制度无疑是官僚的和商业的，然而就它们所是的这一程度而言，其根本不属于"美学领域"。至于我们将现代分化作为领域分化来描述，而不是作为制度或者体系分化来描述而言，我们已经强调了进入这个或那个领域的行动者的**态度**。就领域理论而言，它不仅强调了不同情境中的规范的独特性，而且也强调了它们在**种类上的**

①　福柯对最大可能的激进主义进行了讨论，在现代，科学话语（科学作为主导性的世界观）是如何侵入日常生活，并且在其他事物中，如何侵入"性"领域，这一概念实际上是通过这一话语构建的。人们没有必要接受福柯所有的观点或者他的结论已大体上与其保持一致。福柯讲述的故事，对宗教和科学两种主导性的世界观之间的冲突做出了例证，从此，后者以胜利的姿态出现了。在其能力范围内，一方面，科学作为主导性的世界观和**提出**道德限制的子领域，另一方面，将其客体**具体化**（福柯给出的例子是人类交往）。所谓"性行为"的**规范**不再是道德的，而成为"科学的"。不再是"善-恶-罪恶"并置，而是科学掌控了"正常-不正常-病态"的区别。被定义为"性"的东西，不再通过自由（自由意志）的范畴而加以理解，而是通过因果关系的范畴加以理解。

独特性。这一强调与"制度"理论是不一致的。戈夫曼（Goffman）对 【153】
制度分化的纯粹理论做出了主要贡献，他指出，当人们扮演完全不同的
角色时就实现了不同的功能。有医生的角色、护士的角色、服务员的角
色、律师的角色、家庭主妇的角色、男孩的角色、女孩的角色，然而由
于所有的角色扮演都是"表演行为"，因此每一个角色扮演**在种类上是
相似的**。你扮演了一个角色，随后又扮演了另外一个角色，但是你一直
以同样的方式扮演角色。"领域划分"的理论并没有排除而是包含着下
述可能性，即在同样的体制内活动的人可以根据不同领域的规范采取不
同的态度来行动。例如，文学以一种彻底的商业模式来运作，而作者可
以根据"美学的领域"的规范来工作，或者完全接受市场规则的指导。
这一点在诸如经济等领域就没有这么明显。在这些领域中他们将自己屈
从于体系阐释，然而即使在经济领域内，其他态度，特别是政治态度，
而非经济态度能够占据上风。

　　显然，没有理论可以为领域、系统和制度的完全自主权做出辩护，
尽管有些理论确实为**某一特定领域**的完全自主权提出了充分的理由（如
马克思主义为经济领域的自主权提出了充分理由），或相较于其他领域、
系统或者制度而言，它为某个特定的领域、系统或者制度的更大的自主
权提供充分的理由。所有理论都将现代西方社会的视域作为一个（否定
的）"总体"（totality）来看待，然而它们也并不认为系统逻辑的联合视
域是相互完全适合的，而是彼此有分歧，有时是彼此充实或者彼此降低
的。然而，系统或者制度的自主权的大小与特定系统或者制度内的行动
者的自主权的大小，是两个完全不同的问题。系统可以拥有极大的自主
权，但系统内部的行动者却没有任何自主权。就其自身而言，领域区分
取代系统和制度区分作为规则和规范区分的**基本**例子，对于持相同观点
而言没有任何障碍。既然领域区分和态度区分仅仅是种类上的不同，那
么特定领域的相对自主性或他律性和处于这些领域内的行动者的相对自
主性和他律性，就很容易被看作一致的。态度是必须改变的，前提是如

165 ·

【154】果某个人或者某个群体首先在一个领域内活动，然后在另一个领域内活动的话，但属于特定领域的态度仍然可以用于对属于另一个领域的某些具体规则的**批判**。因此，可以从政治规范的角度对经济规则展开批判，可以从哲学或者科学规范的视角对政治规范展开批判，可以从美学规范的视角对科学规则展开批判，等等。当然领域内部规范和规则的批判潜能能够超出它的合法限制并被滥用。如果特定领域的相对自主权自身受到质疑并最终被拒绝的话，那么这种情况就出现了。在另外一种极端情况下，领域内部的活动可以完全切断与其他领域的联系，并放弃对特定领域规范和规则的批判性运用。例如，美学领域可以非法地扩展到日常生活领域或者政治领域。而且领域内部的审美活动可以切断将其与其他领域联系起来的纽带，并为此付出社会相关性缺失的代价。然而在这一点上，必须提出下述问题："**谁**将审美领域非法地扩展到了日常生活领域或者政治领域；**谁**将这一特殊领域与所有其他领域分离开来？"当然肯定不是领域自身这样做的；只有**人类行动者**才会如此。思考一下这些术语，我们必须得出如下结论：领域的相对自主权和所有领域中行动者的相对自主权可以结合在一起进行思考。个人的相对自主权并不在于随意选择或拒斥内在领域规范，或者通过品味的偏好而产生的选择或者拒斥，也不包含根据特定制度的规则自由地去做某事或者不去做某事。制度是如此多面和复杂，以至于当人们在劳动的划分中发挥特殊功能时，不能做出如此有意识的选择。个人的相对自主权完全有赖于下述事实，即**不是所有**内在领域的规范和规则（也不是所有特殊制度的规范和规则）都必须被这个人看作理所当然。如果不是对这些规范和规则的内在领域的专属性做出改变的话，那么个人和群体总是能够做出改变某些规则和规范的请求。

领域划分的理论是否优于系统分化的理论或者制度分化的理论，与后两种理论相比，领域划分的理论能否在同样的或者更高的程度上对同样的现象做出解释，这是读者必须确定的一个问题。我必须补充一点，

在现有的框架内我无法对这一问题做出全面的阐述。无论如何，赞同
"领域划分"理论与我的整个理论是一致的。我已对三个领域做出了区
分：日常生活领域（自在的对象化领域），有意义的和意义呈现的世界
观领域（自为的对象化领域）和社会结构领域（自在的和自为的对象化
领域）。日常生活领域不能进一步分化，它只能逐渐衰败下去。然而自 【155】
为的对象化领域能够而且确实已经被进一步划分（划分为美学、宗教、
科学和哲学等分领域），而且这也同样适用于自在自为的对象化领域，
这一领域被划分为经济和政治两个分领域。人们也可以区分出法律领
域。但是道德**没有**构成一个领域，怎么经常强调这一点都不过分。这一
点已经获得绝大多数固执的系统理论家的认可。卢曼在其道德社会学研
究中指出，道德而且只有道德，不能作为一个系统而被把握，它逃避了
系统化的解释。

正是根据划分的领域界限所做出的"道德划分"，而非特定"道德
领域"的演变，使得所谓的"文化"领域的划分对于当前讨论的目的尤
为重要。只要领域的各个部分大体上得以呈现，那么就有一个主导性的
世界观渗透其中，并且正是这一世界观为生活提供了意义，也包括日常
生活。这正是存在**共同民族精神**的原因所在。价值、规范和美德在一个
或另一个社会阶层中得以分享，并在所有的活动形式中都应该加以遵
守。在西方现代性出现之前，正是宗教（基督教）精神为日常生活、自
为的对象化领域、自在自为的对象化领域提供了规范。领域分化增加得
越多，这些领域相应地开始建立自己内在的伦理规范和规则，那么宗教
伦理学就越来越失去了在上述其中一个领域的对指导性活动的掌控。这
一特殊的领域正是宗教分支领域自身，并且它正是在这一分化过程中成
为一个分支领域的。其他的分支领域同时将自己从宗教和基督教**精神**中
解放出来。科学将自己作为一个主导性的世界观而建立，并为生活提供
了强烈的意象（生产、进步、效用等诸如此类的意象），但是它并没有
为生活提供意义，也没有成为共同的"民族精神"的提供者。不存在共

同的（共享的）民族精神的感觉，甚至也不存在生活经验，这种观点正势头大增。每个领域都建立了一个自己的规范体系（规则体系），也建立了限于这个领域、其他领域没有分享的伦理，否认这一点将是困难的。否认下述说法将是同样困难的：根据区分的领域界限所做出的伦理

【156】 区分可以被合法地称之为**解放**。文学不应该屈从于宗教道德的苛求，政治不应该被"美学化"，法律领域不该被"政治化"，政治领域不应该按照经济的内在规则运转。也就是说，领域内在的规范不应该扩展到其他领域，这就是领域"解放"所蕴含的一切。我在此使用了"应该"这个动词。如果仅是否定的（"人们不应该……"），那么将"应该"扩展到其他所有领域的地方也必定存在某种共同的民族精神。这意味着内在的领域规范应该保持独立**这一规范**，任何领域都不应该服从其他领域的规范和规则**这一规范**，这是流行于西方现代性中的"最低限度的民族精神"。这个"最低限度的民族精神"是自卫性的，当然它也可以采取攻击性的形式。人们为抵制科学侵犯哲学、经济学侵犯艺术、经济学侵犯政治学、哲学侵犯艺术、科学侵犯政治学，以及科学、经济学和政治学侵犯日常生活而发生了争论，这一过程被哈贝马斯冠之以"生活世界的殖民化"。显然，这一"最低限度的民族精神"并不栖居于领域内，因为如果是这样的话，我们就根本不能讨论"民族精神"这一术语。相反"最低限度的民族精神"栖居于现代性的**普遍价值**中，特别是自由的普遍价值。

在现代性中，劳动分工是功能性的。哪里存在劳动分工，哪里就有劳动的功能性划分。由于"道德划分"仅仅出现在劳动分工的合理化的制度中，因此系统理论和制度理论对其进行了现实的描述。卢曼在下述论断上是绝对正确的：在一个合理化的制度中，重要的只是行为而非动机。甚至戈夫曼对这一类型道德划分的某些特征也以一种适当方式进行了描述：不同的制度需要不同的"表演行为"，而无须对独一无二的自我及其道德或其他动机提出要求。然而在具有民主传统的现代西方社

会，并未禁止具有**跨功能的**（transfunctional）行动和话语。民主的公共生活中的跨功能行动和话语也产生了跨功能的民族精神，也就是适用于所有领域的**积极的**民族精神，并且对于所有领域而言都是等同的，同时又没有威胁到特定领域的相对自主权。简单看一下最近的争论就足以发现这个积极的、但又是微弱的民族精神是如何起作用的。如今种族主义在公共的民族精神中已遭到拒绝，且这一态度已扩展到种族主义的语言在文学中的运用上，这也为"美学领域"的其他分支领域（油画、绘画、歌曲和电影）设置了**规范性**限制。同样的限制已经成为哲学、科学 【157】实践的元规范（它见证了围绕智力实验所展开的争论），理所当然，对于政治领域和法律领域来说也是如此。"人权"应该赋予所有领域，而不管它们内在领域的规则如何，这是一个共同的期待。因此被界定为"松散的"民族精神的东西仍然存在，并且在那些具有民主传统的国家中，并没有显现出其逐渐消失的迹象。伦理的领域划分否认了下述可能性，即**流行的"浓厚的民族精神"成为某种维系一切领域和所有男女的元精神**。当然这并不意味着某种"浓厚的民族精神"在日常生活领域的特定群体（生活方式）内部就不能获得动力。然而我却无法在此对这个问题进行探讨。

迄今为止，我仅讨论的是西方的现代性形式。但是我们也必须依靠另一种可选择的、具有巨大历史重要性的现代性形式，这一形式首先出现在苏联并由此传播开来。苏联几乎一下子就实现了在西方社会经历了几个世纪才实现的东西，即在劳动的社会分工中，功能主义模式取代阶层分化的模式。对传统的意识形态禁令是这一激变中的一部分，不管这些传统在性质上是宗教的还是世俗的/道德的，它保证了日常生活中这些传统的快速解体，也保证了不干预功能性行动模式中的这些传统道德规范。然而这是通过为整个社会强加**一种新的主导性的世界观**而实现的，这一世界观使自己在现代术语中（作为**科学**）得以合法化，但是在所有领域中，包括日常生活领域，在决定共同的民族精神（伦理）时它却发挥着**宗教功能**，并通过强力和教化的运用来确保（支撑）这种伦理经受住道德程序的所有质疑和合理检验。由此，在领域的特定的规范和规则的发展道路上就设置了一个强有力的障碍。就我们此前提到的文学的例子而言，政治意识形态的教条规范被预先置于文学的形式和内容上，以便同时支撑共同的民族精神，并压制领域的特定的规范和规则。相应地，在制度框架内就不可能出现对行为规制和动机规制的确切区分【158】（在某种最近的后斯大林情况下，它可能并已经出现了，这里社会的集权性质的瓦解已经开始了）。占主导地位的世界观已经成为无所不包的新型政治统治模式的杠杆（控制着所有领域）。由此，所有特定领域都成为元领域的分支领域。一旦它实现了其功能，那么同样的占主导地位的世界观将愈发变成象征的、仪式的和实用主义的。

当我适才勾勒的这个过程出现时，所有领域对政治统治的元领域的服从，将导致分支领域的持续危机。日常生活将饱受诸如酗酒、出生率降低和平均寿命缩短等问题的困扰。其特征也是蒙昧主义传统论的重现。尽管蒙昧主义的传统（沙文主义，种族主义，反犹太主义，特别是基要主义宗教的兴起）可以为政治统治的工具所利用，但它所引起的，以及随之而来的症候能够引起恐慌。当然只要元领域能被保持在良好状态，那么分支领域的危机就并不会导致社会的普遍危机。苏维埃社会是现代性的可行的版本，并且具有不断再生产和普遍化的潜力。正是针对这一背景，我强调了在领域中（处于首位的实践理性作为"松散的民族精神"而存在）人们对伦理的道德划分的多样性和道德的生活方式多样性的期待。

*　　　　*　　　　*

现在我将继续讨论第二个主要问题，即在领域划分形式中，**个人与伦理划分的实践关系**。马克斯·韦伯在其论文《政治作为一种志业》和《科学作为一种志业》中，从即将进入这个或那个领域的个人的角度出发解答了领域内在的规范和规则问题。马克斯·韦伯的这一解答方式与其行为理论相对应，而且更加充分有理，因为在他看来，他的讲演针对的是那些**恰恰面临如此选择**的学生。此问题太简单以至于无法解释清楚为什么马克斯·韦伯对日常生活世界（sphere）保持了沉默，因为人们并没有选择栖居于日常生活世界，但是又不得不居于此。另外，如果仔细推敲的话，这样的论断需要进一步详细论述。对马克斯·韦伯而言，领域间的选择是**存在的**选择，就这样的选择而言，它是**至高无上的生活方式**的选择。在选择宗教的过程中，日常生活可以作为至高无上的生活方式而被选择；宗教道德（对灵魂的拯救）是作为所有生命活动的中心点而被选择的。然而宗教领域与日常生活领域并不一致。马克斯·韦伯考虑的是（尽管他的意图从整体上来看是暗含的），宗教是能够为日常 【159】生活提供意义的唯一领域。那种**不是生活形式**的日常生活的种类，那种"有生命力的"却未被选择、不是**出于自身考虑**而被选择的日常生活，都不是马克斯·韦伯所关注的。

在我回到正在考察的主要问题之前，我想针对马克斯·韦伯的领域一览表做一评论。马克斯·韦伯将哲学从这一目录中删掉了，并且这或许可以解释他为何坚持认为宗教自身就可以为生活提供意义。而且尽管他并没有将"道德"列入领域中（哈贝马斯认为马克斯·韦伯列入了），但是马克斯·韦伯确实提到了"色情领域"（erotic sphere）。这一失误可以通过其传记得以解释，但这一失误仍然存在。接受马克斯·韦伯的建议，首先就意味着将"色情"限制在性交行为**之前**或**之后**，也限制在后者的特定方面。这是个站不住脚的命题，并且这不仅仅是因为我们生活在后弗洛伊德时代；对于希腊哲学家而言，它听起来同样是荒谬的，希腊哲学家在友谊、音乐和哲学中有力地强调了色情的维度。或许马克斯·韦伯从克尔恺郭尔那里借鉴了"非此即彼"的存在的选择，克尔恺郭尔**在**美学、道德、最后是宗教维度**内部**讨论了色情（eroticism）。历史而非理论可以回答色情主要是在哪个领域中被培育起来的这个问题。

在我看来，马克斯·韦伯在主张存在的选择这一问题的同时混淆了三个截然不同的问题，而且混淆问题的方式和框架在回避这个问题与说明这个问题上的程度是一样的。① 现在分别对这三个问题进行考察将是有益的。

第一个问题在于，马克斯·韦伯在毫无关联的意义上接受了克尔恺

---

① 困扰知识分子（特别是 20 世纪左翼知识分子）的问题是，是否要积极地参与到政治政党和制度中，是否将理论诉求加诸于政治突发事件中，或者是否根据这些理论观念塑造政治，这一问题不是一个被正确提出的问题。我们已经看到，马克斯·韦伯的建议，在政治和科学（理论）之间的强制性的选择是一个浪漫的夸大，而且下面的争论也是如此，这一争论是，一个理论家的理论承诺，应该必然地与对特定政党或者制度的承诺相伴随。一个理论家或许会、也或许不会作为一个政治体制的成员来运作和工作。然而，就理论家确实在理论领域工作这一点而言，他或者她有义务根据社会理论的内在领域规范来思考、辩论或者写作；就此人在政治舞台活动这一点而言，他或者她有义务根据政治的内在领域规范和规则来行动。政治规则不应该侵犯到理论追求，且理论规则也不应该侵犯到政治行动模式。但必须将活动和努力**统一起来**的是人作为人的身份或者资格来代表的主要的价值和主要的（抽象的）道德规范。**人作为人的身份或者资格**必须对他或者她实践的科学（理论）的内在规则和规范都进行检验，也对他或者她在**同样的**道德标准和原则下即将加入的特定政治体制的内在规范和规则进行检验。这一观念，即这个人必须履行的既不是外在的选择，或一系列内在领域规范和规则的相互叠加，而是对"松散的民族精神"指引下的所有活动的服从，以及对这样一个"松散的民族精神"的普遍接受的支持。

在此，可以提出如下反对意见：对这一领域内在的规则和规范进行**合乎伦理**的界定是不正当的。人们也许会问，什么是合乎伦理的，是根据（合理的）科学规则进行科学研究，或根据美学领域或者任何其他的子领域的内在规则从事艺术，或根据市场的内在规则从事商业？（同样的问题，在法律或者政治领域却**不会被**提出。）这三个领域不仅被区分开来，而且它们自己的**伦理**也最终获得了解放。然而仍然存在与"恰当的商业行为"相联系的规范和规则，对这些规范和规则的遵从引发了人们的支持，而对它们的侵犯则引发了反对，无论商业冒险是成功的还是失败的。对于科学而言也是如此：有良知的行为，公开一个发现之前的反思，对他人贡献的承认，以及另外一些事情是"体面"的问题，因此在这一术语恰当的意义上就是**合乎伦理**的。"美学领域"与其他领域相比，尽管只有零星的规范性，但它产生了一个此前并不存在的强有力的规范，这一规范在词语的非常广泛的意义上来说是禁止的"剽窃"。由于艺术作品被作为独一无二的个人的表达方式而得到尊重，所以个人和这个作品之间的联系必不能被破坏。

除了这些批判性的话语，我不打算同意列奥·施特劳斯（在《自然权利和历史》一书中）对马克斯·韦伯的解释。施特劳斯将马克斯·韦伯指控为虚无主义者，这是极失公允的。他将马克斯·韦伯在生命的不同阶段写下的东西（例如，在《新教伦理与资本主义精神》和《科学作为一种志业》中）看作是且完全是有关不同问题的（例如，社会科学价值是一方面，不同价值领域之间的选择是另一方面），貌似它们构成了一个同质的和结构性的道德理论。但其并没有构成这样的一个理论。在面对所有现时代出现的困难时，马克斯·韦伯运用其巨大的"理论之剑"去维护道德标准。在他看来，克尔恺郭尔和尼采曾经确实是最大的"挑战者"。马克斯·韦伯与这一挑战进行了斗争，并最真诚地来做这件事。他在这一斗争中是否取得成功，这一问题还需要进一步讨论。然而我相信下述论断，即马克斯·韦伯最终并没有（或者不能够）辨识出**任何**道德标准，这无论如何是简单的错误。

郭尔式的遗产。当克尔恺郭尔为存在的选择提出充分理由的时候，特别是为在美的生活形式和伦理的生活形式之间的选择提出充分理由的时候，在其头脑中并不存在领域间选择这一观念（当他将宗教的生活形式包含在其列表中时，他也没有将宗教作为一个领域来看待）。**生活的阶段是日常生活内**的意义–构成的**态度**。存在着**相互矛盾**的生活构成的态度，并且它们之间是绝对的"非此即彼"。某人要么是审美地建构生活，要么是符合伦理，或者虔诚地建构生活。由于在此我们并不对克尔恺郭尔进行详细探讨，所以一个更进一步的评论就足够了。对于克尔恺郭尔而言，选择伦理的生活形式并没有将人们与实践科学或者创作小说分隔开来，更不要说与从艺术作品、科学或者哲学中获得愉悦分隔开来了。栖居于美学领域的人，可以追求这些同样的职业，而不必将其作为**志** 【160】 **业**，此处我是在马克斯·韦伯的意义上使用志业一词的，它是贯穿于某人一生的坚定追求。

正是青年卢卡奇将存在的选择这一命题与"领域之于生命"的对应之物协调起来。遵守领域内在的规范和规则不仅有了保障，且是不可避免的，甚至是有约束力的。日常生活领域需要一种道德态度，而艺术和哲学领域（绝对精神）则需要对其内在规范和规则的绝对的自我放弃，卢卡奇认为这些规范和规则并**不是道德的**。是存留于日常生活的界限之内，还是将一个人的自我提升到哲学和艺术领域，必须在上述两者之间做出存在的选择。非此即彼。将这些领域结合起来就是犯下了最为严重的道德侵犯。生活必定不会以美的标准来衡量。进入更高领域的人，是被禁止停留于日常生活领域的，应当保持超然，脱离日常接触和日常实践。栖居于艺术和哲学的高度，是一个诅咒，也是一个祝福；且确实栖居于此的人应该避开与"生活"的所有接触，因为他所接触的是有害的。

无疑，青年卢卡奇对其年长的老朋友产生了一些影响。然而马克斯·韦伯更为深远地改变了克尔恺郭尔式的位置。对于马克斯·韦伯来说，"非此即彼"并不是在日常生活和献身于更高目标的"生活"之间做出的选择，它是目的之间的选择。然而被保留下来的是超出"边界"

的禁令，这一边界是日常（宗教的）道德与内在于政治领域的道德之间的边界，是科学与政治、科学与宗教之间的边界。但"精神的贫困"这一卢卡奇式的主题，以一种较少悲剧性但又确实是更加悲观主义的论调被重复了。这里对科学的追求，既是作为祝福也是作为诅咒而被描述。与卢卡奇的观点相比，马克斯·韦伯的观点具有更少的悲剧性，因为他并没有坚持认为，学者在日常生活中所接触到的任何事物都注定是要消亡的。与卢卡奇的观点相比它是更为悲观的，因为在卢卡奇那里，**意义问题**（Sinnfrage）被置于更高的目的王国，而在马克斯·韦伯那里，**意义问题**是不能被置于科学王国的，更不要说得到答案了。被马克斯·韦伯不合理地联系起来的三个问题如下：日常生活中果断态度的选择，献身于更高的目的还是献身于日常生活之间的选择，不同领域间的（非日常的）选择。从道德视角来看，这些问题必须被严格地分离开来。

【161】 日常生活中的基本**态度**可以是一个选择问题，且这一选择是存在的选择（我们在选择一种态度的过程中选择了自我），这是一个现代观念。在此生活方式的多元化并不是终极问题。毋宁说，终极问题是如下这一重要事实，即**可以存在没有任何道德规则的生活方式**。我们已经看到，卢卡奇和马克斯·韦伯对这一挑战的反应是一致的，他们主张甚至不存在道德限制的日常生活方式也是可能的，事实上，这样的生活方式不应该存在。我应该更倾向于以一种更为本体论的方式将这一反应呈现出来：尽管受非道德的观念和追求所调节的日常生活方式是可能的，但只有**一个存在的选择**，即将自我作为道德存在来选择。然而我将补充一点，即一旦做出选择，那么我们就不仅是在日常生活领域，而且是在所有领域对自己做出了选择。随之而来的是不超越领域界限，这是马克斯·韦伯和卢卡奇都想合法规避的事情。但是一旦某人是"存在地"做出选择，那么随之而来的就是，这个人应该在与伦理内在的特定规范或规则的所有关系中坚持**道德的**观点。在我看来，这是为实践理性的至高无上性提供充分理由的唯一方式，而**不必**消除领域区分。

如果我适才所说能够被接受的话，那么将更高层面的（领域的）活动和日常活动做出卢卡奇式的悲剧性并置，就变得无关紧要了。如果没有将自我作为好人的存在的选择的话，那么日常生活中"接触某人"的解构性（且让我们再补充一点，确实夸大了的）效果将无论如何也不会成为个人的关注点。然而如果已经做出了存在的选择（将我们自身作为有道德的人），那么这将释放一种动力，在这一动力中，个人将从道德品行（实践理性）的立场对内在领域的规范和规则进行测试和检验，并且能够在日常生活领域和特定的对象化领域之间实现"互通"，而不必面临在前者或后者中被破坏的危险。还有一点必须被补充的是，出现在卢卡奇早期概念中的自我的形象过于严格了。自我**要么完全**被"更高层面的领域"所吸收，**要么完全**在日常领域被建构，它是**单一中心的**（monocentred）。后来，某种程度上是在《海德堡美学》（*Heidelberg Aesthetics*）中，接下来完全是在其老年阶段所写的《美学》（*Aesthetics*）中，卢卡奇将自我概念发展得更具有辩证性且更大程度的相关性。就自我具有一个"内核"、一个"中心"而言，它是有身份的是一回事。完全说自我是与这一"内核"共存的，又是另外一回事。如果我们既不将自我看作完全缺失中心的，也不将其看作完全被中心所吸纳的，那么我们能够很容易地想象出上面所提到的在日常生活领域和更高层面的目的领域之间的"互通"。【162】

马克斯·韦伯所触及的第三个问题（并且在此我只讨论马克斯·韦伯的情况）需要进一步关注，这个问题是，在相互矛盾的领域（"诸神"[deities]）之间进行选择的必要性和这一选择的存在的特征。由领域多元化所强加的"神灵"观念和对自我限制的强调，使我们想起歌德的某些广为人知的格言。① 不同来源和范围的问题在此一下子就被明确表达出来了。其中的一个问题已在此被反复讨论：所有的领域都有其领域内在的规范和规则，其中也包括伦理规范和规则。这正是这些领域必须被相互隔离开来的原因所在。由此可见，某个人的同一次献身不可能侍奉两个"神灵"，但是它确实不意味着我们应该是一神论的。马克斯·韦伯忠实于歌德的前提，但取消了他的承诺：由马克斯·韦伯式的严格所支

---

① "博学者要有自知之明。""科学艺术烂熟于胸，则宗教信仰笃定虔诚；科学艺术一窍不通，则宗教信仰似是而非。"

持的对劳动的领域划分，是多层面而又协调一致的个人的绝响（swansong），是德国古典主义的典范。在马克斯·韦伯式的精神中，选择一个领域意味着出于善而选择它，并出于善而放弃了其他任何领域内的观念。这一结论是严肃的、负责任的反思和自我设置的具体化的混合物。而且新教徒的"志业"概念对这些目的都是有用的。对于第一个目的来说，对领域的严格划分表达和强化了每一个领域内部日益增加的复杂性。应对这一复杂性，特别是科学领域的复杂性是一项徒劳的工作。即使你将自己完全钉在科学的十字架之上，即使你将自己最好的年华都奉献给科学，你仍会带着遗憾死去。实现不可能实现的这一贪得无厌的愿望，这一全部完成的工作，日夜驱使着你，并且如果你将会厌烦这个如恶魔般的旅程的话，那么你最好不要选择科学作为自己的志业。马克斯·韦伯式的科学家（和政治家）的理想类型是极其平淡无奇的，然而又是浪漫的。之所以是平淡无奇的，是因为这一徒劳的任务披着乏味的、甚至是实用主义的外衣。之所以是极其浪漫的，是因为它用绝对论者的术语表现出来：这里例外变成了规则。同样，如果不否认其相关性，且不否认有时是宏伟的例外的态度，如果不轻视包含在这样的态度中的斗争和苦难的话（它们与马克斯·韦伯自己的戏剧化的人生奋斗是平行的），那么我在它们之中就找不到足够的理由去宣称它们是规则。为什么在人的一生中只能追求一个志业呢？为什么对于个人而言，他不可能同时活跃于科学、政治以及艺术领域，并能根据各自领域的特定规范来开展活动，而是在它们之中的任何一个单独的领域来追求完美呢？

【163】　　为什么那些没有将政治作为"志业"来选择的人，就应该抑制自己按照政治领域的规范来行动呢？对于这样的准则而言，"公民行动"如何才是可以想象的呢？如果一个人确实选择了主要的神灵，那么这个人是否应该放弃所有他的或者她的个人的奥林匹斯山中小的神灵的帮助呢？

　　最后，选择一个领域（相对于其他领域而言）作为志业不可能依据合理性这一事实，已经被马克斯·韦伯作为存在的选择的**真正基点**（very locus）而提了出来。被我定义为"自我加之的具体化"

（self-imposed reification）的术语显然在此发挥作用了。在马克斯·韦伯看来，在我将自我作为科学家或者政治家来选择的时候，我就选择了**我自身**。但在我看来，在做出这个或者那个选择时我只不过**做出了一个承诺**。这个承诺可以基于先前的存在的选择，但它也可以是品味问题，是实用主义的考虑问题、利益问题、天分问题、机遇问题，或者是所有这些因素的总和的问题。如果价值相同的话，那么从根本上讲，选择一个志业并不比在日常生活中选择任何一种生活方式更具"存在性"。真正的道德问题并不是选择的事实，而是选择一旦被做出，该"如何"坚守这一承诺。在坚守这一承诺的过程中，此人是否做出了**恰当的存在的选择**（主体道德的选择）将**被揭示**出来。如果这个人做出了恰当的选择，那么他或者她将带着下述承诺进入基于任何理由所选择的任何领域。如果这些规范与实践理性的命令相矛盾的话，这个承诺是：既遵守领域特定的规范和规则，又为内在领域规范的**改变**做出贡献。如果这样的改变无法实施，那么这个人将会使他/她献身于其他领域。

实际上，实践理性的现代命令必须足够普遍和一般，以便**不妨碍**内在领域规范和规则的相对独立性。如果它们确实妨碍了这一独立性，那么基要主义就是其结果，并且反过来又代表着违反了现代实践理性所最终代表的自由的价值。然而这一事实既没有取消，也没有使实践理性的首要地位失去效力：一旦做出存在的选择（某人将自己选择为一个有道德的人），如果与其相伴而生的道德责任无法实现的话，那么随之而来的志业选择能够并且应该被重新做出。

就这一点而言，我已经对劳动的道德划分进行了讨论，并且我已经为**道德个性**的存在的选择给出了一个基本理由，这一道德个性可以与所有领域内在的伦理规范和规则建立**个人联系**。我也明确表达了下述基本的限制性的附加条件，即那些指引我们检验、接受和修正领域特定的伦理规则的道德品行规范，在性质上必须是普遍的和一般的。因为，如果不这样的话，一个道德观点将非法地附加于这些领域之上，从而威胁到领域自身的伦理的再生产。然而迄今为止，我也仅仅简要地涉及日常生活方式的多样性。 **【164】**

对劳动的功能性划分取代阶层分化的模式，不仅导致了领域之间的道德划分，而且导致了日常生活领域伦理的多元化。尽管我同意马克斯·韦伯和卢卡奇关于日常生活应该保持"有道德的"观点，但生活方式可以是不同的却还保持同等的道德性。我们需要对被卢卡奇和马克斯·韦伯采用的"应该"这一术语做出一些解释。毕竟日常生活并非道德真空的。当讨论到美德的时候，只有哲学家是感到羞愧的；日常行动者仍会根据美德来思考。然而日常生活的道德内容逐渐衰弱，因为处于主导地位的具有意义的世界观（科学）不能为生活提供道德规范。马克斯·韦伯完全意识到了这一点，这也是他主张将**宗教**作为日常生活领域的恰当的道德权威的原因所在。与马克斯·韦伯相比（并且在一定程度上与麦金泰尔相比），我并不认为只有传统宗教和这些宗教的残余能够为生活提供道德规范。然而卢卡奇（而非马克斯·韦伯）所发现的领域内在的规范对日常生活侵入的危险，及其对道德组织的破坏性影响，是势头大增的一个现象。正是从这一趋势中，哈贝马斯的非日常领域对日常生活日益增加的"殖民化"这一主题获得了其相关性。哈贝马斯所特别关注的是政治领域和经济领域，但是根据福柯的观点，我们可以将科学领域和艺术的分支领域加入这一列表。"自我的去中心化"这一最新口号表明，"美学领域"并没有停止成为一个"殖民者"。"日常生活领域应该是有道德的"这一命令与"在一定程度上它仍然是有道德的"这个断言并不矛盾。利害攸关的问题并不是保护其他领域侵入后曾经的伦理剩余，而是重新思考和重新挖掘对于特定的伦理类型而言的积极的（防御性的）生活方式的重新中心化的可能性。日常道德的多元化是一种资产。但只有在它保持了**道德**的多元化的时候才具有解放的潜力。否则，栖居于此的人将根本不能再做出（出于善的）存在的选择（没有道德立场——实践理性——将仍会检验和改变领域内的规则和规范）。

[165]

让我再一次强调，无所不包的"浓厚的"社会精神已经消失，这不是一种倒退。但是植根于自由和生活的普遍价值中的无所不包的**松散的**民族精神，必须仍然能够超越其当前的衰弱形式而获得发展和生长。如此松散的民族精神，将不会消除领域之间的伦理划分，而且它也不会妨碍多种生活形式与其独特的、具体的伦理系统的共存和相互承认。如此松散的民族精神，可以被道德品行态度、个人与基本规范的实践关系加以支持、加强和保持生命力。"个人"这一术语在此既代表"单个的人"，也代表共同体内的"个体的生活形式"（individual form of life）。如果情况恰是如此的话，那么基于领域区分所做出的伦理划分的过程，将无法被称作解放和进步的过程。

第十章　善、坏与恶

【166】　　亚里士多德把善比作循环的中心点，这一比喻告诉我们，人们可以通过多种形式行恶，但善是一个整体，不能被分割。当普遍的民族精神已然消失，形而上学的常量融入历史洪流中时，这个比喻看上去就过时了。当然，它变成了如下的问题：善的规范是经常变化的，人们可以是善的，且根据不同的标准，可以是同样的善。然而彻底的考察并不能证明亚里士多德的观点是完全错误的（而且我将支持这一断言，尽管我一贯坚持价值多元主义和规范多元主义）。如果我们认为，人们可以推荐一个善的形式定义，基于任何规范体系，它包含了过去、现在和将来的所有善的人，而发现或者创造一个类似的关于邪恶或者恶的**形式**定义则是不可能的，那么亚里士多德的真理就被证实了。从这一视角重读尼采的《道德的系谱》是非常有益的。显然，尼采想为善和恶的绝对历史的观点提供充分的理由，然而在**两个**方面他都失败了。关于善，尼采仅指出，善的**规范**一直在变化，但这并没有新意。然而关于恶，他得出结论，认为正是善良的人的**注视**，通常才以一种**结构上**不同的方式和形式定义他者（Other），恰恰是犹太教-基督教文化才用恶的观念取代了坏的（bad）观念。善总是存在的；恶则不是。不管我们是否赞成尼采**系谱学**的主要观点（我是不赞成的），显然，善的概念**拒绝**彻底历史主义的路径，不管怎么努力都是如此。善和恶并不能被看作彼此间的结构性镜像，这一事实使有足够勇气直面这一问题的汉娜·阿伦特倍感头疼。

【167】她争辩道，恶的意志（will to evil），即"理查德三世综合征"是非常罕见的现象，但世界上存在着的恶具有多面性，甚至能够在"平庸"的面具下出现。埃里希·弗洛姆（Erich Fromm）做出了相似的考察，他诙谐地指出，恶是没有角的。日常行动者面临着同样的难题。善良的人是存在的，我们认出他们，我们知道他们是善的，这是常识。用康德的话来

说，善就像珠宝一样熠熠生辉。我们对坏人同样是熟悉的。例如，麻木不仁的利己主义者完全对他者漠不关心，还有的人往往被坏的情感所征服。但当提到"恶"的时候，我们又是迷茫的。既然每个人都"有"某些"令人满意"的性格特征，那么似乎没有人可以被看作"恶的"。并且我们知道这个世界上存在着恶，我们从其所作所为中知道它是恶，并且，既然所有的事情都是由人类完成的，那么肯定有恶人。

那么什么是恶呢？如果恶真的存在的话，我们怎样将坏与恶区别开来呢？如果恶真的存在的话，在不可逆转的危害造成**之前**，恶如何才能被察觉呢？

首先，存在较为**宽泛的**和较为**狭隘的**道德上的（伦理上的）恶的观念——**道德的**恶的观念和**非道德的**恶的观念。

本书已对道德的两个结构性变化进行了讨论。第一个结构性变化随着作为内在道德权威调节着行动和判断的**道德品行**、实践理性和良心的出现而发生。第二个结构性变化（现代的）随着根据阶层分化而做出的道德划分的瓦解而出现，随之而来的是对伦理领域的道德划分，和日常生活领域的某些价值的普遍化和具体道德规范的多元化。在运用同样的准历史的理想类型时，我们必须得出如下结论，即在第一个结构性变化出现**之前**，概括地说，已经存在**道德上的**坏和恶之间的区分。在那个假想的世界中，具有社会惩罚的、对具体规范的每一次侵犯，都必须按照定义被看作"坏的和恶的"（"按照定义"是因为就我的理论而言，这样的一个区分只能作为道德分层和道德品行分离的结果而出现）。但概括来说，即使"坏的"与"恶的"之间存在区别，那么由犯罪行为所引起的超人（例如，先辈的精神）的**愤怒**的想象和这些超人将**破坏掉**整个共同体的观念（除非将犯罪者从共同体中"排除出去"），必然已存在于，而且必定广泛存在于这一所谓的"原始"社会中。更进一步地说，极度的道德犯罪的想象（image）此时与非道德的"恶"的想象有如此强烈的联系（所有种类的灾难，如死亡、疾病、农作物歉收、火山爆发，甚至是战争的灾难），以至于后者通常被看作前者的结果。甚至对某些形式的巫术而言，情况也是如此。迄今为止，这一法术被看作针对 【168】

氏族或者部落的单个成员的犯罪做出的某种公正惩罚的一种方式。但也有一些无端带来恶的精神和出于绝对的恶意而开展的巫术。这里我们可以将"恶"的第一次出场置于较为狭隘的术语意义上，作为一种**破坏性**和**非理性**的力量。它之所以是破坏性的力量，是因为它造成了不合时宜的死亡、疾病、饥饿和战争，而之所以是一个非理性的力量，是理性的实践无法阻止其运作，也即是说，不能通过遵循所有具体规范和规则而阻止其运作。这样一种破坏性的－非理性的力量使人们充满了**恐惧**，但也可以产生巨大的**敬畏**，这对于充满恶意的巫师而言同样适用。这里我们已经见证了全部与恶有关的事物：它是破坏性的（没有道德挑衅），它是非理性的，它是恐惧的源泉，并且它是（偶尔地）有吸引力的，或者至少对敬畏的主体或者客体而言如此。

第一个结构性变化带来了恶的（相对）世俗化和多元化。之所以用"相对的"，我的意思是**人类**既没有超人的力量做支撑，也不拥有源于超人的能力，人类或许被看作恶的源泉或者化身。自此以后，源于人类的所有恶的实践就被看作**道德上**恶的（是对最为严肃的秩序的道德侵犯），因此也是破坏性的。这也可以通过其他方式来表述，即被假定为对社会组织、神圣秩序或好生活具有破坏性的所有实践，都被看作道德上恶的，而且比之更为恶的（并且通常根本不存在其他的恶）是不存在的。尼采认为，贵族的文化对恶是陌生的，这一观点是站不住脚的。这些共同体将下层社会的道德看作低劣的（坏的）而非恶的，因为他们非但没有危及而是加强和重新证实了道德秩序的组织。然而他们并不怀疑**狂妄自大**（hubris）（如弑父）应该被看作恶的。

对于恶的多元化，我的意思是，恶的行为具有不同的种类。人们很容易就能分辨出两种主要类型的恶。我将其称之为**底层世界的恶**（evil of the underworld）和**诡辩的恶**（evil of sophistication）。亚崔迪（Atreides）或索多玛和俄摩拉城的人都是"底层世界的恶"的化身。**在**【169】新的文明的外观**背后**仍然起作用的旧有实践，经常危及这一文明。它们被其看作最伟大秩序的狂妄自大。存在于"人"之中的底层世界能够在任何时候反抗神圣秩序（或者好的生活）。文明尽其最大努力使黑暗的恶成为完全令人反感的，然而这也正是它具有**恶魔般的**吸引力的原因。欧里庇得斯在其《酒神的伴侣》（Bacchae）中有足够的勇气对底层世界恶魔般的吸引力进行了描述。正如克尔恺郭尔正确指出的那样，正是基督教将淫荡（sensuality）作为一个原则、作为"底层世界"的原则、作为黑暗的原则建构起来。如此被创造出来的恶，就成为有吸引力的，成为恶魔般的。在此，恐惧和吸引的共生关系很容易被觉察。但对于**诡辩的恶**来说同样如此。诡辩所具有的恶的力量并不躲藏在文明的外观之下。它们正是由这个文明所创造的。（甚至放弃"它们对文明的产生也做出了贡献"这一断言都是不可能的，正如亚当的堕落和普罗米修斯的神话所证实的那样。）在现代性出现之前，对特定文明的规范和规则进行挑战、检验和质疑，被认为是狂妄自大的，知道不应该知道的，解决人类无权解决的那些难题，从自然和神灵那里掠夺本该属于他们的东西，参透受到严格保护的自然的秘密，对神圣启示的知识提出挑战——所有这些都是恶的，因为它使神圣秩序的组织（或者是好生活的组织）面临毁灭的威胁。[①] 通过侵犯恰恰是自然和神灵的知识体而亵渎自然或者激起神灵的愤怒而带来的恐惧，通过怀疑规范或者价值体系的有效性而引发的恐惧，或者怀疑先辈传下来的计划（lay）或者宗教实践的正确性而引发的恐惧，也同样伴随着巨大的吸引力。对知识（作为权力）的追求而非无知，是恶魔（Demon）。无知藏不住任何诱惑，尽管恰恰是那些无知的人极易被诱惑。

诡辩的恶具有两副面孔，其中一副面孔朝向不断增加的知识，另一副面孔面向越来越少的知识；一面表达了无尽的好奇心，另一面则表达了拒绝信仰的怀疑主义。对"知识作为权力"的追求否决了实践理性的首要性。这一挑衅性斗争的呐喊，即所有的规范都是无效的、幼稚的和

---

① 从原始的恶中获得拯救，在后古典希腊文明中，必须被看作善的行为。因此，俄狄浦斯故事的原初信息不得不被翻译为新时代的精神。**知识**和**诡辩**（斯芬克司之谜的解决方式）被看作主人公的优点，而非**是**一种犯罪。俄狄浦斯的狂妄自大（弑父母罪和乱伦）不再是"侵犯知识"的惩罚，而是通过他的**无知**而得以解释，也即他关于他的行动所处环境的无知。正是这一神话的转型，使这一故事迎合了希腊启蒙的想象，恰如我们在索福克勒斯的《俄狄浦斯在科罗诺斯》中所看到的那样。

荒唐的，旨在去除作为一切限制"知识作为权力"的追求，这些限制通过善良、体面和正义的原则强加于知识上。

柏拉图是第一个，在很长时间里也是唯一一个这样的哲学家，他坚持认为，恶归根结底是**诡辩的恶**（诡辩这一术语来自**智者派**）。恶体现在**恶的准则**中，并通过其传播。然而恰恰是柏拉图自己的哲学被许多人

（例如伊索克拉底）看作这种恶的准则的来源。这恰恰是因为柏拉图式的准则的巨大"魅力"，在雅典民主的规范性组织瓦解过程中发挥了巨大作用。我们需要对这一悖论做出一些解释。如果诡辩的恶就相当于恶的准则的话，那么"哪些准则是恶的？"这个问题就自动被提出来了。新准则的传播会危及社会的规范性框架，每当有人拥护新准则的时候，这一秩序的守卫者就会将这样的准则**定义为**恶的。但是规范秩序自身又如何呢？从新准则的视角来看，旧有秩序可以被看作恶的，而有效规范则被看作恶的准则。伏尔泰强烈要求"碾碎贱民"（Ecrasez l'infame），这正是在其脑海中的**臭名昭著的传统**。由此，体现在准则中的恶总是**相对**的吗？是否对于那些维护规范秩序的人来说是恶的，而对于反对这一秩序的人来说就是好的呢？或者，是否有准则可以被恰当地界定为"绝对的恶"，在没有任何规定形式下被界定为"恶"？我相信存在这样的准则。道德准则、道德原则和道德观念，与**道德品行**是同时出现的。从道德品行视角来看，以具体伦理的毁灭为目标的准则可被看作恶的，但是这种类型的恶是相对的。然而**以这样的道德品行的毁灭**为目标的准则就是绝对恶的。这些"行为准则"直接或者间接地对所有的道德规范施加影响——直接地，是就它们引导我们超越了善和恶而言的；间接地，是就假设的命令都被置于至高无上的准则的地位来说的，而不管其内容为何。在柏拉图对话录中，卡里克利斯（Callicles）构建了第一种类型的恶的准则，塞拉西马柯（Trasymachos）构建了第二种类型的恶的准则。

"底层世界的恶"可以简单地从文明的外衣背后"迸发出来"，但是没有"诡辩的恶"的支持，它只能造成暂时的和有限的危害。这种支持采取了"底层世界的恶"的形式，从诡辩的恶中获得准许或者放行的信号。然后在其传播过程中出现了瘟疫，并且，恶闯入无知者的身心，也

影响着那些此前道德上健全的人。

科学作为现代性中主导性的世界观，已使我们先辈传下来的下述信念边缘化，这一信念是，生活中的恶（疾病、死亡、饥荒、被敌人打败），要么是对不当行为和罪恶的公正惩罚，要么是拥有超能力的邪恶精神或者邪恶的人的运作方式。但是道德上的恶，那种利用底层世界的恶为己所用的诡辩的恶，仍为我们带来了"瘟疫"，仍是不合时宜的死亡的先兆，仍破坏了任何社会秩序的组织，在这一秩序中，道德价值和美德可以从道德品行的立场中被选择出来。【171】

诡辩的恶在任何位置都能传播这个瘟疫，但是**权力**的位置是最为适合的。恶的恶魔般的特征，其吸引力无论如何都与权力有联系。这可以是政治职位的权力、知识的权力，或者性格（意志）的权力。人们无须考虑恶的权力的残暴象征，如希特勒这样的，以便正视恶和权力的共生关系。我们都曾遇到这样的人，他们经由其恶的准则，通过唤醒这些人的"阴暗面"（underworld），消灭存在于其周围的所有生命。不管这样的人是否处于灭绝整个民族、种族、社会阶层的位置上，或者是否在一个有限的小范围内践行其毁灭性的权力，这仅仅是一个机遇问题。恶仅是绝对的权力吗？谁能拒绝它呢？恶也是一种诱惑，只有那些从来不被引诱去接受恶的准则的人才总能拒绝诱惑，因为他们一直遵循善的准则。在没有善的准则的情况下，甚至本质上善的人也能被恶的准则所愚弄，前提是如果不能击败恶的准则的话。

对恶的察觉为什么如此困难呢？为什么我们需要奥斯威辛集中营和古拉格群岛的证据，以便相信我们能够直面恶？并且，为什么恶看起来是平庸的？

如果我们仅仅关注的是发现坏的性格特征的话，那么诡辩的恶就从未被包含其中。一方面，很多人都具有一些坏的性格特征，并且有些人拥有很多坏的性格特征，而且只有很少的人拥有坏的性格特征，这是众所周知的。脾气暴躁、虚荣和自私并不能使任何人变得"恶"；如果仅仅是因为这样的话，根本没有人可以被称作是恶的。另一方面，一个恶人也"拥有"一些好的性格特征，甚至具有吸引力的特征。让我们来看一下那些一直遵循自己的**个人突破性进展**准则的人。为了实现这一点，就这个人的准则而言，**任何事情对其来说都是被允许的**。由此，他将除掉妨碍他的人，但他也会收拢其崇拜者、支持者、所有的随从人员。这样一个人必须是充满魅力的，也是鲁莽的；此外，他将忠实于这两个角色，或者至少是尽其所能地忠实。或者，我们来看一下那个遵从**单个事件的突破性进展**的准则的人。再一次，为了实现这一目标，就其准则而言，任何事情对这个人来说都是被允许的。然而只要另一个人也会无条件地或毫不动摇地献身于同样的事业，那么他或者她将会发现"献身于某一事业的人"（man of a cause）是一个好的领导者或者忠诚的朋友。

【172】 绝对的愤世嫉俗者和绝对的狂热分子对于他者而言，或者表现为"好人"（nice blokes）、"诚实的人""宽宏大量的人"，或甚至是"英雄的灵魂"。如果我们遇到了一个没有人喜欢的人，那么我们完全可以假定，我们遇到的是坏人而非恶人。

更容易对底层世界的恶进行定位。尽管我并不赞成我们每个人的灵魂中都固有一些野蛮的东西，但它确实在很多人的灵魂中存在着。尽管如此，但这还不是恶的。通过毁灭性的或者自我毁灭性的冲动去违规是足够坏的，但这不是恶的。尽管如此，如果摆脱所有规范的**恐惧变得越来越有吸引力**，恰恰是因为所有的规范都被摆脱掉了；而且如果撕裂规范、人类、我们自身的迫切要求变成了**快乐**的源泉的话，那么被这些阴暗面所附体的人就是恶的。"附体"（possessed）这一术语源于古代的学问。恶的幽灵或者魔鬼能够"进入"一个人的身体；并能够从其身体中被驱除，这一观念或许听起来是深奥的，但如果剥掉其神秘内涵的话，这一比喻就是恰当的。

底层世界的恶很少、只是偶然地包括某人。如果这种情况发生的话，那么应该被假定的是精神上的错乱而非恶。这是因为，底层世界的**恶是在社会环境中并由社会环境所引起的**。这样的环境可以得到很好的组织，甚至具有明显的仪式性质。然而现如今，只有诡辩的恶为引发底层世界的恶准备了一个环境。萨德（Sade）和陀思妥耶夫斯基（Dostoevsky）完全了解这一点。有可能诡辩的恶的运用者希望他者都被底层世界的恶所附体，或者这一情况也有可能仅仅是他达成另一个、更广泛的目标过程中的手段而已。也有可能，这同一个人可以成为诡辩的恶和底层世界的恶的承载者。

重复一遍，恶是一种瘟疫。它是权力，并且具有传染性。在这方面我已经提及职位的权力、知识的权力和**品性**（恶的意志）的权力，并且此处我将加上人数的力量。认同某一恶的准则的人数越多，底层世界的恶所拥有的人员数量就越多，恶的权力和恶魔般的吸引力就会越大。恶也就是这样传播开来的。想象一下，在恶的驱使下，一个人本身会成为恶的。想象一下，这同一个人处在不同的环境下：他的恶魔已经失去权力，能激发起其底层世界的恶的诡辩的恶已经远去。这个被恶所掌控的人，这个恶的人，这个做出恶的行为的人，将一下子失去所有恶的"症候"。他将不再被掌控；他的恶的准则将消失。简言之，恶除了其他特点外，它是一个**机会主义者**。如果瘟疫消失了，机会也就没有了，并且，驱力也就没有了。这就是"平庸的恶"之谜的解决之道。【173】

恶远非是平庸的，但是平庸的人可以被恶所掌控，做出恶的行为并成为恶人。在耶路撒冷的法庭上进行陈述的艾希曼，与那个带着固执、狡猾和机灵，当他的时机到来时巧妙策划驱逐匈牙利犹太人的艾希曼，**不是同一个**艾希曼。当他带着残酷成性的和准美学的愉悦沉湎于自己的绝对权力时，与匈牙利的犹太法庭成员进行着猫鼠游戏的艾希曼，就从耶路撒冷的法庭上**离席**了。艾希曼**变得**平庸了，由于他不再被控制，由于他失去了构成恶的权力（在其特殊案例中，既不是知识的权力，也不是品性的权力，而是职位和数量的权力）。他不再是令人畏惧的，他不能再运用吸引力，他成为他曾经所是的那个人的一个空壳。一旦权力耗尽，绝大多数恶人都变得平庸。然而**恶**是平庸的这一结论并不紧随其后，这正是很难觉察到恶，但却更容易辨识好的和坏的更深层的原因。

尽管我已经区分了两种类型的恶，并强调底层世界的恶通常是由诡辩的恶所引起的，但我也补充道，恶是一个瘟疫。在一场瘟疫中人们会变恶，这些人很少表现出易受这个变化影响的迹象，即使有任何迹象存在的话，当这一瘟疫结束的时候，恶就会离他们而去，甚至都不曾留下他们曾生此病的任何痕迹。我也补充道，恶与权力内在地交织在一起，不仅如此，恶是一个机会主义者。紧随所有这些而来的是我此前所表明的，即不存在一个能够把握恶本质的单一的普遍**公式**。恶的准则诉诸不同的生活经验、情形、挫折。一个恶的准则掌控一种类型的人，另一个恶的准则掌控不同类型的人。一个人拥有对恶的强烈倾向性，也有足够的计谋去阐述恶的准则。另一个人则需要遭到肆虐的恶的瘟疫的打击而被瘟疫所带走。如果出现了合适的机遇，那么令人诧异的是，几乎无法抵抗恶的恶魔般的权力。通常，"正常的"、一般的和体面的人能够屈从于它并成为它的化身。托马斯・曼（Thomas Mann）的短篇故事"马里奥与魔术师"触及了这一问题的核心：仅仅说"不"是不够的，因为那些仅仅拒绝恶的人经常处于被其控制的危险之中。唯一有效的对策就是，不断地**确认善的准则**并**绝对地**坚持这个"是"。

【174】　　冷漠、利己主义、自私和任性的激情可以很容易得到理解和解释。但恶能够被解释吗？神话和宗教已经为我们提供了对恶的解释，如果没有它们的话，我们的精神将无处安放。然而当它们试图回答下述关键问题时，科学，甚至是哲学都进入了一个陌生的领域：弗洛伊德的死亡本能（Thanatos）与原罪一样，是一个神话形象。于我而言，我恳求忽略这一问题。我不能坚决反对神秘阐释的尝试。我不能解释恶。但这并不意味着我想为恶进行辩解。即使我们所有的世俗制度都成为康德意义上的"共和政体的"，那么每个人并不是都将会成为行为上体面的人，尽管那些被康德看作恶的人和那些被我看作"坏的"人或许在行为上是很得体的。在一个拥有选择的世界中，在一个具有道德品行的世界中，恶的准则总是可以被选择的，并且底层世界的恶是被激发出来的。然而，此处我将对恶的讨论总结为被压抑的乐观主义——如果所有的制度成为人力所及范围内最好的制度，那么传播恶的机会将会是很小的，由此恶行的影响将被缩减。并且，邪恶的密谋失败的人，恶行受挫的人，表现出**滑稽**的形象。富于民主情感，并以民主情感为基础的完全民主的制度，能够将理查德三世转变为一个伪君子（Tartuffe）。这是莱辛在《智者纳旦》（*Nathan the Wise*）中的乌托邦设计。仅仅因为没有人听从于

他，就狂热地要求所有的犹太人都应该被烧死的高级教士是滑稽的。世界上所有潜在的希特勒能够变得像这个高级教士一样吗？

*　　　*　　　*

好人是存在的。规范和美德变化了，但是良好的**道德品行**（morality）的标准总是一样的。我将在此讨论的是**良好的道德品行**——那些已经与伦理规范和规则建立了个人关系的人的善，这一点必须强调在先。与恶相对，这样的善良也能够通过一般公式加以界定。这一公式抓住了善的本质形式（结构），而不管其实质如何。我们将这一界定归功于柏拉图，并且，如果我们剔除了所有后来不断变化的规范性实体的善的理念的话，那么我们将会立即看到善的形式（或道德品行）此后从未改变。**如果他或她更倾向于自己承担错误，而非损害他人，那么这个人就是善良的**。每一个坚守这一形式定义的人都是善良的，也存在善的、更为细微的形式。一个人可以选择代替另一个人承担痛苦，即使这一痛苦的替代选择并不包含任何种类的，甚至是最轻程度的错误行为。同样，一个人也可以作为好人去支持另一个人，并且不以任何方式损害她或者他。这些或者相似的情形就是"**分外的善**"（supererogatory goodness）。我倾向于将这些人称为"跨文化的善"，因为那些实体性规范事实上是跨文化的，它们被具有**分外的**善的人所现实化并加以遵循。然而道德品行的天才、圣人、道德英雄不能作为人类的善的标尺；实体性的例外，不管它多么高尚，都不能提供**每个人都应该履行的形式规范**。对每个人来说，每个人**应该**做的，必须在原则上都是**可能**去做的。在原则上，当且仅当自己承担错误的痛苦的代价是损害他人（通过违反道德规范而产生危害）时，每个人都去选择承担错误才是可能的。一个道德理论不做这样的假设将是自相矛盾的。【175】

然而柏拉图并没有停留于对道德上的好人做出界定。他想合理地证明，受冤屈要比犯错好得多。这一尝试失败了，并且是以一种典型的方式失败的，因为柏拉图使自己陷入了一个道德悖论。假定能被合理证实的东西，最终不得不通过信仰而被接受。受冤屈要比犯错好得多这一前提**是不能被证实的**。好人是不需要这样一个证明的：做个好人**意味着**受冤屈要比犯错好得多。无论如何，坏人会将任何作为不合理和不相关的"证明"而加以拒绝。他们**知道**，受冤屈是所在的最坏的位置，所以，在任何情况下犯错反而会更受欢迎。而且那些既不好也不坏的绝大多数人会把这一"证明"看作过度概括而加以拒绝，并因此是不相干的。这些人讨厌彻底的概括：有时如果我们损害了他者，我们会感到好一些；相反，有时我们受冤屈会感到更好一些——这恰恰是这些人能够证实的。康德试图避开这一问题，在我看来是恰当的。他坚持认为，道德上的善与**道德自律**是等同的，好人值得拥有幸福。然而当康德想将论证从"值得拥有幸福"转换到真实幸福的情形时，他也不得不诉诸信仰。

我建议接受柏拉图学派对善的界定（"好人是一个宁愿受冤屈，也不愿去犯错的人"），它完全意识到了内在的前提（"受冤屈也要比犯错好得多"）无法得到合理证明这一事实。我相信这个前提是真实的；这是**我的信仰宣言**。

【176】 我的论断是好人存在。并且，也存在宁愿受冤屈也不愿去犯错的人。我们都了解这一点。这一论述涉及经验事实。另外，周围好人的数量并不像怀疑态者所认为的那样少。善确实是苛刻的，但却没有过于苛刻。在善的定义中，并没有什么可以阻碍好人去追求自身的利益并享受生活的愉悦，**除非**这样做的时候他们违反了道德规范。好人并不是更喜欢受冤屈，除非犯错是他们所面临的唯一选择。好人并没有成为利他主义者的嗜好；他们仅仅是诚实的和正派的。这也正是我将那些遵循善的标准的人纳入上述"诚实"的定义中的原因所在，以便将他们的善与圣人、利他主义者、道德品行天才的跨文化的（超义务的）善区别开来。此处对一般的道德规范和特殊的道德品行所做出的所有断言都可以被看作对基础陈述的解释。**诚实的人是如何可能的？道德品行出现后，他们是如何可能的？**这些问题我已在整本书中做出了回答。正是好人而非坏人需要解释。我对道德进行的分类，从本质上来说就是对人类的诚实和正派所做出的分类。

* * *

我将对上面的陈述做出进一步阐释。我们都知道，坏人存在。如果他或者她宁愿（一贯地和持续地）损害他人而非受冤屈的话，那么这个人就是坏的。这样的人并不是特别多。在度过了世界被划分为"好人"和"坏人"那一短暂时期之后，甚至一个孩子也会使你确信，大多数人既不是好的，也不是坏的，而通常是"比坏更好一些"或者"比好更坏一些"。就定义而言，即使持续的坏也远非是恶的。如果一个人经常损害他人以避免自己被损害，那么或许**在任何其他事例或情形中**他就根本不会损害他人。这个人是坏人，因为对于他或者她而言，犯错远比受冤屈要好。这样的人更愿意承认，如果善能够带来权力、财富、好的地位等诸如此类的话，那么做好人将会更好。然而情况并非如此，那些并不理解生活是什么的人就是愚蠢的人。那些接近于坏人，但又不是彻底坏的人，通常是那些由于缺乏任何种类的一贯性（consistency），也缺乏可靠性的人。这样的人更愿意相信他们是好人，在外在和内在限制（环境的压力或者冲动的力量）情况下做出恶劣行径，在他们自己和他者看来，是可以被原谅的。他们没有为自己的品性承担相应的责任。这正是 【177】可以被称作囊括一切的他律性（道德的和非道德的是相似的）。然而，很明显，无论是环境的压力还是内在冲动都不能解释坏性格。**如果**一个人没有为环境的压力或者内在的冲动承担责任的话，那么环境压力和内在冲动就将变得不可阻挡。道德结果应该由道德原因做出解释。对于一个不可靠的行动者而言，用非道德的原因去解释恶行和犯罪，特别是在心理伪装的术语下做出解释，这是很容易理解的，但是如果理论家也这样做的话，却是一个坏现象。显然，为每一个不同的冲动承担责任，并不是同样困难或者同样容易的。而且我相信，最难为其承担责任的冲动并非最为罕见或者最为放纵的冲动，而是最为普通的冲动——**恐惧**的冲动。在最后一个事例中，对死亡的恐惧潜伏在所有的恐惧背后，至少在现代是这样的。如果我们是不朽的，谁会愿意犯错呢（除非那些恶人）？如果我们有时间去做任何事，那么我们将随时为在短时期内受冤屈做好准备，因为没有什么最终发生的是不可逆转的。然而我们生活在时间的压力之下，并且我们知道，我们现在实现不了的有可能永远不会实现，我们现在或者在不久的将来无法享受的有可能永远没有机会去享受。通常我们犯错并不是由于对苦难的恐惧，而是因为对一无所获的恐惧，对丧失机遇的恐惧，对保持无权、贫穷、不为所知、不被承认的恐惧，对生命没有被充分利用却丧失"机遇"的恐惧。向死而生中所隐藏的切中了非本真性的要害，这是海德格尔非常明智的发现之一，尽管他漏掉了其道德含义。卑劣本性的孪生恶习，嫉妒和虚荣，对他者做出众多不道德行为的那些动力，也同样植根于对死亡的非本真恐惧中。在损害他人的前提下追求快乐也是如此。

在所有论述中，我并不想暗示对死亡的非本真恐惧是唯一需要我们承担责任的坏的冲动。例如，羡慕如果能恰当地与嫉妒区别开来的话，就绝对与这种类型的恐惧毫无关系。还有一点必须记住，在这一语境中我们讨论的是坏人而非恶人。

对恐惧的这一简短论述，目的是有助于深化最初的主题，即道德结果应该由道德原因而非心理原因来负责。既然意识使我们意识到我们的有限性，并且好人确实存在，那么对死亡的恐惧就是人的境况。当涉及【178】 在犯错与受冤屈之间做出选择的时候，这一事实表明，因死亡的恐惧而承担责任的可能性，表明了**将时间压力悬置起来**的可能性。我们每次去选择受冤屈也不犯错的时候，我们做得**就像自己是不朽**的一样，尽管我们知道我们不是不朽的。一个人没有必要相信灵魂的不朽或者复活，以熟悉这一态度。貌似不朽的行动，并不需要你是不朽的。当貌似进行不朽的行动时，你无须是不朽的。但当你貌似进行不朽的行动时，你承载着人世间最好的可能的道德世界的承诺。最好的可能的道德世界是每一个好人和诚实的人的生命所设置的目标、终极的善。我们并不知道，最好的可能的道德世界是否是可能的；我们只知道，最好的可能的道德世界**不是不可能的**，只要好人存在，只要最终要死去的人按照不朽的样子来行动，尽管他们知道他们并不是不朽的。

诚实的人宁愿受冤屈也不愿损害他人。然而"犯错"并不意味着"引发苦难"，而且"受冤屈"也并不等同于去经受如此的折磨。但"犯错"意味着"通过违反道德规范和价值而引发苦难"，而"受冤屈"则意味着"由于那些违反道德规范和价值的人而经受苦难"。一个诚实的人能够不经意间造成苦难，正如他或者她能够有意识地造成苦难一样，如果这一行为过程是**正确**的话（如果这是消灭恶人、惩罚坏人的唯一方式的话）。无须回报的爱可以使某人遭受痛苦，但却并非由此"被损害"。同样，那些意识到某人没有实现他们期望的人可以带来痛苦，尽管这一类型的认同的缺席并没有"损害"某人。

我在分析中假定，自从实践理性、良心、道德品行立场出现后，善的形式结构从未被改变，尽管道德规范的实质已经发生了变化。就这一事实本身而言，它并不会给道德理论或者道德实践带来困难。如果抽象规范、美德规范与至少一些具体规范被分享的话，如果价值和美德体系被确定的话，那么人们就知道或能够确定什么时候他们将会损害他人，什么时候在**不损害**他人的情况下造成痛苦，什么时候他们将受冤屈，什么时候他们在不被损害的情况下遭受痛苦。当唐·乔万尼（Don Giovanni）引诱埃尔维拉（Elvira）的时候，他知道他已经损害了她。他无须首先确定对于埃尔维拉来说"被引诱"是否就是"被损害"。当然，围绕"损害"的阐释，在现代性出现之前，冲突就已经出现了，特别是在政治变动和普遍危机的时代。像这样的一个冲突也可能出现在日常生活中。然而这仅是一个例外而非规则。更重要的是，对他人的直接损害和间接损害之间的区别是不固定的（例如，损害个人对城市带来了损 **【179】** 害，而对这个城市的损害实际上是对我所知道的那些人的背叛和伤害）。随着现代性的来临，所有这些都改变了，因为不仅规范的**实质**经历了变化，而且道德结构也改变了。

我们是否完全分享所有的道德规范呢？如果他人对正确和错误的概念化方式与我们的方式完全不同，我们如何才有可能知道我们什么时候损害了他人呢？**如果**我们已经损害了他人，如果我们并没有**看到**我们或许已经伤害的那些人，我们如何才能知道呢？在巴尔扎克的《幻灭》（*Lost Illusion*）中，魏特琳（Vautrin）问拉斯蒂涅（Rastignac），如果你能够通过在巴黎按下一个按钮就能获得大量的财富，并因此杀害了中国的一个商人，你会按下这个按钮吗？那么，我们还有什么准则来区分冤枉与非冤枉，区分受冤枉与不受冤枉呢？我们是否仍然可以制定这样的指导方针并遵守呢？最后，我们是否应该简单承认人类的善已经过时？它难道不足够公正地遵循领域内在的规则，做一个人喜欢的一切，并仍然是"可以的"吗？如果在损害和非损害之间做出区分是如此困难的话，那么放弃"诚实的人"这一定义并将它放置在道德博物馆中进行展览是不是太鲁莽了呢？或许**跨文化的好人**这一概念仍然能够得到正确的支持，因为它是跨文化的。我们仍然能够说，存在好人，正如存在好的画家、好的政治家和好的物理学家一样。一个天才就像另一个天才一样，并且既然我们不能希望一个人应该是一个天才，那么我们也不能期望一个人应该是一个好人。

所有这一切都说明仍然存在好人，即诚实的人。这一切也说明，仍然存在这样的人，他们**承载着**最好的可能的道德世界的希望。这一切也说明，仍然存在这样的人，他们在**每个人都能够达到**的方式和程度上是好人。让我再补充一点，这些人在每个人都应该是的方式和程度上是**好人**。这确实是一个强有力的规范性陈述。为这样一个陈述的相关性和有效性提供理由，超出了一般伦理学的权威范围。我们**应该如何**行动，我们**应该如何**生活这样的问题，只有**道德哲学**可以对其进行考虑并做出回答。考虑并回答这一问题，就其自身而言是必要的，也是**应该的**。它不仅是一个理论体现，而且是一种道德行动。然而对道德哲学的研究并不【180】是一个直接的，而是**间接的道德行动**。它是一个道德行动，是因为人们为其承担**道德责任**；它是一个间接的道德行动，则因为它是在理论媒介中得以执行的。理论媒介需要一个理论路径。因此针对我们**应该如何**行动，我们**应该**如何生活这样问题的回答，必须深植于所有行动者在现代生活中都面临和必须自己加以解决的问题的**理论对策**中，尽管不是由此演绎出来的。这一难题是由这一问题提出的："如今诚实的人存在——他们现在是何以可能的？"

参 考 文 献

Arendt, Hannah, *Eichmann in Jerusalem: a report on the banality of evil*. Viking Press, New York, 1964.

——, *Lectures on Kant's Political Philosophy*, ed. Ronald Beiner. Chicago: University of Chicago Press, 1982.

——, *Thinking*. New York: Harcourt Brace Jovanovich, 1977.

Aries, Philippe, *Centuries of Childbood: a social history of family life*. New York: Vintage Books, 1962.

Aristotle, *Nicomachean Ethics*, tr. with introduction and notes by Martin Ostwald. Indianapolis: Bobbs-Merrill, 1962.

——, *Politics*, tr. T. A. Sinclair, rev. and re-presented by Trevor J. Saunders. New York: Penguin, 1981.

Baier, Kurt, *The Moral Point of View*. Ithaca, NY: Cornell University Press, 1958.

Berger, Peter L. , and Luckmann, Thomas, *The Social Construction of Reality: a treatise in the sociology of knowledge*. New York: Irvington, 1980.

Descartes, René, *Descartes' Philosophical Writings*, sel. and tr. Norman Kemp Smith. London: Macmillan, 1952.

Durkheim, Emile, *The Elementary Forms of the Religious Life: a study in religious sociology*. London: Allen and Unwin; New York: Macmillan, 1915.

——, *Suicide*. Glencoe, Il. : Free Press, 1951.

Elias, Norbert, *The Civilizing Process*, tr. Edmund Jephcott. New York: Urizen, 1978.

Fischkin, James S. , *Beyond Subjective Morality: ethical reasoning and political philosophy*. New Haven, Conn. : Yale University Press, 1984.

Foucault, Michel, *Discipline and Punish: the birth of the prison*, tr. Alan Sheridan. New York: Pantheon, 1977.

——, *The History of Sexuality*, vol. II: *The Use of Pleasure*, tr. Robert Hurley. New York: Vintage Books, 1986.

Freud, Sigmund, *Civilization and its Discontents*, tr. and ed. James Strachey. New York: W. W. Norton, 1962.

——, *The Complete Introductory Lectures on Psychoanalysis*, tr. and ed. James Strachey. New York: W. W. Norton, 1966.

——, *The Future of an Illusion*, tr. W. D. Robson-Scott. London: Hogarth Press and Institute of Psycho-Analysis, 1928.

Fromm, Erich, *The Anatomy of Human Destructiveness*. New York: Holt, Rinehart and Winston, 1973.

Gert, Bernard, *The Moral Rules: a new rational foundation for morality*. New York: Harper and Row, 1970.

Gewirth, Alan, *Reason and Morality*. Chicago: University of Chicago Press, 1978.

Habermas, Jürgen, *The Theory of Communicative Action*, vol. I: *Reason and the Rationalization of Society*, tr. Thomas McCarthy. Boston, Mass. : Beacon Press, 1984.

Hart, Herbert Lionel Adolphus, *Punishment and Responsibility; essays in the philosophy of law*. New York: Oxford University Press, 1968.

Hegel, Georg Wilhelm Friedrich, *The Phenomenology of Mind*, tr. with an introduction and notes by J. B. Baillie. London: Sonnenschein; New York: Macmillan, 1910.

——, *The Philosophy of History*. New York: Colonial Press, 1900.

——, *Hegel's Philosophy of Right*, tr. with notes by T. M. Knox. Oxford: Clarendon Press, 1942.

Heidegger, Martin, *Being and Time*, tr. John Macquarrie and Edward Robinson. New York: Harper, 1962.

Heller, Agnes, *Beyond Justice*. Oxford: Basil Blackwell, 1987.

———, *On Instinct*. The Netherlands: Van Gorcum Assen, 1979.

———, *The Power of Shame*. London: Routledge, 1985.

Hirschman, Albert O., *The Passions and the Interests: political arguments for capitalism before its triumph*. Princeton, NJ: Princeton University Press, 1977.

Husserl. Edmund, *The Crisis of European Sciences and Transcendental Phenomenology*. Evanston, Illinois: Northwestern University Press, 1970.

Kant, Immanuel. *Critique of Practical Reason and Other Writings in Moral Philosophy*, tr. and ed. with an introduction by Lewis White Beck. Chicago: University of Chicago Press, 1949.

———, *Fundamental Principles of the Metaphysics of Morals*, tr. Thomas K. Abbott, with an introduction by Marvin Fox. New York: Liberal Arts Press, 1949.

———, *Foundations of the Metaphysics of Morals*, tr. Lewis White Beck, ed. Robert Paul Wolff. Indianapolis: Bobbs-Merrill, 1969.

Kierkegaard, Søren, *Either/Or*, tr. David F. Swenson and Lillian Marvin Swenson. Princeton, NJ: Princeton University Press, 1971.

Kohlberg, Lawrence, "From is to Ought", *The Philosophy of Moral Development: moral stages and the idea of justice*. San Francisco: Harper and Row, 1981.

Lessing, Gotthold Ephraim. *Nathan the Wise; a dramatic poem in five acts*. New York: Ungar, 1955.

Lévi-Strauss, Claude, *The Savage Mind*. Chicago: University of Chicago Press, 1966.

Luhmann, Niklas, *The Differentiation of Society*, tr. Stephen Holmes and Charles Larmore. New York: Columbia University Press, 1982.

Lukács, Georg, *Die Eigenart des Asthetischen* I, II. Neuwied: Luchterhand, 1963.

———, *Heidelberger Asthetick*. Neuwied: Luchterhand, 1974.

Lyotard, Jean Francois, *Le Differend*. Paris: Editions de Minuit, 1983.

MacIntyre, Alasdair, *After Virtue: a study in moral theory*. Notre Dame, Ind. : University of Notre Dame Press, 1984.

Machiavelli, Niccolò, *Discorso o dialogo intorno alla nostra lingua*. Padua: Antenore, 1982.

——, *The Prince*, tr. with an introduction by George Bull. Harmondsworth, Middx: Penguin, 1981.

Mandeville, Bernard, *The Fable of the Bees*, ed. with an introduction by Phillip Harth. Harmondsworth, Middx: Penguin, 1970.

Marx, Karl, *Economic and Philosophic Manuscripts of 1844*, ed. with an introduction by Dirk J. Struik, tr. Martin Mulligan. New York: International Publishers, 1964.

Mead, George Herbert, *Mind, Self and Society from the Standpoint of a Social Behaviorist*. Chicago: University of Chicago Press, 1962.

Nietzsche, Friedrich Wilhelm, *Basic Writings of Nietzsche*, tr. and ed. , with commentaries, by Walter Kaufmann. New York: Modern Library, 1968.

——, *On the Genealogy of Morals*, tr. Walter Kaufmann and R. J. Hollingdale. New York: Vintage Books, 1967.

Nozick, Robert, *Philosophical Explanations*. Cambridge, Mass. : Harvard University Press, 1981.

Pascal, Blaise, *Pensées*; *Notes on Religion and Other Subjects*, tr. John Warrington. London: Dent, 1973.

Plato, *Euthyphro, Apology, Crito, Phaedo the Death Scene*, tr. F. J. Church, rev. with an introduction by Robert D. Cumming. Indianapolis: Bobbs-Merrill, 1956.

——, *Gorgias*, tr. with notes by Terence Irwin. Oxford: Clarendon Press; New York: Oxford University Press, 1979.

——, *Phaedrus*, tr. with an introduction and commentary by R. Hackforth. Cambridge: Cambridge University Press, 1952.

——, *Philebus and Epinomis* tr. with an introduction by A. E. Taylor. London and New York : Nelson, 1956.

——, *The Republic*, tr. Allan Bloom. New York : Basic Books, 1968.

Sartre, Jean-Paul, *Critique of Dialectical Reason*, tr. Alan Sheridan-Smith, ed. Jonathan Ree. London : Verso, 1982.

——, *Men without Shadows* (*Les Morts sans Sépulture*), in *Three Plays*, tr. Kitty Black. London : Hamish Hamilton, 1963.

Schutz, Alfred, *The Phenomenology of the Social World*, tr. George Walsh and Frederick Lehnert. Evanston, III. : Northwestern University Press, 1967.

Singer, M. , *Generalization in Ethics*; *an essay in the logic of ethics with the rudiments of a system of moral philosophy*. New York : Russell and Russell, 1971.

Spinoza, Benedictus de, *Ethics. Preceded by On the Improvement of the Understanding*, ed. with an introduction by James Gutmann. New York : Hafner, 1949.

Strauss, Leo, *Natural Right and History*. Chicago : University of Chicago Press, 1953.

Toulmin, Stephen Edelston, *An Examination of the Place of Reason in Ethics*. Cambridge : Cambridge University Press, 1950.

Weber, Max, *Economy and Society* : *an outline of interpretive sociology*. New York : Bedminster Press, 1968.

——, *Selected Works*. Atlantic Highlands, NJ : Humanities Press, 1976.

Wittgenstein, Ludwig, *Philosophical Investigations*, tr. G. E. M. Anscombe. Oxford : Basil Blackwell, 1953.

——, *Zettel*, ed. G. E. M. Anscombe and G. H. von Wright, Berkeley, Calif. : University of California Press, 1967.

索　引

(词条中的页码为原书页码，即本书边码)